FINANCING MANAGEMENT METHOD OF THE GLOBE

全球融资管理方法

董　冕◎著

企业管理出版社

ENTERPRISE MANAGEMENT PUBLISHING HOUSE

图书在版编目（CIP）数据

全球融资管理方法 / 董冕著.—北京：企业管理出版社，2020.5

ISBN 978-7-5164-2122-2

Ⅰ.①全… Ⅱ.①董… Ⅲ.①融资—管理—研究 Ⅳ.①F830.45

中国版本图书馆CIP数据核字（2020）第040275号

书　　名： 全球融资管理方法
作　　者： 董　冕
责任编辑： 张　羿
书　　号： ISBN 978-7-5164-2122-2
出版发行： 企业管理出版社
地　　址： 北京市海淀区紫竹院南路17号　　邮编：100048
网　　址： http://www.emph.cn
电　　话： 总编室（010）68701719　发行部（010）68701816　编辑部（010）68701891
电子信箱： 80147@sina.com
印　　刷： 北京虎彩文化传播有限公司
经　　销： 新华书店
规　　格： 170毫米×240毫米　16开本　22印张　350千字
版　　次： 2020年5月第1版　2020年5月第1次印刷
定　　价： 118.00元

前言

融资管理属于广义招商引资的范畴，对于企业来说，多数还是比较重视融资管理的，有的企业设有融资管理部门，有的企业即使没有设立融资管理部门，但是也有专人从事融资管理工作，比如有专人负责企业最基础的融资管理方式——贷款管理等。笔者在工作和研究中发现，有相当一部分企业还是比较缺乏全面掌握并合理运用更多的融资管理方法，尤其是对全球重要的融资管理方法知道得比较少，使用的融资方法相对比较单调，对于上市、重组、收购、定增、托管、股权融资、基金融资、债券融资、票据融资、资产证券化等资本运作功能重视程度不够，甚至没有将资本运作纳入融资管理的范畴。其实融资管理有很多种方法，企业只有恰当地对其进行掌握运用创新，才有利于融资管理，降低融资管理成本，从而促进自身的顺畅发展。

之所以融资管理人员对全球重要的融资管理方法知之甚少，究其原因，笔者发现主要是由于目前国内还没有专门详细介绍全球融资管理方法的实战专著，因此利用几年时间写作完成本书，以便让更多的融资管理同行对全球重要的融资管理方法能够比较系统地知晓和创新地借鉴应用。

近些年来，我国各级政府部门、金融机构也很重视企业融资，积极支持开拓金融产品，一些企业也已经开始尝试使用各种方法进行融资，拓宽融资渠道，进行融资管理。对于我国的地方政府、开发区和企业来说，只有重视融资管理方法，注意正确创新地运用，注重资本运作研究和尝试，重视融资管理方法的联动作用，才能推动区域经济与企业的共同发展。因为有一些融资管理方法是政府部门、开发区、企业联动的融资管理方法，只有共同努力，才利于共同发展，比如上市融资管理方法、重组融资管理方法、定位融资管理方法、PRN 融资管理方法、TOT 融资管理方法、BOOT 融资管理方法等。

我国现在正在进行的一带一路倡议、京津冀协同发展、长江经济带发展，以及建设雄安新区、海南经济特区、粤港澳大湾区等国家经济发展部署，这是利国利民的重要举措，不仅为我国的地方政府、开发区、企业提供了重要的发展机遇，也为世界各国经济的互联互通、共同发展、招商引资融资提供了重要的契机。在新经济发展条件下，我国的地方政府、开发区、企业要想抓住机会，就要重视融资管理，能够比较系统地掌握全球重要的融资管理方法，并且能够正确地创新使用这些融资管理方法，这对于调整产业结构，补齐短板，增强自身的核心竞争优势，促进自身的快速发展是非常必要的。

本书运用案例讲解的方式，解析了 18 种重要的全球融资管理方法，分别是：EMC 融资管理方法、BOO 融资管理方法、BT 融资管理方法、BTO 融资管理方法、ROT 融资管理方法、BOT 融资管理方法、TOT 融资管理方法、DBOT 融资管理方法、BOOT 融资管理方法、DBFO 融资管理方法、ABS 融资管理方法、MTN 融资管理方法、CMBS 融资管理方法、ABN 融资管理方法、EPC 融资管理方法、PRN 融资管理方法、CN 融资管理方法、BC 融资管理方法。

本书的主要特点：

1. 集成之作，作用重大。本书是融资管理方法集成之作，也是对融资管理领域的重要贡献，将对我国的地方政府、开发区、企业比较系统地掌握融资管理方法，正确、创新地运用融资管理方法，开展融资管理工作，起到重要深远的指导作用。

2. 实战经验，实战角度。本书在融资管理方法、融资管理案例筛选及案例阐述解析上，均本着从实战出发，突出实战作用。

3. 融资方法，重点突出。本书选取了 18 种重要的全球融资管理方法，或者影响比较广泛，或者具有创新特色，抓住这些重要的融资管理方法，予以详细讲解。

4. 案例讲解，直观形象。本书运用案例讲解的方式，所选均为近年来真实的实战融资管理案例，并对这些案例予以梳理概括总结解析，力求直观形象，易于理解学习，便于借鉴操作。

本书的主要读者为：地方政府、开发区、企业等单位的融资管理人员、经营管理人员、招商引资人员，高等院校的相关教师和学生。

董 冕

2019 年 10 月 18 日

目录

第一章

EMC融资管理方法

EMC 融资管理方法又称合同能源管理方法，英文名称为 Energy Management Contract，简称 EMC，这也是国内目前比较广泛使用的称谓。这是一种在国际上成功运用的节能融资管理创新模式，其实质就是以减少的能源费用来支付节能项目全部成本的节能业务方法，即节能服务公司与用能单位以合同形式约定节能项目的节能目标，节能服务公司为实现节能目标向用能单位提供必要的服务，用能单位以节能效益支付节能服务公司的投入及其合理利润。这是 20 世纪 70 年代在西方发达国家发展起来的一种基于市场运作的全新的节能新机制。我国合同能源管理的国家标准是《合同能源管理技术通则》（GB/T24915-2010），于 2011 年 1 月 1 日起正式实施，支持和鼓励节能服务公司以合同能源管理机制开展节能服务。

EMC 融资管理方法的主要内容和特点：

1. 方法起源

自 20 世纪 70 年代中期以来，合同能源管理作为一种基于市场的、全新的节能新机制，在西方发达国家逐步发展起来，而基于这种节能新机制运作的专业化的节能服务公司发展得很快，尤其在美国、加拿大，合同能源管理已发展成为一个新兴的节能产业。合同能源管理机制的实施，有助于推动节能项目的开展。在传统的节能投资方式下，节能项目的所有风险和所有盈利都由实施节能投资的企业承担；在合同能源管理方式中，一般不要求企业自身对节能项目进行大笔投资。

2. 方法优势

（1）风险较小。用能单位不需要承担节能项目实施的资金、技术风险，并在项目实施降低用能成本的同时，获得节能服务公司提供的设备和实施节能带来的收益。

（2）效率较高。节能效率相对较高，合同能源管理项目的节能率一般为 5% ~40%，甚至可超过 50%。

（3）现金流量。用能单位借助节能服务公司实施节能服务，可以改善现金流量，把有限的资金投资在其他更好的投资领域。

（4）提升管理。可以使用能单位管理更加规范科学，其借助合同能源管理实施节能服务，可以获得专业能源管理经验，提升管理人员水平。

（5）增强竞争。用能单位实施节能改造后，减少了用能成本的支出，提高了竞争实力。同时还因为节约了能源，提升了环境水平，树立了绿色企业形象，从而有利于增强市场竞争优势。

（6）节能专业。由于节能服务公司是全面负责实施能源管理的专业机构，因此相较一般技术机构，可以提供更专业、更系统的节能技术和解决方案。

（7）节能保证。节能服务公司一般要向用能单位承诺节能量，保证用能单位可以在项目实施后实现能源利用成本下降。

（8）投资回收期限短。虽然合同能源管理项目投资额一般较大，但是从已经实施的项目来看，节能服务公司的投资回收期限一般在 10 年之内，相对较短。

（9）双赢效果。节能服务公司为用能单位承担了节能项目的风险，在用能单位见到节能效益后，才与用能单位一起享用节能成果，从而取得双赢。

3. 商务特征

合同能源管理是市场经济下节能服务商业化的表现，节能服务公司在市场竞争中谋求生存和发展，主要具有以下商务特征：

（1）盈利特征。节能服务公司是商业化运作的公司，以合同能源管理机制实施节能项目从而实现盈利。

（2）整合特征。节能服务公司是通过合同能源管理机制为用能单位提供一体化的节能服务和完整的节能解决方案，而不是简单地推销产品、设备或技术。对于用能单位，节能服务公司的最大价值在于，可以为用能单位实施节能项目提供经过优选的各种资源集成的工程设施及其良好的运行服务，以实现与用能单位约定的节能量或节能效益。

（3）多赢特征。一个节能项目的成功实施，将使介入项目的各方包括节能服务公司、用能单位、节能设备制造商和银行等都能从中得到相应的收益，从而形成多赢的局面。对于分享型的合同能源管理业务，节能服务公司可以在节能项目合同期内分享大部分节能效益，以此来收回其投资并获得合理的利润；用能单位在节能项目合同期内分享部分节能效益，在合同期结束后可以获得该节能项目的全部节能效益，以及合同能源管理投资的节能设备的所有权、节能技术和设备建设运行的宝贵经验；节能设备制造商销售了其产品；银行可连本带息地收回对该节能项目的贷款等。正是由于多赢性，使得合同能源管理方法具有持续发展的潜力。

（4）风险特征。节能服务公司通常对用能单位的节能项目进行投资，并向用能单位承诺节能项目的节能效益，因此节能服务公司承担了节能项目的大部分风险。节能服务公司的业务是一项高风险业务，其成败的关键在于对节能项目的各种风险的分析和管理。

4. 业务流程

（1）接洽合作。节能服务公司与用能单位进行初步接触，了解用能单位的经营现状和用能系统运行情况，然后向用能单位介绍节能服务公司的基本情况、节能技术解决方案、业务运作模式及可给用能单位带来的效益等，向用能单位指出系统具有节能潜力，解释合同能源管理模式的有关问题，初步确定合作节能意向。

（2）节能诊断。针对用能单位的具体情况，节能服务公司对各种耗能设备和环节进行能耗评价，测定用能单位当前能耗水平，并对用能单位的能源状况进行测算，对所提出的节能改造措施进行评估，并将结果与用能单位进行沟通。

（3）方案设计。节能服务公司在节能诊断的基础上，向用能单位提供节能改造的方案设计，这种方案不同于单个设备的置换、节能产品和技术的推销，它还包括项目实施方案和改造后节能效益的分析及预测，使用能单位能够心中有数，充分了解节能改造项目的成效。

（4）谈判签约。节能服务公司在节能诊断和改造方案设计的基础上，与用能单位进行节能服务合同的谈判。在通常情况下，由于节能服务公司为项目承担了大部分风险，因此在合同期节能服务公司分享项目大部分的经济效益，小部分的经济效益留给用户，合同期一般为3—10年。待合同期满，节能服务公司不再和用户分享经济效益，所有经济效益全部归用能单位。

（5）项目投资。合同签订后，节能服务公司进入了节能改造项目的实际实施阶段。由于项目是按照合同能源管理的节能服务新机制，用能单位在改造项目的实施过程中，不需要任何投资，节能服务公司根据项目设计负责原材料和设备的采购，其费用由节能服务公司支付。

（6）全程服务。合同签订后，节能服务公司提供项目设计、项目融资、原材料和设备采购、施工安装和调试、运行保养和维护、节能量测量与验证、人员培训、节能效果保证等全程服务。

（7）培训服务。节能服务公司在完成设备安装和调试后即进入试运行阶段，此外还将负责培训用能单位的相关人员，以确保其能够正确操作及保养、维护改造中所提供的先进的节能设备和系统。在合同期内，设备或系统的维修由节能服务公司负责，并承担有关的费用。

（8）指标监测。节能服务公司项目改造工程完工前后，与用能单位共同按照合同约定的测试、验证方案对项目能耗基准和节能量、节能率等相关指标进行实际监测，有必要时可委托第三方机构完成节能量确认，以节能量作为双方效益分享的主要依据。

（9）效益分享。由于对节能项目的节能诊断、设计、原材料和设备的采购、土建、设备的安装与调试、培训和系统维护运行等都是由节能服务公司提供的，因此在节能项目的合同期内，节能服务公司对整个项目拥有所有权。用能单位将节能效益中应由节能服务公司分享的部分按月或季支付给节能服务公司，在合同所规定的费用全部支付完毕以后，节能服务公司把节能项目交给用能单位，用能单位即拥有项目的所有权。

5. 服务内容

节能服务公司向用能单位提供的节能服务主要为：

（1）节能诊断。节能服务公司针对用能单位的具体情况，测定用能单位当前用能量和用能效率，提出节能潜力所在，并对各种可供选择的节能措施的节能量进行预测。

（2）方案设计。根据节能诊断的结果，节能服务公司就用能单位的能源系统现状，提出如何利用成熟的节能技术来提高能源利用效率、降低能源成本的方案和建议。如果用能单位有意向接受节能服务公司提出的方案和建议，节能服务公司就可以为用能单位进行节能项目方案设计。

（3）施工设计。在合同签订后，一般由节能服务公司组织对节能项目进行施工设计，对项目管理、工程时间、资源配置、预算、设备和材料的进出协调等进行详细的规划，以保证工程顺利实施并按期完成。

（4）项目融资。节能服务公司向用能单位的节能项目投资或提供融资服务，其可能的融资渠道有：节能服务公司自有资金、银行商业贷款、从设备供应商处争取到的最大可能的分期支付以及其他政策性的资助等。当采用银行贷款方式为节能项目融资时，节能服务公司可利用自身信用获得商业贷款，也可利用政府相关部门的政策性担保资金为节能项目融资提供帮助。

（5）采购服务。节能服务公司根据节能项目设计的要求负责原材料和设备的采购，所需费用由节能服务公司筹划提供。

（6）施工服务。根据合同要求，节能服务公司负责组织节能项目的施工、安装和调试，一般由节能服务公司或其委托的其他有资质的施工单位来进行。由于施工通常是在用能单位正常运转的设备或生产线上进行，因此必须尽可能地不干扰用能单位的运营，而用能单位也应为施工提供必要的条件和便利。

（7）运行服务。设备的运行效果将会影响预期的节能量，因此节能服务公司应对节能项目的运行管理和操作人员进行培训，以保证达到预期的节能效果。此外，节能服务公司还要负责组织安排好节能项目的管理、维护和检修。

（8）监测服务。节能服务公司与用能单位共同监测和确认节能项目在合同期内的节能效果，以确认合同中规定的节能效果是否达到。另外，节能服务公司和用能单位还可以根据实际情况采用“协商确定节能量”的方式来确定节能效果，这样可以大大简化监测和确认工作。

（9）投资回报。在节能项目合同期内，节能服务公司对与节能项目有关的投入（包括土建、原材料、设备、技术等）拥有所有权，并与用能单位分享节能项目产生的节能效益。在节能服务公司的节能项目资金、运行成本、所承担的风险及合理的利润得到补偿之后，也就是项目合同期满结束后，设备的所有权一般将转让给用能单位。用能单位将得到高能效设备和节约能源的成本，并享受节能服务公司所留下的全部节能收益。

6. 商务模式

（1）分享模式。即节能效益分享模式。在节能项目期限内，用能单位和节能服务公司双方分享节能效益，节能项目的投入按照节能服务公司与用能单位的约定共同承担或由节能服务公司单独承担。节能项目建设施工完成后，经双方共同确认节能量后，双方按合同约定比例分享节能效益。节能项目合同结束后，节能设备所有权无偿移交给用能单位，以后所产生的节能收益全归节能单位。节能效益分享模式是国家大力支持的模式之一，为降低支付风险，用能单位可向节能服务公司提供多方面的节能效益支付保证。

（2）托管模式。即能源费用托管模式。用能单位委托节能服务公司出资进行能源系统的节能改造和运行管理，并按照双方约定将该能源系统的能源费用交节能服务公司管理，系统节约的能源费用归节能服务公司。节能项目合同结束后，节能服务公司改造的节能设备无偿移交给用能单位使用，以后所产生的节能收益全归用能单位。

（3）保证模式。即节能量保证模式。用能单位投资，节能服务公司向用能单位提供节能服务，并承诺保证项目节能效益。节能项目实施完毕，经双方确认达到承诺的节能效益，用能单位一次性或分次向节能服务公司支付服务费用，如达不到承诺的节能效益，差额部分由节能服务公司承担。节能量保证模式适用于实施周期短，能够快速支付节能效益的节能项目，合同中一般会约定固定的节能量价格。

（4）租赁模式。即融资租赁模式。融资租赁公司投资购买节能服务公司的节能设备和服务，并租赁给用能单位使用，根据协议定期向用能单位收取租赁费用。节能服务公司负责对用能单位的能源系统进行改造，并在合同期限内对节能量进行测量验证，担保节能效果。节能项目合同结束后，节能设备由融资租赁公司无偿移交给用能单位使用，以后所产生的节能收益全归用能单位。

（5）混合模式。由分享模式、托管模式、保证模式、租赁模式等 4 种基本模式任意组合形成的合同模式。

7. 业务区别

（1）与销售的区别。合同能源管理并不像某些制造商或供应商那样仅仅提供某种单一设备，而是节能项目所需的全部技术、原材料及设备，并且按照合同要求进行一体化的服务，向用能单位保证节能效果，在合同期设备所有权属于节能服务公司，因此不等同于一般设备制造商的销售行为，当然也不同于以赚取中间差价为目的的各种贸易公司的销售行为。

（2）与咨询的区别。节能服务公司为客户提供采购、安装、调试、运行和维护等多种服务，但这些只是整个项目中不可分割的一部分，合同能源管理是一个包含提供融资和多种技术服务在内的体系，不像一般的技术服务、咨询机构，只提供某一方面的技术服务或咨询，不提供融资服务等。

（3）与租赁的区别。在我国现有的企业财务制度下，融资租赁是指具有融资租赁和所有权转移特点的设备租赁业务，即出租人根据承租人所要求的规格、型号、性能等条件购入设备租赁给承租人，合同期内设备所有权属于出租人，承租人只拥有其使用权，合同期满付清租金后，承租人有权选择按照残值购入设备，从而完全拥有该设备的使用权和所有权。而合同能源管理与融资租赁之间存在着很大的不同：

其一，在融资租赁工作中，租赁标的物仅限于设备，虽然合同期内所有权仍然属于出租人，但所有权的实质内容已归于承租方，其最明显的特征是设备的“累计折旧”是由承租方提取的，而且，租赁期限几乎要涵盖整个设备寿命期的75%左右；而节能服务公司所承揽的业务不仅有原材料及设备，还包括服务在内，标的物是整个节能项目，合同期限也只有寿命期限的三分之一或更短，并且在该合同期间内，整个项目设备所有权的实质内容也完全归节能服务公司所有。

其二，在融资租赁工作中，出租人对于承租方只提供出租这一项服务，而节能服务公司不仅要为用能单位采购整套原材料及设备，还要负责在合同期限内提供方案设计、安装、检测、调试、维护、培训、咨询以及节能效果保证等一系列的服务。

其三，在融资租赁工作中，出租人并不向承租人保证出租设备可能的使用效果，在租赁期限内，有关标的设备的维修、改造等费用均由承租人自己承担，并且出租人按照国家相关规定以及租赁合同的相关条款按时收取租赁费，而节能服务公司的首要任务是保证节能效果，只有保证达到合同中所确定的节能量时，双方才能实现效益分享，才能互惠互利，节能服务公司能分享多少效益，完全与节能项目能实现多少节能量挂钩，并且在合同期限内出现的非用能单位违规操作而导致的设备故障造成的损失均由节能服务公司承担。

其四，在融资租赁工作中，融资租赁公司每次应收取的资金称为租金，包括租赁资产的原价、利息和租赁手续费，但不包括维修、保养等费用。考虑货币时间价值因素，要将各次支付的租金按照一定利息折算为现值，在合同期限内应该是不变的。而节能服务公司每次回收的资金是与所达到的节能量挂钩的，只有达到或超过合同中规定的节能量，才能收回合同中规定的金额，在合同期内是有可能发生变化的。

虽然合同能源管理与融资租赁有着上面的一些区别，但是随着合同能源管理机制在中国的发展和实践，节能服务公司尝试转型成为融资租赁公司，利用融资租赁的一些政策，结合合同能源管理机制的特点，实施节能项目也将是值得探索和尝试的。

（4）与贷款的区别。节能服务公司提供的是节能项目一体化服务，还要依照合同向用能单位保证节能效果，这些都是放贷方不保证的。节能服务公司虽然和放贷方一样要承担资金风险和用能单位信誉风险，但节能服务公司同时还要完全承担技术风险、合同执行风险、节能量估计过高风险以及市场风险等，而放贷方则不承担、不做保证。

（5）与投资的区别。投资方投入企业的资金，并不是仅仅针对某一个项目，而是作为权益资本投入企业，并记入“所有者权益”类账户，从而投资方将成为被投资企业的所有者之一，与企业共同承担在经营过程中所要面临的各种风险。当然在履行义务的同时也有权利按投资比例共同分享全部利益，如无其他原因，这些资金是没有特别规定的偿还期限的。而节能服务公司提供的所有服务仅仅是针对某一个节能项目，所要承担的仅是该节能项目将面临的一切风险，与用能单位所分享的也仅是该节能项目所产生的节能效益，并不涉及用能单位的其他方面，而且这种分享也是有期限的，并不包含整个节能项目寿命期限。

8. 成功经验

节能服务公司按照合同能源管理机制实施节能项目的成功经验，主要有：

（1）诚信合作。节能项目实施成功是节能服务公司与用能单位双方共同的目标，用能单位的利益是不投入或少投入资金即可得到优良的节能设备和长期的节能和环境效益，节能服务公司则要从节能项目成功中赚得利润。许多案例证明，双方的诚信合作是最重要的，节能服务公司在节能项目全程中进行优质服务，用能单位在节能项目全程中密切配合，是节能项目合作成功的有力保障。

（2）预防经济风险。为了达到节能服务公司与用能单位双赢的目的，节能服务公司需要用能单位提供自身的经营管理、财务状况、产品营销与发展前景、可供选择的担保和抵押措施等方面的详实的可以公开的情况资料，以增强节能服务公司投资的信心。节能服务公司要以诚信精神对待用能单位资料，遵守执业道德，并为用能单位保守资料秘密，最终达到用能单位获得节能效益，节能服务公司也赚得利润，这将有利于预防节能项目的经济风险。

（3）防范技术风险。节能项目是否成功与改造方案的确定、节能技术和配套设备的选择直接相关，也与原始运行状况和耗能情况关系密切。节能服务公司要在用能单位的坦诚帮助下，弄清原始运行和耗能情况，并在专家的指导下选好改造方案和所有技术与配套设备，这是节能项目防范技术风险的有效措施，也是节能项目成功的基石。

9. 方法重要

这是一种企业可以独立实施运作的融资管理方法，也是一种创新的重要融资管理方法，很值得相关单位借鉴尝试。用能单位通过与节能服务公司的合作引进了资金，分享了节能项目的服务成效，提升了环境品质，树立了单位良好的市场形象。合同能源管理的推动发展将可能对我国的电力、钢铁、水泥、冶金、焦炭、电石、煤炭、玻璃等高耗能行业产生重要的积极的影响，从未来节能服务的市场来看，合同能源管理具有广阔的发展前景。国家行业部门、地方政府、开发区等应从长远的战略发展出发，制定相应的支持节能项目发展的措施，鼓励引导企业开展节能项目的运作，这样，中国的节能服务很有可能会逐渐发展成为一个新兴的朝阳产业。

案例1 智光电气

广州智光电气股份有限公司（简称“智光电气”）2015 年 8 月 4 日发布公告称，智光电气控股子公司智光节能 2015 年 8 月 3 日与山西国锦煤电有限公司（简称“国锦煤电”）就其 300MW 空冷机组乏汽余热回收高背压改造及供热热网首站工程项目签署了《山西国锦煤电一期供热热网工程合同能源管理（EMC）项目合同》，项目效益分享期为 10 年，根据合同约定初步测算，智光节能在效益分享期 10 年内从该项目分享的总节能收入约为 2.8 亿元，但受市政供热单价、供热面积及热网建设等因素影响，实际节能收入与预期结果会存在差异。根据合同，双方通过高背压技术，利用乏汽回收余热，用于太原市的冬季供暖。项目为 2×300MW 汽机本体抽汽供热管道设计改造施工，此次承包内容包括：抽汽改造、高背压改造、热网首站、循环水系统、补水系统及相关系统设计、设备材料采购供应、热力系统安装、电气热控系统安装、土建施工、搭脚手架、焊接、安全消防、调试运行、考核验收、设备检修维护等。

智光电气是深圳证券交易所中小板上市公司，公司主营业务分为产品及服务两大类，包括电气控制设备、电力电缆、综合节能服务及用电服务等。公司注重知识产权的申请保护及相关标准的制定工作，截至 2015 年 12 月 31 日，公司及控股子公司共拥有发明专利、实用新型专利、外观设计专利 115 项，计算机软件著作权 104 项，累计共参与 14 项国家或行业标准的起草。其主要核心竞争优势分析如下：

1. 技术优势

综合能源技术与服务领域是一个技术创新壁垒很高的领域，此外用户需求的多元化及用户对使用体验的高要求，也需要企业从用户角度出发系统地提供服务，因此企业必须在产品、运营、服务等方面具备扎实的技术储备与积累。智光电气已掌握了电气控制与自动化、电力电缆、节能服务、用电服务等领域的核心技术，并构建了相互关联的多技术、多学科综合应用平台，公司利用该平台在相关领域实现了多项技术的研发成功与实际应用。公司与国内多所著名高等院校及研究院所如清华大学、浙江大学、华中科技大学、华南理工大学、广东电力科学研究院等建立了紧密的合作关系。除公司内部核心技术人员外，公司还聘请了多位行业著名的资深专家和学者担任技术委员会委员，共同决策公司技术的发展方向，已形成比较完整的技术研发、产品创新、核心技术人才培养体系。

2. 品牌优势

智光电气的产品与服务都是基于公司的核心技术平台和产业布局研发打造的，均达到国内领先或国际先进水平，形成了智光电气在能源领域的知名品牌影响力。用户对“智光电气”“岭南电缆”“智光节能”的认可度较高，公司品牌影响力较强，使得公司在拓展业务及开发客户时具有比较强大的品牌优势，有利于公司在把握大量客户的同时顺利进行战略升级。

3. 核心团队

智光电气的董事、监事、高级管理人员和核心技术人员拥有比较深厚的专业背景，绝大部分拥有硕士、博士学位，具有在电力、能源领域长期从业的经历，能比较敏锐地超前把握政策、行业、市场、产品的发展方向。公司的董事、监事、高级管理人员和核心业务、技术人员 2015 年通过员工持股计划持有了公司的股份，进一步健全了公司长期、有效的激励约束机制。

4. 布局优势

智光电气形成了“产品 + 服务 + 投资”的经营平台，在综合能源技术与服务市场中，在电气控制设备、电力电缆、综合节能服务、用电服务等方面具有高度相关性和联动性，这种业务布局具有比较优势，利于实现客户、人员、技术、经营管理上的协同效应，提升竞争实力。

5. 资源优势

智光电气在能源领域的深耕使得公司积累了电力系统及各大行业的用电客

户，在公司实现新战略目标的过程中，公司积累的客户资源能使公司的转型具有稳定的支点，大大降低了经营风险，同时公司的客户资源积累，也意味着公司在电力体制改革及能源互联网时代到来的背景下，具有领先于其他竞争对手的先发优势，有利于公司升级为大型综合能源技术与服务提供商。

6. 区位优势

智光电气总部位于广东省广州市，在开展用电服务业务方面享有较大区位优势。广东是中国的经济大省、用电大省，其用电量位居全国前列，2015 年超过 5200 亿千瓦时。随着产业结构调整和技术创新，广东省未来仍具有广阔的增长空间，预计用电量仍将稳步增长。此外，广东省作为开展售电侧改革的试点省份，改革步伐较快，用户对用电服务的各类需求将推动用电服务市场高速增长，公司战略升级及业务延伸恰逢其时，能够充分利用区位优势迅速积累用户资源，拓展用电服务业务。

合同签署的总体情况如下：

1. 合同签署概况

合同名称：山西国锦煤电一期供热热网工程合同能源管理（EMC）项目合同。

合同类型：合同能源管理，是指由节能服务商全额投资建设节能改造设备，以此向客户提供节能改造服务，节能服务商通过分享节能效益来收回节能改造投资，并获得合理利润的合同模式。

生效条件：此合同自双方授权代表签署并加盖双方合同章之日起生效。

履行期限：此项目效益分享期为 10 年。

合同的风险及不确定性：

（1）此合同为节能服务合同，存在合同履行期限较长，节能服务公司前期投入资金，实际节能效益受市政供热单价、供热面积及热网建设等影响，实际节能效益与预期计算结果有差异等风险；

（2）此合同可能因不可抗力或者双方其中之一的生产经营出现重大变化等因素而提前终止，智光节能由此无法完全享有预计的节能收益。

此合同的履行对智光电气2015年度经营成果不构成重大影响。

2.合同当事人简况

甲方：山西国锦煤电有限公司，成立于2008年，由山西国际电力集团有限公司与山西美锦能源集团有限公司共同投资组建。主营业务包括电力项目前期开发、电力项目建设、电力专业人员培训、粉煤灰综合利用。与智光电气及乙方不存在关联关系，最近三年未与智光电气或乙方发生过交易。

乙方：广州智光节能服务有限公司，成立于2010年，是智光电气的子公司，重点聚焦工业节能服务，主要包括发电厂节能增效、工业电气节能增效和工业余热余压发电利用等。主营业务：节能环保设备、计算机软硬件、输变电配套设备、电子产品及通信设备、光机电一体化设备的开发、销售，电气自动化工程、电气节能工程的承接及技术服务提供，实业投资，电气设备租赁。智光电气和全资子公司广州智光电机有限公司合计持有智光节能80%的权益。

3.合同主要内容

（1）项目名称和内容。

项目名称：山西国锦煤电一期供热热网工程合同能源管理（EMC）项目。

项目内容：合同双方合作在甲方所在地共同开发建设此项目，通过高背压技术，利用乏汽回收余热，用于太原市的冬季供暖。此项目为2×300MW汽机本体抽汽供热管道设计改造施工，此次承包内容包括：抽汽改造、高背压改造、热网首站、循环水系统、补水系统及相关系统设计、设备材料采购供应、热力系统安装、电气热控系统安装、土建施工、搭脚手架、焊接、安全消防、调试运行、考核验收、设备检修维护等。

（2）投资与收益。

乙方投资承担此项目的整体解决方案，包括技术咨询、设计方案、施工方案和运营、维护方案，并出资提供相关产品和工程总包。

节能收益：指此项目实施后获取的节能收入，乙方收益计算公式为：乏汽供热量×（供热每GJ单价—甲方每GJ分享金额）。

收益分享：双方的节能收益分享期为10个完整的采暖期，自项目验收合格并按规划对太原市供热之日起算。根据智光节能的初步测算，分享期内，智光节能从此项目分享的总节能收入约为 2.8 亿元。该项目分享周期较长，项目收益会随市政供热单价及供热面积的变动而变动。若供热单价上调，智光节能可分享的节能效益可能较多；反之，智光节能可分享的节能效益可能较少。

（3）履约保函的提交及释放。

乙方于此合同签订后一个月内向甲方提供 500 万元的不可撤销的见索即付的履约保函一份，作为此合同项目正常履行的保证金；工程竣工投入运营后全部释放。

（4）项目的实施。

此项目投入运营时间初步预计为 2015 年 10 月 30 日前，此项目工程建设不得晚于供热所需的外围配套管网的建设完工时间。在建设期内，非因乙方原因而造成的工程延误，则工期顺延，项目投入运营时间及分享期顺延。

（5）节能收益的结算及项目的回购。

甲方与乙方节能收益在当个供暖期分两次进行结算，分别为当年 12 月 31 日之前支付一次，第二年供暖期结束 10 日内支付一次。

（6）违约责任。

①此合同双方签字盖章之后满 1 个月未实际履行，乙方承担违约责任，甲方有权解除合同。

②此合同执行过程中如出现各类重大变动时甲乙双方需积极共同协商制订相应的解决方案。

③因乙方设计、检修、运行维护不当或设备原因造成供热质量问题，由乙方承担全部违约责任。

4. 该合同对上市公司的影响

（1）此合同在节能效益分享期 10 年内预计分享的总节能收入占公司 2014 年度经审计的营业收入（合并报表数据）的比例为 46%；此项目预计在 2015 年第四季度进入节能分享期，对智光电气 2015 年度的财务状况、经营成果将产生一定的影响，但不构成重大影响；在其剩余执行期限内，将对智光电气的营业收入、净利润有积极的影响。

（2）合同的履行不影响智光电气业务的独立性，主要业务不因履行合同而对合同的客户方形成依赖。

智光节能选择与国锦煤电进行合作，针对此节能项目的状况，采用了合同能源管理中的分享节能效益模式，这是国家鼓励支持的模式之一，将有利于节能项目的实施运作。尽管如此，对于节能服务公司而言，也应注意防范控制资金的风险，智光节能综合节能服务业务主要通过合同能源管理的方式实现，即智光节能利用自身技术和设备，为用能单位降低能耗，以实际节能数量分成来实现盈利。这种业务模式对资金需求量较大。一方面，大规模的节能设备投入需要大量的资金；另一方面，智光节能通常对节能服务产生效益款项的收取采取月度或者季度结算，也对其资金形成较大的占用。由于智光节能综合节能服务项目均需要先期投入，且投入较大，随着公司综合节能服务业务合同规模的增长，容易导致公司资产负债率较高，增加了公司的偿债风险。而且，由于公司综合节能服务业务仍然处于成长期，对资金需求较大，若未来公司不能及时获得业务发展所需要的资金，将会对公司成长性构成一定程度的不利影响，容易导致公司存在资金短缺的风险，所以公司应注意融资管理方法的合理采用，注意资金的合理使用，注意提高资金的使用率，这将有利于智光节能的快速发展。近年来智光节能在节能服务领域方面，采用合同能源管理方式开拓尝试，已经取得了一些业绩，积累了一些经验，并赢得了一些荣誉，将会对企业未来的发展起到积极的作用。

案例2 中能电气

中能电气股份有限公司（简称“中能电气”）于2016年12月9日发布公告称，中能电气子公司上海熠冠新能源有限公司（简称“上海熠冠”）与南京工业大学于2016年12月8日签署《合同能源管理协议》，由上海熠冠在南京工业大学校区内投资建设分布式光伏发电项目以及光伏微电网示范项目，同时双方按节能效益分享型方式分配由节能项目带来的节能收益。上海熠冠在南京工业大学校园区内可利用建筑面积约为 17768 平方米的混凝土屋顶建设屋顶光伏发电站，容量为 1.5MW 分布式光伏发电项目，所发电能作为南京工业大学用电。

中能电气是深圳证券交易所创业板上市公司，创建于 1999 年 1 月 21 日，2010 年 3 月在深圳证券交易所挂牌上市，运营总部位于福州，常驻销售机构遍布全国，在福州、福清、武汉、珠海等地建有大型制造基地，在福州、福清、武汉、上海、深圳、大连等地拥有 8 家控股及全资子公司。公司产品不仅在国内各地区大量长期安全运行，还出口到美国、墨西哥、澳大利亚、日本、韩国、英国、沙特、印度、巴西等 30 多个国家和地区。其主要核心竞争优势分析如下：

1. 技术优势

中能电气重视自主知识产权产品的开发和保护，先后申请获得了多项发明专利和实用新型专利。公司建立了高压试验室和理化试验室，装备有国内先进的 X 射线探伤仪、氦质谱检漏仪、工频试验装置、雷电冲击试验装置、介质损耗测试仪、高阻计、电子式张力试验机等先进的实验和检测装置。利用先进的仪器设备，可以及时对新开发产品样件进行综合性能分析和评估，缩短了产品开发周期。公司先后参与起草了《组合式变压器用油浸式负荷开关》（JB/T10681－2006）、《额定电压 6kV（Um=7.2kV）到 35kV（Um=40.5kV）挤包绝缘电力电缆可分离连接器》（JB/T10739-2007）等行业标准。公司还成功研制开发出能够适应高原地区的抗高海拔、高寒冷、高辐射的中压预制式电缆附件，并成功大量配套使用于青藏铁路沿线的电气化设备中。此外，公司还在国内首先成功开发电气化铁路单芯电缆专用组合式电缆护层保护器。

2. 产品优势

中能电气以 ISO9001 质量管理、ISO14001 环境管理和 OHSAS18000 职业健康安全管理三合一管理体系为基础，建立了完善的全面质量、环境和职业健康安全管理体制。公司通过了电能（北京）产品认证中心的 PCCC 自愿性认证，以及中核集团兴原认证中心的认证，成为中核集团合格供应商。公司先后被认定为“福州市创新型示范企业”“第四批省级创新型企业”及“评价良好创新型企业”。公司产品不仅在国内各地区大量长期安全运行，还出口到多个国家。

3. 布局优势

中能电气积极进行生产基地的全国化布局，目前在福清、武汉、珠海等地建有大型制造基地，在福清、武汉、上海、深圳、大连等地有多家控股及全资子公司，公司销售服务网络较为齐全。

4. 品牌优势

中能电气通过多年的专业化管理与市场运营，得到了行业客户的充分信任，公司凭借品牌影响力与多数下游客户建立了较为长期稳定的合作关系，公司注册商标被国家工商总局商标局、商标评审委员会认定为“中国驰名商标”。

协议签署的总体情况：

1. 协议概述

为持续推动中能电气从传统的电气装备制造商向能源互联网系统解决方案运营商的转型，2016 年 12 月 8 日，中能电气子公司上海熠冠在南京与南京工业大学签署《合同能源管理框架协议》，由上海熠冠在南京工业大学校区内投资建设分布式光伏发电项目以及光伏微电网示范项目，同时双方按节能效益分享型方式分配由节能项目带来的节能收益。上海熠冠与南京工业大学不存在关联关系。

2. 协议当事人简况

甲方：南京工业大学，具有百年办学历史，是首批入选国家“高等学校创新能力提升计划（2011 计划）”的 14 所高校之一，是江苏高水平大学建设全国百强省属高校、江苏省重点建设高校、江苏省综合改革试点高校、江苏省人才强校试点高校、国家首批深化创新创业教育改革示范高校、全国高校实践育人创新创业基地、教育部首批卓越工程师培养计划试点高校和专业学位研究生教育综合改革试点高校。学校设有 11 个学部，28 个学院，各类学生 3 万余人。学校实施全球拓展战略，与 30 多个国家和地区的 70 余所世界一流大学和高水平科研机构建立了合作关系。

乙方：上海熠冠新能源有限公司，是中能电气的子公司，成立于 2015 年 8 月，注册资本金 1 亿元，主要经营范围：新能源领域的技术开发、技术转让、技术咨询、技术服务，电力工程等。公司设有 5 个职能部室，下设项目分公司 9 个，分别管理江苏地区、上海地区、安徽地区、广东地区的光伏发电项目。

3. 协议主要内容

（1）项目名称。

项目一：南京工业大学 1.5MW 分布式光伏发电项目（以下简称“项目一”），即，上海熠冠在南京工业大学校园区内可利用建筑面积约为 17768 平方米（以现场实测为准）的混凝土屋顶上建设屋顶光伏发电站，所发电能作为南京工业大学用电，实现学校节能降耗。

项目二：南京工业大学光伏微电网示范项目（以下简称“项目二”），即，上海熠冠在利用南京工业大学江浦宿舍区光伏－市电互补系统的设计和建设中，采用空气源热泵、太阳能发电、LED 路灯、小型风力发电，研发新型储能设备及多组变流器并联，利用冗余技术，建立分布式可再生能源多能互补系统与智能微电网技术试验和检测平台。其主要功能和作用为：

①搭建智能电网风、光、储能分布式接入运行及优化调度示范平台；

②风电并网技术和离网技术研究；

③为变流技术的研究及测试提供技术平台；

④储能技术研究；

⑤网络通信及电量测量技术研究；

⑥为南京工业大学江浦宿舍区提供夜间 LED 照明。

（2）项目实施目标。

①替代部分公共电网供给甲方及甲方之客户的电能，降低企业能耗指标。

②项目一建成后预计首年发电约 169.69 万千瓦时；项目二建成后预计首年发电约 11.31 万千瓦时。

（3）项目方案设计实施和项目的验收。

①甲乙双方按照此协议的规定进行此项目的实施。

②乙方将聘请具备资质的设计单位承担工程建设的整体设计。

③由于该项目属于国家分布式工程，项目验收由政府相关职能部门验收，因此乙方应确保项目顺利通过政府相关职能部门验收，甲方应对验收工作予以配合协助。

（4）甲方的权利与义务。

①甲方确认对提供给该项目使用的整体建筑物拥有完全的所有权，无产权纠纷。

②甲方应协助乙方办理此项目实施所必需的政府的许可文件、环评批复和电网接入批复等。

③甲方按设计方案提供建筑屋面作为电站建设平台，并为乙方施工提供必要的条件，如施工用水、用电和临时施工场地以及项目试运条件等。所发生的费用据实统计，产生费用由乙方负担。

④甲方应及时协助乙方完成项目的试运行和验收，甲方同样认可国家相关部门出具的该项目验收文件。

⑤排除不可抗力因素，甲方优先使用此项目所产生电能，不足部分再从公共电网输入。

（5）乙方的权利与义务。

①乙方负责办理此项目实施所必需的各项政府部门审批、许可文件、竣工验收和电网接入批复，所需费用由乙方承担；如需要甲方配合的部分，甲方应予以全力配合，共同推动项目早日开工和顺利验收。

②设备的安装和调试应符合国家、行业或企业有关施工管理条例和与项目相对应的技术标准规范要求，以及甲方合理的施工、管理要求。

③项目运行期内，乙方应在每月最后一个工作日前向甲方递交项目的运行数据和节能量确认单，并就项目运行和维护有关事宜进行讨论。

④乙方保证项目所产生的电量优先供应甲方。

4. 该协议对上市公司的影响

（1）上海熠冠此次合作框架协议的签订是公司在新能源领域发展的开拓探索，有助于公司业务的拓展延伸，符合国家关于新能源和能源互联网发展的政策导向，满足用户对新能源应用、能效提升和节能的需求，未来有利于公司增加新的利润增长点。

（2）此次签订的合作框架协议对上市公司2016年度的营业收入、净利润等经营业绩和生产经营不构成重大影响，对上市公司长期收益具有不确定性。

上海熠冠与南京工业大学采用分享模式开展新能源节能项目合作，还是比较有新意的。任何开拓创新，均有可能风险与机遇共存，合同能源管理方法近些年来传入我国后，一些企业进行了大胆的探索尝试，但也需要不断地总结和研究，需要地方政府、开发区、金融机构、信用机构等相关单位的支持和完善配套服务。合同能源管理领域合作的单位面很宽，工业企业、商业企业、事业单位、政府部门等与节能有关的方面，均有可能通过合同能源管理的方式，解决自身融资难题，值得各相关单位研究借鉴。

案例3　涪陵电力

重庆涪陵电力实业股份有限公司（简称“涪陵电力”）于2017年6月23日发布公告称，涪陵电力拟与国网湖北省电力公司（简称“湖北电力”）签署“湖北（二期）项目”合同，约定涪陵电力为湖北电力配电网实施提高电能质量及综合节能改造，合同总额约55405万元，采用合同能源管理方式，属于关联交易。

涪陵电力是上海证券交易所主板上市公司，截至2018年5月20日，总市值50.77亿元。涪陵电力主营业务为电力供应和配电网节能业务。电力供应业务主要包括供应与销售电力、电力调度及电力资源开发，输变电工程设计、安装、调度，电力测试、设计、架线、调校及维修等，主要经营模式是通过买电、卖电来赚取购销差，供电客户区域主要集中于重庆市涪陵区行政区域，电力来源主要是通过联网线路从国家电网重庆市电力公司、重庆川东电力集团有限责任公司等单位趸购电量。配电网节能业务主要是针对配电网节能降损提供节能改造和能效综合治理解决方案，包括配电网能效管理系统、多级联动与区域综合治理、配电网节能关键设备改造等，主要采用合同能源管理模式，为用户提供节能诊断、融资、改造等服务，并以节能效益分享等方式回收投资和获得合理利润。其主要核心竞争优势分析如下：

1. 区位优势

涪陵历来立足工业强区，几大工业园区启动较早，目前园区骨架已基本成型，发展特色工业的基础设施和产业环境基本成熟。在重庆市五大功能区域划分中，涪陵和另外11个区县一起组成“城市发展新区”，定位为重庆市工业化、城镇化主战场以及重要的制造业基地。工业化和城镇化发展是涪陵区近几年经济发展的主旋律，涪陵电力既能直接受益城镇化进程，又能从涪陵区工业经济发展中获益。

2. 经验优势

涪陵电力经过多年的发展，积累了比较丰富的电力经营管理经验，拥有一批经验比较丰富的企业管理和技术人才，这是公司电力经营管理和业务拓展的有力保证，公司不断利用电力行业中出现的新设备、新技术，提高劳动生产率及服务质量，具有良好的运营机制。

3. 节能优势

涪陵电力从事的配电网节能业务，属于国家大力支持和提倡的朝阳产业，公司掌握电网节能核心技术，具备特大型节能项目的开发、建设、运维能力，业务范围遍及电网企业，公司与客户、科研机构和供应商保持着长期稳定的合作关系，竞争优势明显。

合同签署的总体情况：

1. 关联交易概述

根据市场价格，在遵循“公开、公平、公正”的原则下，涪陵电力拟与湖北电力签署“湖北（二期）项目”合同，约定涪陵电力为湖北电力配电网实施提高电能质量及综合节能改造，合同总额约 55405 万元，涪陵电力预计投资金额为 31397 万元。此项目建设期约 6 个月，自此节能改造项目验收之日起，涪陵电力按照合同约定以综合节能收费方式向湖北电力回收费用及效益，收费期限为 7 年。

2. 关联方介绍

国网湖北省电力公司，成立于 1993 年 12 月，主要从事电力、热力生产销售，承揽国内外电力工程、土建工程及其他工程的设计、安装、调试、运行、检修，生产销售电力机械、设备、备品及配件等。涪陵电力与湖北电力受同一实际控制人国家电网有限公司控制，根据上海证券交易所《股票上市规则》的规定，上述交易构成了关联交易。

3. 关联交易的主要内容和履约安排

（1）交易价格：此节能项目合同总额为 55405 万元；

（2）结算方式：每季度双方结算一次；

（3）建设期限：此节能项目建设期限为 6 个月；

（4）收费期限：此合同收费期限为 7 年，自此节能改造项目验收之日起，至 7 年后止；

（5）分享方式：综合节能效益分为节电量效益和增供电量效益，合同期限内，涪陵电力分享节电量效益的 100%，此项目运行维护费用由涪陵电力承担；

（6）收费依据：项目产生的节电量效益及增供效益（节电量效益收费计算方法为：节电量 × 电价；增供效益收费计算方法为：增供电量 × 购售电差价）。

4. 所有权和风险分担

（1）在合同期限内，非因涪陵电力原因造成的项目财产灭失、被窃、人为损坏或对第三方造成损害的风险由湖北电力承担。

（2）在此合同到期且湖北电力付清此合同的全部款项之前，此节能项目下所有由涪陵电力采购并安装的设备、设施和仪器等财产的实物管理由湖北电力负责，纳入湖北电力日常管理体系，所有权属于涪陵电力。合同期满后，涪陵电力应将此合同项下的资产全部无偿移交湖北电力，并保证设备良好，满足运行要求。

（3）此节能项目财产的所有权由涪陵电力移交给湖北电力时，应同时移交此项目继续运行所必需的资料，如该项目财产的继续使用需要涪陵电力的相关技术或相关知识产权的授权，涪陵电力应当无偿向湖北电力提供授权。如该项目财产的继续使用涉及第三方的服务或相关知识产权的授权，该项目服务和授权的费用由湖北电力承担，在同等期限下，不能超过涪陵电力支付给第三方的服务和授权的费用金额。

（4）此节能项目财产的所有权不因湖北电力违约或者此合同的提前解除而转移。

5. 交易目的和对涪陵电力的影响

涪陵电力与关联方发生的上述交易是正常经营的实际需要，相关交易遵循公平、公允的市场原则和交易条件，交易定价维护了交易双方的利益，符合国家的法律规定，此次关联交易将会对涪陵电力新业务的开展产生积极影响。

涪陵电力依靠自身优势，主动响应电力用户多元化需求，大力开拓综合能源服务市场，将不停电作业纳入电网节能范畴，采用合同能源管理方式，提升节能项目的市场开发成功概率，2017 年度成功开发了湖南长沙、湖北二期、河南二期等配电网节能项目，建成投运了浙江、安徽、甘肃、江西等配电网节能项目。随着国家倡导的绿色发展理念深入贯彻实施，电力行业的节能服务有可能迎来重要的发展机遇，电力行业节能降耗应是长期重视实施的课题，这也为涪陵电力这样的电力节能服务公司提供了伸展电力节能舞台的机会，节能服务公司只有注重服务研发力度，提升自主知识产权，重视融资管理，才有利于其在较短时间内获得人才、品牌、技术等，快速开拓市场，不断壮大做强，创建自身的核心竞争实力。由于节能服务在我国的开展时间较短，节能服务公司要想快速发展壮大，抢占市场先机，就要注重通过融资管理做大做强。融资管理的核心环节就是重视融资管理方法的研究，并合理创新地运用，当然，不仅是利用合同能源管理方式，还应重视其他资本运作融资方法的合理运用。节能服务公司的发展也离不开各方面的支持，比如政府部门制定相关支持政策；开发区创建节能服务产业园，建立配套的节能服务产业发展引导基金；保险机构研究创建新型的保险产品，适应节能服务发展的保险要求；信用机构逐步完善法人单位的信用数据，以利于失信法人单位的识别；保理机构研究创新的保理办法，适应节能服务公司发展的需要等。从目前看，我国节能服务公司在合同能源管理方法的运用上，主要为分享模式，其他模式采用较少，这可能与国家目前的支持鼓励政策有关。随着节能服务的发展需要，节能服务公司如要采用更多的模式开展节能服务，也离不开社会各方面的配套支持。

第二章

BOO融资管理方法

BOO 融资管理方法又称建设一拥有一运营模式，英文名称为 Build Own Operate，简称 BOO。这是一种全新的市场化运营模式，即在政府机构的特许授权下，由企业投资并承担基础设施项目的设计、建设、运行、维护、培训等工作，硬件设备及软件系统等设施的产权归属企业，而由政府部门负责宏观协调、创建环境、提出需求，政府部门每年只需向企业支付系统使用费即可拥有硬件设备和软件系统的使用权，这一模式体现了“总体规划、分步实施，政府监督、企业运作”的建设、管理、维护一体化的要求。

BOO 融资管理方法的主要特点：

1. 企业投资

企业承担公共基础设施项目投资，根据政府机构授予的特许协议或许可证，以项目公司的名义从事授权项目的设计、融资、建设及经营。在特许期限内，项目公司拥有项目的占有权、收益权，以及为特许项目进行投融资、工程设计、施工建设、设备采购、运营管理和合理收费等的权利，并需承担对项目设施进行维修、保养的义务。

2. 拥有权益

项目公司对于项目拥有占有权、经营权、收益权，项目不用交还给政府机构。

3. 成本不高

对于地方政府、开发区来说，没有投入大量资金，但地区的经济环境得到提升，项目得到了运作；对于企业来说，因为需要承担全部的投资，所以要做好研究和测算。

4. 双赢模式

对于地方政府、开发区来说，既节省了大量财力、物力和人力，又使区域内的项目得以运作，成功进行了招商引资；对于企业来说，由于对项目拥有经营权，也可以从项目承建和经营维护中得到相应的回报，但这一切的前提是 BOO 项目的设计制定应比较恰当、贴近现实。

5. 方法重要

这是一种重要的融资管理方法，有利于调动企业的积极性，有利于政府机构招商引资，有利于地区经济环境的良性改善，有利于加快区域经济的发展，而且只要项目适合 BOO 模式，也有利于企业经营盈利，很值得我国的地方政府、开发区、企业研究借鉴尝试。

案例1 长青集团

广东长青（集团）股份有限公司（简称“长青集团”）于2015年6月2日发布公告称，2015年5月29日长青集团与茂名高新技术产业开发区（简称“茂名高新区”）管理委员会签署《茂名高新技术产业开发区热电联供项目投资协议书》，根据协议，茂名高新区管理委员会同意采取BOO模式依法授予长青集团投资、建设、运营项目，项目以热力供应及余热余压利用为主，主要满足茂名高新区内企业生产所需，投资总额约为5亿元。

长青集团是深圳证券交易所中小板上市公司，于2011年9月挂牌上市，截至2018年5月20日总市值53.63亿元。集团创建于1985年，主要从事环保热能与燃气具制造两大业务。环保业务主要以生活垃圾、农林业废弃物等生物质为原料，生产热电、固体燃料等可再生能源；以高效能、低排放技术建设运营工业集中区的热电联产项目，大幅节省用煤，实现达标排放。截至2017年12月，长青集团在全国各地投产、建设、筹建中的生物质综合利用项目和热电联产项目达48个。制造业务方面，长青集团拥有三大制造基地，是五部行业和国家标准的制订单位之一，产品远销欧美等数十个国家，位居中国燃气具出口企业的前列，主营家用燃气用具、烧烤用具、取暖设备及燃气阀门、配件、压铸件加工等业务，燃气具产品已分别通过CE、CSA、UL、AGA等认证。其主要核心竞争优势分析如下：

1.运营优势

长青集团分别在广东省和山东省首次投资建设的中山市中心组团垃圾综合处理基地焚烧发电厂项目及沂水环保生物质发电项目，自从建成投产至今，一直安全运行，取得了稳定的收益。2014年8月投产的宁安项目和2015年9月投产的鱼台项目，投产当年就稳定创效。长青集团工业园区集中供热项目陆续开工建设并形成规模。生物质发电和园区热电联产项目双轮驱动，为长青集团发展奠定基础。

2. 外销优势

长青集团制造产业以燃气具产品出口为主，是目前国内最大的燃气具及其配套产品的制造和出口商之一，产品出口世界30多个国家，现拥有三大生产基地。产品销售到欧洲、北美、大洋洲以及南非等地，积累了一批稳定的客户资源。长青集团已建立起获得中国、欧盟CE和北美CSA三项认定的产品检测中心，并与北美最权威的燃气产品认证机构CSA正式缔结战略合作关系，成为CSA在中国范围内首家达成战略合作关系的燃气具企业。

3. 制造优势

长青集团燃气具产品生产规模较大，是业内自我配套能力最强、工艺最完整的企业之一，已配备了模具制造、压铸、锻压、钣金冲压、剪切、分条、机械切削、焊接、搪瓷、粉末喷涂、装配线等生产手段。公司产品种类包括燃气热水器、燃气灶具、壁挂炉、烤炉和取暖器等，拥有较齐全的产品线。公司一直注重企业质量控制体系的建立及完善，从原材料到产成品有一整套成熟、完整的质量控制体系，而主要出口产品均取得CE、CSA、UL、AGA等多项海外认证。公司于1996年已取得了ISO9001国际质量管理体系认证，获得ISO9001：2008版质量管理体系认证。2000年，公司被国家质量技术监督局评为全国家用燃气热水器行业“质量效益型”五强企业。2012年，子公司创尔特取得了中国质量认证中心ISO14001：2004环境管理体系的第三方认证，这大大满足了国内外品牌商的全球性商品采购需求，有利于制造产业的可持续发展。

4. 技术优势

长青集团一直非常重视研发在企业发展中的作用，不断加强研发队伍的培养和技术人才的引进，经过多年的发展积累，公司已经形成了完整的研发体系及综合实力和创新技术水平较强的研发技术团队。公司已建立起面向专业化市场的研究机构，形成了市场化的技术创新激励机制，多年来先后在同济大学、重庆大学、华中科技大学、哈尔滨工业大学等九所高等院校中设立“长青燃气奖学金”，开展多种形式的产学研合作，这为研发队伍的发展壮大奠定了良好的基础。在产品技术方面，鉴于公司长期以来坚持自主创新，公司在行业内具有较强的技术优势，率先跻身于“全国知识产权工作试点单位”“广东省知识产权优势民营企业”及“广东省专利工作先进企业”行列。截至2015年12月公司拥有自主知识产权的专利数量达到171项，拥有并储备了一定规模的前沿技术项目。

投资协议签署的总体情况：

1. 投资协议签署概况

茂名高新区管理委员会与长青集团于2015年5月29日签署《茂名高新技术产业开发区热电联供项目投资协议书》，此项目以热力供应及余热余压利用为主，主要满足茂名高新区内企业生产所需。项目资金来源为长青集团自筹。此次投资不构成关联交易，不构成《上市公司重大资产重组管理办法》规定的重大资产重组。

2. 交易对方简况

茂名高新区是广东省级高新技术产业开发区，以广东茂名石化产业园区乙烯区为起步区，后来又将七迳镇纳入管理范围，主要包括石化下游产业链园区、产业转移示范区、高新技术产业园区三个功能区。经过几年的发展，园区现已建有大型污水处理厂，配备专业消防队，铁路、公路、电力、通信、管廊、给排水、罐区等设施完善，可充分依托茂名港水东港区14个各类3万吨级及以下码头泊位，可以满足石化特色产业发展要求。

3. 协议主要内容

（1）项目名称：茂名高新技术产业开发区热电联供项目。

（2）项目内容：茂名高新区同意采取BOO模式依法授权长青集团投资、建设、运营此项目。长青集团依法设立项目公司，项目公司设立后享有本协议项下的经营权，在合作期限内，建设、运营和维护此项目，为茂名高新区企业提供热力供应服务，并接受茂名高新区监管。

（3）项目选址及用地：项目地址位于茂名高新区西南片区，项目占地面积约135亩，其用地准确亩数、四至范围，以茂名高新区规划建设和交通局出具的项目用地规划条件为准。

（4）建设内容：项目总装机容量暂定 3 台 220t/h 锅炉，配 2 台 25MW 汽轮发电机组及相关辅助设备，实际建设规模以有关部门批复的可研报告和立项批复为准。

（5）投资规模：概算投资总额约为 5 亿元，其中第一期投资估算约为 4 亿元，以最终可研报告和立项批复为准。

（6）项目工艺：拟采用高温高压循环流化床锅炉供蒸汽，并适时进行包括余热余压发电等项目在内的热力资源综合利用。

（7）建设计划：此项目分两期建设，第一期新建 2 台 220t/h 锅炉和配套设施，在此协议生效，并在双方完成此项目用地选址、规划审批、可研、环评、项目核准等工作，已具备开工条件起一个月内开工建设，在 2016 年年底前建成投产。第二期建设 1 台 220t/h 锅炉和配套设施，根据茂名高新区热负荷需求情况适时启动建设。

（8）为使项目初期具备稳定的蒸汽需求量，在此项目正式投产运营后，茂名高新区促使高新区内用户全部使用此项目蒸汽，争取蒸汽使用量不低于 300t/h，蒸汽压力不高于 4.0MP，并协调茂名高新区用户与长青集团签订供汽协议。

（9）茂名高新区在项目备案、建设规划、施工许可、环保、安全生产、纳税申报等方面实行一条龙服务，为长青集团提供便利。

（10）茂名高新区同意在长青集团正常经营，并满足茂名高新区范围内的企业用汽需求的情况下，不再批准及引进与长青集团同类的项目进入茂名高新区。

（11）此项目需要扩建的，双方将共同协商有关项目扩建事宜，扩建工程仍由长青集团以 BOO 方式投资、建设、运营，长青集团优先拥有扩建项目的经营权。

（12）长青集团可根据市场变化情况合理制定价格，也可以根据各个用户实际使用情况对价格进行浮动。

（13）茂名高新区应协助长青集团与电力企业或茂名高新区用户在正式商业运营前签署购售电合同。

（14）如长青集团所产生的除自用外的剩余电量可以按照相关规定并网的，茂名高新区应协调电力企业向长青集团购买前述剩余电量，并协助长青集团剩余电量优先上网，如遇国家及广东省人民政府的政策发生变化，按新的政策执行。

4. 协议对长青集团的影响

此项目的实施将有利于扩大长青集团的销售额及盈利，公司的主要业务不会因履行此协议而对协议当事人形成依赖，若此项目顺利实施，将对公司未来经营业绩产生积极影响，但对公司2015年经营业绩不产生重大影响。

随着国家加大空气治理力度，政府机构鼓励通过集中建设热电联产机组实现集中供热，以取代高污染的分散式燃煤锅炉，长青集团已经开工建设的满城热电联产供热项目将于2016年内投产，此外长青集团还将逐步开工建设河北蠡县、雄县以及河南鹤壁、广东曲江和茂名、湖北孝南等多个热电联产项目，上述项目概算投资总额超过50亿元。以上项目的陆续建成运营，将会成为长青集团实现热电联产项目业绩的驱动因素。BOO模式对于地方政府、开发区风险较小，对于投资建设运营的企业来说，风险还是较大的，比如此案例中，茂名高新区承担的风险相对较小，长青集团承担的风险较大，因此企业在操作此类BOO项目时要注意规避风险。长青集团此次投资可能存在以下主要风险：①环评、土地、立项批复等手续的办理进度将影响到该项目的实施进度。②此项目的销售收入主要来源于茂名高新区热电联供项目的热力供应及余热余压利用，茂名高新区内企业结构发生重大变化，或者国家政策调整，均将可能影响此项目供热收入及余热余压利用收入。③该项目具体投资金额和规模、收益率、回收期等尚存在不确定性，应以该项目可研报告及立项批复为准。企业尽可能对此风险应有所预知，注意预防风险。

案例2 亿利能源

内蒙古亿利能源股份有限公司（简称“亿利能源”）于2015年4月9日

发布公告称，公司控股子公司北京亿利智慧能源科技有限公司（简称“亿利智慧”），于2015年4月7日与泰国企业泰倍佳企业有限公司（简称“泰倍佳”）在曼谷泰国工业管理局IEAT签署了《立盛橡胶工业园智慧能源BOO项目特许经营协议》。

亿利能源是上海证券交易所主板上市公司，成立于1999年1月，2000年7月4日经中国证券监督管理委员会批准，在上海证券交易所公开发行上市。随着国家经济转型、能源结构调整战略的持续推进，公司由传统的能源化工向清洁能源行业转型，着力打造产融网一体化的能源高效清洁利用投资和运营商。公司业务目前主要拓展方向为根据客户需求及自有资源禀赋条件，提供量身定制的智慧能源整体解决方案，建设运营多能互补的分布式能源系统。其主要核心竞争优势分析如下：

1. 模式创新

亿利能源通过与地方政府或工业园区、社区签订独家经营或者其他类似排他性协议，获得20—30年的能源及热力特许经营权，从而获得比较长期的稳定收益，根据区域原料和用户需求，以BOO模式为主建设区域能源生产和储运系统，作为区域的主体能源供应端；贴近用户端建设分布式能源，利用能源网、互联网和物联网技术，将分布式能源相互联接，形成多个电源、热源和气源，实现供应端与用户端、用户端之间的双向交易、供需互动，满足区域内能源的安全、稳定、经济和高效运营。

2. 资源升级

亿利能源拥有比较丰富优质的煤炭资源，为在煤炭清洁高效利用领域的拓展奠定了坚实基础，公司推进煤炭高效清洁利用项目有利于消化煤炭行业不景气对公司带来的影响，以煤换汽，变销售煤炭为销售蒸汽等二次能源，通过资源的升级转化和高效利用，实现了资源价值最大化。

3. 技术叠加

亿利能源成立了以技术研发、产品开发、应用开发为核心的清洁能源研究院，开展煤炭的高效清洁利用、光能技术、新能源材料等技术升级与创新，并与国内多家科研院所、高等院校建立了长期的合作关系，积极开展对外技术交流与合作，多方拓展公司的技术支撑，确保高效清洁能源生产系统、智慧能源等持续改进、叠加升级。

协议签署的总体情况：

1 协议双方

甲方：泰国泰倍佳企业有限公司，其在泰国罗勇省开发的立盛橡胶工业园是一座生态橡胶工业园区，是一个从橡胶生产到加工、制造的产业集群。该工业园区由隶属于泰国工业部的工业区管理局（IEAT）监管，所有的基础设施、日常操作均需符合 IEAT 的规章要求。

乙方：北京亿利智慧能源科技有限公司，是亿利能源控股子公司，亿利能源持有其 72% 股权。亿利智慧主要围绕能源整体解决方案，聚焦区域能源规划、分布式能源系统集成、智能微电网、电动汽车充电网络集成、工业企业节能改造服务等核心业务，为客户提供涵盖投资建设、规划咨询、工程设计、施工管理、运营管理等全程服务。

2. 合作目的

亿利智慧在分布式能源、微电网、主动配电网、能源互联网开发和建设方面拥有核心技术和能力；泰倍佳在泰国罗勇省开发的立盛橡胶工业园需要电力、热力、制冷、蒸汽、天然气、生物质能、工业余能、压缩空气、氮气、生活热水等多种能源。通过合作，亿利智慧将为泰倍佳提供立盛橡胶工业园智慧能源整体解决方案，并在该工业园区建设、拥有和运营生产以上能源的相关系统和设施，同时通过管线将以上能源供应并销售给园区的用能企业。

3. 合作内容

甲乙双方经平等协商，在泰国立盛橡胶工业园内展开整体能源投资与运营合作，整体能源涵盖电力、热力、制冷、蒸汽、天然气、生物质能、工业余能、压缩空气、氮气、生活热水等能源。合作范围涵盖整体能源投资与运营相关的规划咨询、工程设计、投资建设、运营管理、结算收费、能源交易等全部阶段。

4. 特许经营权授予

甲方自此协议生效之日起，授予乙方在此协议有效期限和规定地域内，独家拥有整体能源投资与运营的经营权利。特许经营有效期限为 30 年。经营期届满前一年，乙方可以再行申请特许经营续约，同等条件下乙方具有优先权，具体事宜由甲乙双方另行商定。

5. 双方的权利和义务

甲方的权利和义务：

（1）甲方负责监督乙方整体能源建设进度，确保符合园区发展、满足项目入园需要；负责协助乙方与相关入园企业、机构单位签署供能和能源交易合作协议，协助乙方办理与项目建设相关审批、许可手续；甲方应当按照泰国当地法律规定获得相关主管部门的园区开发许可，包括但不限于土地使用、规划、环境保护、建设施工等许可手续。

（2）甲方负责维护特许经营的完整性，在经营期间，甲方除与乙方进行整体能源投资与运营项目合作外，不得再与第三方进行合作；甲方与用户签订入园协议时，应明确用户优先选择并购买乙方提供的包含在整体能源范围之内的全部能源，乙方提供的能源价格需比外部供能方更具竞争力。

（3）甲方需向乙方提供智慧能源项目能源规划、可行性研究、工程设计等各阶段所需的文件、资料和图纸，包括但不限于园区总体规划、概念性规划、控制性详细规划、修建性详细规划、可行性研究报告、环境影响评价、地质勘查、给排水管网、园区施工图、长期发展规划等。

乙方的权利和义务：

（1）乙方独家拥有经营范围内整体能源的投资、运营、发展权利。

（2）乙方负责制订整体能源发展的近、远期投资计划，按照甲方总体规划、产业规划和园区用户能源需求等要求组织投资建设；确保整体能源建设进度，并承诺及时满足园区发展、项目入园需要。

（3）乙方负责按照相关行业、地方和企业标准以及与用户签署的用能合同提供整体能源及相关服务；负责维护整体能源设施正常运行，发生故障或者安全事故时，应负责迅速抢修和援救。

6. 知识产权

此协议履行中，乙方在自主研发、能源规划、工程设计、运营维护过程中形成的知识产权归乙方所有。

泰国立盛橡胶工业园智慧能源 BOO 项目，是亿利能源积极响应国家“一带一路”倡议，在境外投资开发的第一个项目。亿利智慧充分利用立盛橡胶工业园当地的天然气、太阳能、生物质能、工业余能等能源和资源，因地制宜地投资、建设并运营区域能源互联网，为园区提供整体能源和解决方案。该协议的签订，标志着亿利能源在智慧能源整体解决方案和能源互联网方面得到了园区开发商和国际客户的肯定。

案例3　高能环境

北京高能时代环境技术股份有限公司（简称“高能环境”）于 2015 年 7 月 31 日发布公告称，高能环境近日在鹤岗市与黑龙江省鹤岗市人民政府签署《鹤岗市静脉产业园项目投资协议》以及《 鹤岗市生活垃圾焚烧处理 BOO 特许经营协议》，上述两个协议均采用 BOO 模式，协议涉及的项目特许经营许可及合作具体业务由高能环境在鹤岗市设立的项目公司具体负责实施。

高能环境是上海证券交易所主板上市公司，是专业从事环境技术研究和提供污染防治系统解决方案的高新技术企业，1992 年成立，前身为中科院高能物理研究所垫衬工程处，2014 年在上海证券交易所主板上市，现有固定员工近 2000 人，总资产近 60 亿元。2016 年公司入列国家企业技术中心，其核心技术获评“2017 年度国家科学技术进步二等奖”。公司经过 30 余年的发展，已成长为一家以危险废弃物处理处置、生活垃圾全产业链综合处理、环境可持续修复、工业废水处理为核心业务，囊括城市矿产资源开发、循环经济产业园建设等在内的跨地区、跨行业的综合性企业，旗下汇集了宁波大地、新德环保、阳新鹏富、靖远宏达等 68 家分子公司。公司与国内外知名的科研院所及环保企业建立了长期的战略合作关系，并获批成立“中关村科技园区海淀区博士后工作站分站”以及“院士专家工作站”。截至目前，已完成近1000项国内外大型环保工程，并荣膺“全国优秀施工企业”。其中，公司承建的苏州七子山垃圾填埋场扩建工程获评“全国市政金杯示范工程”，苏州化工厂污染土壤修复项目开创世界单体面积最大的原位热脱附土壤修复项目先河，腾格里沙漠环境治理项目成为中国环保行业应急处理的典范之作。其主要核心竞争优势分析如下：

1. 技术优势

技术是高能环境的立足之本，公司传承中科院的科学理想，始终将技术创新作为企业发展的驱动力。公司拥有190项专利技术，20项软件著作权，主编、参编45项国家、行业标准和技术规范。公司已建立了环境修复技术中心、环境能源技术中心、市政固废技术中心、工业固废技术中心、工业废水技术中心和危险废物技术中心六大技术中心，各技术中心之间相互协调、配合，形成公司强大的研发、实施、支持与服务优势。各技术中心针对三大业务板块的重点领域均构建了具有竞争力的核心技术体系。公司还与国内外知名环保公司、科研院所及高校建立长期战略合作关系，开展业务合作和技术交流。

2. 人才优势

高能环境拥有成熟稳定的核心管理团队，团队具有多年从业经验，使公司能够准确把握环境治理行业发展的大方向，制定科学的发展战略，保证公司的产品和服务适应市场需求。公司拥有高素质的技术研发团队，核心技术人员均为行业内技术专家，具有丰富的行业经验，对国内环境治理行业的技术有着深刻的理解。技术团队专业背景涉及环境科学与工程、化学、热能动力、热控、电气、结构、岩土、地质、矿物加工、地下水、材料、机械、给排水等近20个专业。在创新技术的研发领域，公司通过不断引进国内外高端技术人才，扩充技术研发队伍。公司拥有专业化的工程服务团队，其中包括60多位注册建造师、100多位工程师、30多位高级技师，形成了一支近300余人的高素质、高技能、经验丰富的施工管理队伍和技术工人队伍，在应对不同技术难题、不同工程环境方面具备专长、工法和经验，是公司在保证工程质量及开拓新领域、新技术、新方法、新工艺上的强大支持。

3. 整合优势

高能环境在环境污染防治系统的技术研发和应用的基础上，通过多年的战略布局和项目实施，现已扩展成为环境修复、城市环境和工业环境三大业务板块，细分领域覆盖土壤修复、矿山修复、地下水修复及农田修复、生活垃圾焚烧、生活垃圾填埋、危废处置、医废处置、城市供水、市政污水、污泥、工业废水、一般工业固废等，并在各个细分领域均有技术储备和业绩支持。公司通过多年的项目实施储备了专业化的技术人才，积累了丰富的行业经验，尤其在多领域业务整合方面，具有系统化的方案设计和实施能力，能满足政府、工业企业、工业园区等客户跨领域业务打包整合的需求，提供系统化的解决方案，实现总体方案规划与各项目独立实施的有机结合。

4. 品牌优势

高能环境自1992年成立以来，一直致力于环境治理技术的开拓和创新，公司已成功实施了数百项环境治理项目，积累了丰富的项目实施经验，获得了国内外多个奖项，赢得了良好的市场声誉。

协议签署的总体情况：

1. 签署协议的基本情况介绍

《鹤岗市静脉产业园项目投资协议》的基本情况：为推进城乡垃圾无害化处理，保护生态环境，促进地方经济发展和生态文明建设，鹤岗市人民政府在资格预审、实地考察、竞争性谈判等工作的基础上，最终确定高能环境作为鹤岗市静脉产业园项目的投资、建设、运营、维护的承担人。项目采用BOO模式，鹤岗市人民政府确定高能环境作为鹤岗市投资、建设、运营与维护生活垃圾焚烧发电、危废医废、餐厨粪便、污泥、汽车拆解电子垃圾处理等项目的承担人，并授予高能环境向鹤岗市政府收取处理服务费的特许经营权。此协议为上述投资项目的框架性协议，此协议签订后，双方将就具体项目进行协商，然后根据高能环境需要逐步完成具体项目的正式协议签订与建设运营工作。

《鹤岗市生活垃圾焚烧处理 BOO 特许经营协议》的基本情况：为妥善处理生活垃圾，减少生活垃圾造成的环境污染，鹤岗市人民政府在资格预审、实地考察、竞争性谈判等工作的基础上，最终选择高能环境作为鹤岗市生活垃圾处理设施的投资、建设、运营、维护的承担人。根据国家相关法律法规，鹤岗市人民政府授予高能环境特许经营权，在特许经营期限内，高能环境以 BOO 模式独家拥有鹤岗市生活垃圾处理项目的投融资、设计、建设、运营、维护的权利，独家拥有处理鹤岗市及周边辖区（萝北、绥滨县除外）境内的生活垃圾，并获得生活垃圾处理补贴费的权利，鹤岗市政府不再将该权利授予其他任何单位或个人，特许经营期限为 30 年（不含建设期）。按照《公司章程》的有关规定，高能环境将在鹤岗市投资成立项目公司，具体从事生活垃圾焚烧处理项目投资、建设及运营相关事项，将在董事会授权的对外投资权限范围内，按照规定程序办理。

2. 协议双方基本情况介绍

甲方：黑龙江省鹤岗市人民政府。

乙方：北京高能时代环境技术股份有限公司，主营业务为环境污染防治技术推广，水污染治理，固体废物污染治理，环保产品的技术开发，施工总承包，专业承包，环境基础设施投资及资产管理，销售黄金制品、白银制品，建筑工程用机械、环卫机械、机械设备、汽车（小轿车除外）租赁与销售等。高能环境与甲方不存在关联关系。最近三年会计年度公司未与甲方发生交易事项。

3. 协议主要内容

《鹤岗市静脉产业园项目投资协议》的主要内容：

（1）静脉产业园项目概况。

项目总投资约 8 亿元，包括生活垃圾焚烧发电项目、医废危废处理项目、市政污泥处理项目、餐厨垃圾及粪便综合处理项目、汽车拆解和电子垃圾处理项目等。高能环境将在具体项目协商确定后，逐步完成具体项目正式协议的签订与建设运营工作。

（2）合作模式。

此项目采用 BOO 模式，甲方授予乙方在鹤岗市投资、建设、运营与维护生活垃圾焚烧发电、危废医废、餐厨粪便、污泥、汽车拆解电子垃圾处理项目，并向甲方收取处理服务费的特许经营权。

（3）项目特许权的独占性。

鹤岗市人民政府授予高能环境此项目的特许经营权具有独占性，高能环境独家拥有处理鹤岗市境内的生活垃圾，并获得甲方生活垃圾处理补贴费的权利，鹤岗市人民政府保证不再将鹤岗市生活垃圾、危废医废、污泥、餐厨粪便、废旧汽车电子垃圾处理的特许经营权部分或全部地授予其他第三方。

（4）后续协议的签订。

此协议签订后，协议双方先就垃圾焚烧项目展开选址和价格补贴、保底量等事宜协商，签订垃圾焚烧的后续《特许经营权协议》和《生活垃圾供应、处理与结算协议》；然后根据鹤岗市人民政府需要逐步完成危废医废、污泥、餐厨粪便、废旧汽车电子垃圾处理项目的正式协议签订与建设运营工作。

《鹤岗市生活垃圾焚烧处理 BOO 特许经营协议》的主要内容：

（1）项目概况。

鹤岗市生活垃圾处理项目采用国家发改委、生态环境部、科技部、住建部等部委推荐的、国际上先进的生活垃圾焚烧发电工艺处理鹤岗市生活垃圾。此项目规划建设规模为日处理生活垃圾 700 吨。项目占地约 100 亩，总投资约 3.5 亿元，上述数据以政府有权部门批复的《可研报告》为准；当鹤岗市及周边县区生活垃圾量大于此项目现有处理能力时，高能环境拥有追加投资建设鹤岗生活垃圾焚烧发电项目改扩建工程的权利。此项目将采用炉排炉焚烧工艺。

（2）高能环境的权利及义务。

高能环境依约在鹤岗市设立项目公司具体从事特许经营协议项下的许可业务，同时应当依据特许协议规定，履行包括但不限于以下责任及义务：

①项目建设阶段，乙方负责完成政府有关部门要求的各种审批或备案文件编制并报政府有权部门审批，并承担相关费用。

②上述文件获批复、此项目建设取得核准后，乙方负责完成项目初步设计、施工图设计报政府有权部门审批并承担有关费用。

③项目公司应当按照适用法律的规定，选择具有相应资质的监理公司对此项目建设施工全程进行监理，并承担相应费用；选择具有相应资质的承包商进行项目建设施工总承包，并承担相应费用，如乙方自己具备资质可以完成此项目部分单位工程的建设，乙方可以进行该部分工程的承包建设。

④乙方及项目公司还应当获得工程建设所需的审批、批准、许可，并使其保持有效；在施工过程中严格遵守安全生产的法律规定，做好环境保护和消防工作；应当采用合理的措施，减少给公众造成的干扰和不便。

⑤乙方项目公司应当依据协议规定，自行承担项目运营与维护的费用，承担项目运营与维护的责任，承担项目运营与维护的风险。

⑥从此项目商业运行之日起，项目公司应当连续接收并处理垃圾，并在日处理垃圾能力范围内，将接收的垃圾处理达到国家和此协议规定的质量标准。

⑦乙方项目公司应当确保在整个运营期内，不断通过开发和引进技术成果，使污染物的实际排放标准达到现行国家最新的相关规定。今后若国家出台新环保标准需要增加环保投资时，造成处理成本大幅度上升，乙方有权申请重新核算处理费单价。

⑧项目公司按照国家相关规定负责对垃圾焚烧发电所产生的飞灰、渗滤液、烟气等进行处理，同步安装烟气排放连续监测设施，并接受环保部门的监管。

⑨未经甲方同意，乙方项目公司不得擅自停止运营。乙方在对生活垃圾处理中，如未能达到国家规定的处理标准而对甲方造成损失或影响的，由乙方承担一切责任。

⑩根据国家相关规定，乙方承担政府公益性指令任务造成经济损失的，甲方应当给予相应的补偿。

⑪乙方生产运营过程中，产生的飞灰、渗滤液、烟气等净化处理的费用，全由乙方负责承担，焚烧厂飞灰由乙方负责稳定化固化后运往填埋场，填埋场

地由甲方负责提供，并收取填埋费，收费标准以鹤岗市物价部门核定的价格标准执行。

⑫项目公司按照政策的规定，办理发电上网和与电力企业签订购售电合同等相关事宜

（3）鹤岗市人民政府的权利与义务

根据特许经营协议约定，鹤岗市人民政府应履行包括但不限于以下责任及义务：

①项目建设阶段，甲方及所属有关政府部门全力协助乙方进行此项目建设相关文件的报审，并督促有关部门加快对施工图的审查。

②协调项目公司与甲方所属相关行政主管部门、甲方上级政府及所属行政管理部门的关系，协助项目公司办理相关的行政审批、许可。

③监督项目公司按时保质保量地完成项目建设，在运营过程中所出现的违规、违纪行为进行监督、检查并要求项目公司及时整改。

④确保项目在建设期间周边环境的安全、稳定，乙方与周边居民及单位发生纠纷时，甲方有协调解决的责任。

⑤在此项目调试期间，根据国家相关规定和项目公司的书面要求提供垃圾。

⑥在此项目试运行开始之日至商业运营开始日期间，按此协议的约定提供垃圾，并支付试运行期间的垃圾处理补贴费。

⑦按照此协议约定给予乙方项目公司优惠政策。

⑧将生活垃圾及时运送至乙方项目公司指定的地点（垃圾储存坑）。

⑨向乙方出具《生活垃圾处理补贴费支付承诺函》，将支付垃圾处理补贴费纳入当年财政预算。

⑩按照此协议和此协议附件《生活垃圾供应、处理与结算协议》的规定，及时足额向乙方项目公司支付垃圾处理补贴费。

⑪为焚烧厂固化后的飞灰提供处理处置的场所，并承担相关费用。

⑫在乙方正确、全面履行此项目所有义务的情况下，甲方承诺确保项目在

运营期间周边环境的安全、稳定，乙方与周边居民及单位发生纠纷时，甲方有协调解决的责任。

⑬根据国家相关规定，乙方项目公司擅自停业、歇业的，甲方或其主管部门有权按照国家相关规定责令其限期改正，依法采取有效措施督促其履行义务。

4. 协议对上市公司的影响

此框架协议及特许经营协议的签署，将对高能环境未来固废处置业务发展带来积极的影响，高能环境对鹤岗市生活垃圾焚烧处理项目投资符合高能环境主营业务发展战略，项目未来建设实施将有利于公司树立垃圾焚烧处理项目区域示范效应。高能环境取得鹤岗市生活垃圾焚烧处理项目特许经营权之后，公司主营业务不会因此协议的履行而产生关联交易、同业竞争以及业务依赖的情形。

5. 存在风险及相应措施

（1）项目建设期风险：由于鹤岗市生活垃圾焚烧发电项目尚需经过项目前期报批及立项等行政审批手续，目前尚未确定开工建设时间，项目建设尚存在建设期风险因素。采取的措施：高能环境将在项目实施过程中与政府、业务合作各方共同合作，充分利用现有内部资金、技术、人员等各方面资源，协调内外部关系，加快项目前期立项及报批工作节奏，共同推进项目的实施进程。

（2）生活垃圾处理费支付方面存在的风险：目前全国各地生活垃圾处理尚未形成成熟的收费体系，并且收费较低。采取的措施：特许经营协议约定将此项目生活垃圾处理服务费由鹤岗市政府财政支付，以确保按时足额向公司支付垃圾处理服务费。

（3）其他风险因素：由于鹤岗市生活垃圾处理项目为公用事业类项目，在未来投资及运营中通货膨胀可能使公用事业项目的人工成本和材料成本大幅上涨，致使运营项目公司的成本上升。采取的措施：高能环境将在项目建设运营过程中严控各项成本及开支，当国家法律、法规、标准、规范、政策变化，以及物价变化导致运营成本变化时，公司有权依约要求对垃圾处理补贴价格进行调整。

第三章

BT融资管理方法

BT 融资管理方法又称建设—移交模式，英文名称为 Build Transfer，简称 BT。目前，采用 BT 模式筹集建设资金已成为基础设施项目融资的一种新模式，该方法主要是根据项目实际情况，通常由业主与投资方签订合同，由投资方对项目进行总承包和融资、建设，并在规定时间期限内，将竣工后的项目验收合格后移交业主，业主根据事先签订的回购合同，分期向投资方支付项目总投资及确定的回报。这里的业主通常是政府机构，利用社会资金来进行非经营性基础设施建设，投资方是企业，可以是单独企业，也可以是联合体，当然也有一些项目业主不是政府机构而是企业。

BT 融资管理方法的主要内容和特点：

1. 模式主体

BT 模式中有三个主体，即项目业主、BT 投资建设方、贷款银行或其他相关单位，三个主体通过项目结合到一起，发挥各自优势，合理实现资源的整合利用，促进项目实施运作成功。

（1）项目业主。即项目所在国政府机构及所属部门指定的机构或公司，也称项目发起人，负责对项目建设特许权进行招标。在项目融资建设期间，业主在法律上不拥有项目，而是通过给予项目一定数额的从属性贷款或贷款担保作为项目建设、开发和融资的支持。业主在项目建设完成和移交后，将拥有项目的所有权和经营权。

（2）BT 投资建设方。BT 投资建设方通过投标方式从项目所在国政府获得项目建设的特许权，负责提供项目建设所需的资金、技术，安排融资和组织项目的建设，并承担相应的项目风险。通过招投标方式产生相应的设计单位、施工单位、监理单位和设备、原材料供应商等。

（3）贷款银行或其他相关单位。融资渠道在 BT 模式中也是很重要的，项目的融资渠道一般是投资方自有资产、银团贷款、政府政策性贷款等。而贷款的条件一般取决于项目自身的经济效益、BT 方的管理能力和资金状况，以及政府为项目投资方提供的优惠政策等。

2. 操作过程

（1）项目实施。政府机构根据当地社会和经济发展需要对项目进行立项，完成项目建议书、可行性研究、筹划报批等前期工作，将项目融资和建设的特许权转让给投资方，银行或其他金融机构根据项目未来的收益情况和投资方的经济、信用等实力情况，为项目提供融资，政府与投资方签订 BT 投资合同，投资方组建 BT 项目公司，投资方在建设期间行使业主职能，对项目进行融资、建设并承担建设期间的风险。

（2）移交付费。项目竣工后，按 BT 合同，投资方将完工验收合格的项目移交给政府机构，政府机构按约定总价或计量总价加上合理回报，按比例分期偿还投资方的融资和建设费用。

（3）监督管理。政府机构在 BT 投资全程中行使监管权利，保证 BT 投资项目的顺利融资、建设和移交。

3. 政府采用

BT 模式多为政府机构在进行基础设施非经营性项目建设时所乐于采用的，政府机构利用的资金是非政府资金，是通过投资方筹集的资金，融资的资金可以是银行的，也可以是其他金融机构或私有的，可以是外资也可以是国内资金，当投资方将完工验收合格的项目移交给政府机构后，政府机构再按比例分期向投资方支付合同的约定总价。在实战操作中，也有非政府机构作为项目业主招标的，这一点值得注意。

4. 缓解短缺

BT 模式能缓解当地政府机构财政性资金的暂时短缺。因为政府项目的公共特性以及资金需求量大、回收期长等特点，往往使得必须由财政性资金建设的项目，出现财政资金供应的暂时缺口，而 BT 模式的分期回购，正是弥补政府财政资金短期供给缺口的有效方式。

5. 利于共赢

采用 BT 模式可以使产业资本和金融资本进行对接，形成一种新的融资格局，既为政府机构提供了一种解决基础设施建设项目资金周转困难的融资新模式，又为投资方提供了新的利润分配方式和获利目标，同时，BT 模式也使银行或其他金融机构获得了稳定的融资收益，分享了项目成果。

6. 注意事项

投资方是否具有与项目规模相匹配的建设实力，是 BT 项目能否顺利建设和移交的关键，因此政府机构在招标中要有所研究，正确筛选。

（1）政府是国家的行政管理机关，在法律上不便与投资方形成经济合同关系，可组建一个项目法人或委托下属单位，代表政府行使业主的权利，履行业主的义务。

（2）政府机构在招标确定投资方时，应严格审查投资方的施工资质，投资方可以为一方也可为联合体；更要严格审查投资方的融资能力与经济实力，例如投资方的银行信用等级、财务状况等。

（3）核实投资人所融资金的来源，降低资金成本。

（4）合理确定资金的需要量，防止筹资不足或过剩，从而提高资金的使用效果。

（5）适当维持自有资金的比例，合理安排负债，尽量减少融资前期工作的经济支出。

（6）如有可能也可采用 FIDIC（国际咨询工程师联合会的法文缩写）合同条款，签订 BT 合同，规范双方的行为，明确双方的权利和义务。其优点是：①脉络清晰，逻辑性强，承包人和业主之间的风险分担公平合理，不留模棱两可之辞，使任何一方都无隙可乘；②对承包人和业主的权利义务以及工程师的职责权限有明确的规定，使合同双方的权利义务界限分明，避免合同执行中发生过多的纠纷和索赔事件，并起到相互制约的作用；③被大多数国家所采用，为世界大多数承包人所熟悉，又系世界银行和其他金融机构推荐，有利于实行国际竞争性招标；④便于合同管理，对保证工程质量、合理控制工程费用和工期产生良好的效果。

7. 风险防范

投资方在融资、建设过程中需要注意风险防范等问题。

（1）应深入分析相关招标文件以确定 BT 项目真伪，防范假 BT 模式可能带来的风险，尤其对于 BT 项目的特殊案例，比如非政府机构运作的 BT 项目，更应注意真伪 BT 项目的审查和风险的防范。

（2）积极开展对 BT 项目的调查，包括项目合法性以及项目运作前景预测等。

（3）重视对 BT 项目中招标单位回购担保的审查，以确保担保方案的有效性和可行性，尤其对非政府机构运作的BT项目，应仔细调查考证回购担保的诚信性、务实性、操作性。

（4）对于实战操作中有关部门由于对BT模式不了解，仍按一般工程承包办理相应手续的做法应主动要求纠正，以避免该类登记方式不当，从而降低对投资方承包商的保护力度，加大投资风险。

（5）重视BT项目的签约管理和履约管理。可聘请专业律师进行全程把关，积极防范项目较长的建设周期内可能出现的法律风险。

（6）BT模式相对风险较大，例如政治风险、自然风险、社会风险、技术风险等，其中最大的风险还是业主是否按合同约定偿还债务，这均需投资方增强风险管理的防范能力。

（7）安全合理利润及约定总价的确定相对比较困难。

（8）做好项目法人责任制。

（9）适当的利润率水平和资金的有限监管投入与增值退出，最大的安全保障就是最大的收益。

8. 监督管理

BT模式的重点在于融资、建设。项目融资成功与否，是BT项目能否成功运作的关键所在。因为一些BT项目投资规模较大、建设周期较长，为确保BT项目能够顺利完成并移交，政府机构必须在整个项目运行中对项目资金采取有效的控制与监管，以防止BT项目执行中，有的项目开工之后BT项目公司未能如期按合同约定融入建设资金，致使BT合同被迫终止而政府机构不得不重新选择招标，或者有的BT项目公司融资能力不足，把资金压力转嫁到分包商、材料供应商头上，让他们垫资建设，造成很多不利影响。主要措施如下：

（1）政府机构在邀请投标前，对施工总承包商进行有重点的资格预审。作为投资人的施工总承包商要在规定的期限内用自己的资金将项目建成，必须具有较强的经济实力和融资能力，因此在资格预审中，要特别对投标人的财务状况、银行的资信等级、银行的授信额度等方面内容实行严格审查，必要时，还应当到该企业或者相关部门、相关银行进行考察核实。

（2）政府机构对投资方的资本金注资过程进行监管。按照国际 BT 项目一般惯例，以合同价作为项目的总投资额，投资方以自有资金投入作为项目公司的注册资本金，注册资本金通常为项目总投资的 35%，可根据项目总体融资规划一次性或分次注入。政府机构要监督投资方使其每期注资，必须在规定的时间之内足额到位。

（3）政府机构对 BT 项目公司融资进行监管。投资方可以用政府机构出具的股权回购函向贷款银行以质押方式进行融资，达成融资协议后，BT 项目公司及贷款银行必须持融资合同正本，向政府登记备案后方为有效。政府机构需监督 BT 项目公司以防其将融资所获资金用于其他用途，或就已设立质押的内容重复融资。

（4）政府机构对 BT 项目公司的日常资金运用进行监管。要求 BT 项目公司在银行设立工程建设资金专户，并接受政府机构监管。在项目建设过程中，其专户存款须确保工程款的及时支付，不用于与 BT 工程无关的其他任何经济活动。检查监督资金到位和使用情况，要求 BT 项目公司须按月向政府授权机构提供银行账单等相关资料。为了防止拖欠工程相关单位的工程进度款，BT 项目公司须按月向政府授权机构提供工程进度款的支付情况说明。

案例1 九洲电气

哈尔滨九洲电气股份有限公司（简称“九洲电气”）于 2017 年 7 月 31 日发布公告称，近日九洲电气与定边蓝天新能源发电有限公司（简称“定边蓝天”）签署了《定边天池塘风电场 BT 总承包工程》，合同总价款 43800 万元，采用 BT 总承包工程的模式。

九洲电气是深圳证券交易所创业板上市公司，成立于 1997 年，长期致力于可再生能源开发利用、综合能源系统集成及其关键电气产品制造三个方面的业务。主要业务包括：①可再生能源业务。九洲电气主要从事开发、建设和运营可再生能源系统，包括风能、太阳能、水力、地热能、海洋能、生物质能、废物焚化发电和冷热电三联供。还提供清洁低碳、安全高效的可再生能源解决方案，包括提供专业化系统分析、个性化技术设计、优化设计方案、完整的产业供应链管理、工程施工、投资预算、效益分析、创新的金融服务、持续稳定运营维护。②综合能源业务。九洲电气主要以互联网+、智能技术为手段，将不同的能源供应连接起来，实现热、电、冷、气、储、充等的有机整合，平衡不同能源间的优势和不足，实现多能协同，联产联供，互补集成，提高整体能源效率，降低用能成本，实现能源的系统优化。公司还可提供离网型分布式发电解决方案、智能微网解决方案、冷热电三联供解决方案、光储充系统解决方案、智能配电网解决方案、固体电蓄热解决方案、以电代煤城市供暖、化学储能削峰填谷解决方案、能效管理和能源设施管理解决方案。③制造业务。九洲电气拥有20余年电力设备制造经验，以高电压、大功率电力电子技术为公司的核心技术，可为城市智能配电网和可再生能源提供关键电气设备，产品涵盖35kV以下各类电开关和变电设备、高频电源及高压变频器，高低压无功补偿，可再生能源用变流器和逆变器，铅碳储能蓄电池，固体蓄热电锅炉，交直流电动汽车充电桩等。其主要核心竞争优势分析如下：

1. 技术优势

多年来九洲电气一直致力于技术创新，不断加大新产品研发力度，尤其是在产品的新技术应用、提高产品技术含量、增强产品性能等方面取得重要成果。通过研发体系的良性运转，促进了企业科技创新能力的提高和科研成果的迅速产业化，并取得了可喜的业绩，公司累计获批国家专利182项，软件著作权7项，先后被评为国家火炬计划重点高新技术企业、国家企事业知识产权试点单位、全国青年科技创新先进集体、国家级创新型试点企业，拥有国家认定企业技术中心。

2. 协同优势

近两年来，九洲电气向新能源领域转型，公司通过多年来为新能源客户提供电气成套设备，积累了大量优质的客户资源、供应链资源和风能、光伏项目资源，提出了从“电气成套产品供货商”到“成为可提供新能源一体化解决方案的可持续发展的企业”的重大战略转型，全方位建立了“成套产品供应—新能源电站建设—持有运营—金融服务”的全产业优势。公司通过向风电、光伏、水电产业下游业务拓展和相关多元化产品开发，在新能源电站开发、新能源设备销售和新产品市场开发方面，形成了良好的资源协同优势。

3. 合作优势

九洲电气相继与罗克韦尔自动化、西门子、施耐德、ABB 公司合作生产代表着当代国际先进水平的电气成套设备，公司借助当今全球著名的电气公司在电气整体解决方案领域的成功经验和成熟技术平台，结合中国用户的习惯与特点，开发出应用灵活、独具特色、适合国情的电气成套设备系统解决方案。公司昊诚电气的固体绝缘开关柜和箱式变电站等系列产品多年来一直是国家电网合格供应商，每年在国家电网的集中采购招标中都会赢得 20 余省份公司的订单。公司实际控制人与国家电力投资集团围绕着公司新能源产业联合成立了专项产业基金，基金规模 20 亿元，用于公司新能源项目的资本金，同时国家电力投资集团为公司新能源建设项目提供总投资 70% 的融资租赁款。公司与哈尔滨工业大学签署《成立联合实验室的战略合作协议》，以其长达 20 余年的铅酸蓄电池研发生产经验，通过与哈尔滨工业大学合作设立实验室，快速地成功开发出了铅炭储能蓄电池。

合同签署的总体情况：

1. 合同当事人概况

定边蓝天新能源发电有限公司，注册资本 300 万元，经营范围：风电项目的开发、建设及运营维护等。最近三个会计年度与九洲电气没有发生过任何交易，上述合同签订不涉及关联交易。该合同为日常经营类合同，无须提交九洲电气董事会和股东大会审议。定边蓝天新能源发电有限公司已取得陕发改新能源（2016）1766 号批文等项目前期核准文件；经审查定边蓝天新能源发电有限公司为项目的合法持有人，并且已与多家机构及银行洽谈项目合作资金的投入，因此九洲电气董事会认为其具备履行此合同的能力。

2. 合同主要内容

（1）合同标的。

工程名称：定边蓝天新能源发电有限公司定边天池塘风电场。

工程规模：50MW。

工程模式：采用BT总承包工程的模式

（2）项目的建设内容：此合同总承包范围为定边天池塘风电场设备的施工图纸设计、供货及监造、催交、运输、保险、接车、卸车、仓储保管、图纸设计范围内的全部建筑及安装工程、集电线路建筑安装工程、场内道路、办公和生活临建、调试及配合整套启动、售后服务等。

（3）工程竣工日期：合同工期暂定为2018年12月30日完工。

（4）工程施工质量标准：合格。

（5）BT总承包合同价格：定边天池塘风电场工程BT总承包价格为43800万元，最终总承包金额以双方确认的实际发生的设备采购和工程决算金额为准。

（6）付款安排及结算方式：完成预验收日为T日。T+7日内，BT业主方支付BT总承包额的50%即21900万元；T+37日前，BT业主方支付BT总承包额的50%即21900万元；T+365日前，业主方退回BT总承包方10%的履约保证金4380万元。

（7）付款保障措施。

①业主方承诺在未支付完全部工程款前，BT总承包此项目新形成的资产（包括但不限于土地、房产、在建工程、设备、经营权）全部归BT总承包方所有；

②项目并网后未支付完全部工程款前，项目的发电收益全部归BT总承包方所有，直至支付完毕全部工程款。发电收益所得不可抵减业主方欠BT总承包方欠款；

③项目股东持有该项目的全部股权质押至BT总承包方并办理工商质押登记。

（8）其他。

此合同于 2017 年 7 月 28 日在哈尔滨签署，按《企业会计准则第 15 号－建造合同》确认收入，资金来源为九洲电气自筹。此合同属于九洲电气日常经营合同，公司依据内部管理制度和相关规则的规定履行了相应的审批程序，无须提交董事会或股东大会审议。

3. 该合同对上市公司的影响

（1）此次合同的签署，符合九洲电气未来的发展战略，为公司向能源互联网业务转型奠定了基础，也对实现 2017 年度公司经营计划起着重要的作用。

（2）在合同生效满足建设条件后，九洲电气将根据该工程的进度安排工程施工建设。合同总金额为 43800 万元，约占 2016 年度营业收入的 33.19%。合同的顺利执行有助于公司完成 2017 年扣非后净利润 2 亿元的业绩指标；

（3）此次合同签订为九洲电气日常经营行为，不涉及关联交易，对公司业务的独立性不会产生重大影响，不会因此合同的履行而对当事人形成依赖。

九洲电气 2017 年度 BT 模式的项目开发取得了快速发展，先后与嫩江德馨水电开发有限公司签署了《嫩江县红石砬水电站工程项目 BT 总承包工程合同》、与安达市亿晶新能源发电有限公司签署了《青肯泡乡 20MWP 光伏地面电站 A 项目 BT 总承包合同》及《青肯泡乡 20MWP 光伏地面电站 B 项目 BT 总承包合同》、与通化中康电力开发有限公司签署了《通化中康电力开发有限公司 10MW 光伏发电项目 BT 总承包合同》、与定边蓝天新能源发电有限公司签署了《定边天池塘风电场 BT 总承包工程合同》、与亚洲新能源（金湖）风力发电有限公司签署了《亚洲新能源金湖县 100MW 风电场 BT 总承包合同》、与亚洲新能源（宝应）风力发电有限公司签署了《亚洲新能源宝应县 100MW 风电场 BT 总承包合同》，上述 BT 模式的合同总金额为 28.62 亿元，完成了 2017 年初制订的签订 20 亿以上新能源总包合同的经营计划。同时公司积极响应国家光伏扶贫号召，主动承揽了 46.18MW 的光伏扶贫电站建设。九洲电气在 BT 模式的项目开发上取得了很好的成效，但是运作 BT 模式的项目，应注意风险的防范和化解，尽管合同中已就违约、赔偿和纠纷等做出明确的规定，但在合同执行过程中，也可能受外界因素或不可抗力等因素影响，造成公司不能按时完工，给合同履行带来一定的不确定性。再有此合同涉及金额较大，也可能存在因其他方原因而导致此合同不能正常履行的风险，或者项目建设内容变更及违约的风险，因此应注意风险的管控。

案例2 中国铁建

中国铁建股份有限公司（简称“中国铁建”）于2017年2月23日发布公告称，中国铁建中标石家庄市城市轨道交通1、3号线二期土建及相关工程投资建设项目，中标价约65亿元，工程项目采用BT模式。

中国铁建是上海证券交易所上市公司，是由中国铁道建筑有限公司独家发起设立，于2007年11月5日在北京成立，2008年3月10日、13日分别在上海和香港上市，公司注册资本135.8亿元。中国铁建是中国乃至全球最具实力、最具规模的特大型综合建设集团之一，2017年在《财富》“世界500强企业”中排名第58位、“中国企业500强”中排名第14位、“全球250家最大承包商”排名第3位。中国铁建业务涵盖工程承包、勘察设计咨询、房地产、投资服务、装备制造、物资物流、金融服务以及新兴产业。经营范围遍及包括台湾在内的全国32个省区市和香港、澳门特别行政区，以及世界116个国家。已经从以施工承包为主发展成为具有科研、规划、勘察、设计、施工、监理、维护、运营和投融资完整的行业产业链，具备了为业主提供一站式综合服务的能力。在高原铁路、高速铁路、高速公路、桥梁、隧道和城市轨道交通工程设计及建设领域确立了行业领先地位。有1名工程院院士、8名国家勘察设计大师、11名“百千万人才工程”国家级人选和237名享受国务院特殊津贴的专家。累计获国家科技进步奖72项，国家勘察设计“四优”奖141项，詹天佑土木工程大奖90项，国家优质工程奖306项，中国建筑工程鲁班奖122项；累计拥有专利8346项，获国家级工法292项。其主要核心竞争优势分析如下：

1.综合实力

中国铁建连续多年位居 ENR 全球最大工程承包商前三位，位于世界 500 强前 100 强行列。公司具有强大的市场经营开拓能力，各项经营指标增幅明显。全球布局的经营格局初现雏形，海外业务不断提升。拥有 A+H 股的融资平台、充足的银行授信、建筑企业最高的国际评级。在基础设施建设领域建立了良好的品牌效应，已获得稳定的客户群和丰富的市场资源。

2.技术优势

中国铁建高原、高寒、高速铁路设计施工技术已经稳居世界领先水平。自主知识产权的产品不断涌现，大直径全断面硬岩全断面掘进机、双护盾硬岩全断面掘进机等地下工程装备填补了国内空白，窄轨捣固车、窄轨配碴整形车等大型养路机械已达到国际领先水平，并且实现了出口。地下水下工程建设、磁悬浮工程建设、四电系统集成等技术达到行业领先水平。

3.产业布局

中国铁建已经完成了沿建筑产业链的全面布局，业务涵盖工程承包、勘察设计咨询、工业制造、房地产开发、物流与物资贸易及其他业务。具备了全产业链扩张和协同的能力，实现了从单纯施工企业向集科研、规划、勘察、设计、施工、监理、维护、运营和投融资为一体的一站式解决方案提供商转变。围绕勘察设计、工程施工、工业制造三大板块协同开展专利布局，提高了自主知识产权的保护能力和企业核心竞争力。

4.管理架构

中国铁建将优化组织管理架构与压减工作、亏损企业治理、僵尸企业处置和提质增效等工作相结合，严格控制新设法人企业，大力压减规模小、效益差、发展前景不大、与主业协同效应弱的子企业，缩短管理链条。按照科学合理、精干高效的原则，优化组织架构，减少机构重叠和职能交叉，严控机构和人员编制的刚性约束。进一步调整和优化总部机构设置，构建了管控有力、职责明确、运转畅通的管理体制和运行机制。

合同签署的总体情况：

1.合同双方简况

甲方：石家庄轨道交通有限责任公司，成立于2010年4月14日，目前主要承担石家庄市轨道交通项目建设工作及运营筹划工作。石家庄市轨道交通线网方案主要体现为6条线组成的“大放射、小方格”布局，其中，骨干线3条，辅助线3条，线网总长241.7千米。首期建设轨道交通1、2、3号线一期工程，按照国务院批准的《石家庄市城市轨道交通建设规划（2012—2020年）》要求，建设线路总长59.6千米，车站52座，均为地下站，总投资421.9亿元。

乙方：中国铁建股份有限公司。中国铁道建筑有限公司持有中国铁建55.73%股份，截至2018年5月22日，中国铁建在上海证券交易所的A股总市值为1324亿元，为国务院国有资产监督管理委员会管理的特大型建筑企业。

2.合同主要内容

（1）项目名称：甲方中标石家庄市城市轨道交通1、3号线二期土建及相关工程投资建设项目。

（2）项目金额：此项目中标价约65亿元。

（3）工程工期：石家庄市城市轨道交通1号线二期土建及相关工程工期暂定为36个月，竣工时间暂定为2019年12月31日，最终以甲方下发的里程碑工期节点为准。石家庄市城市轨道交通3号线二期土建及相关工程工期暂定为47个月，竣工时间暂定为2020年12月1日，最终以甲方下发的里程碑工期节点为准。

（4）项目模式：项目采用BT模式，即“投融资－建设”模式，由投资人乙方以投资＋施工总承包的模式参加该项目的投资建设，在合同约定的期限内，石家庄轨道交通有限责任公司对完成的工程项目进行分期、分批回购，投资人乙方不参与项目的运营管理。

（5）工程结算：投资建设项目的投融资总额，即招标人支付款，由工程费用、投融资回报、工程变更及价差调整、其他费用等组成。甲方在乙方第二个建设年度末支付乙方第一个建设年度项目投融资总额（扣除质保金 5% 和审计预留金 15%），在乙方第三个建设年度末支付乙方第二个建设年度项目投融资总额（扣除质保金 5% 和审计预留金 15%），逐年依此类推，工程结算经审计完成且试运行开始之日后一年内支付全部投融资总额（扣除质保金 5%）。

（6）审议批准：该项目的投标已经中国铁建第三届董事会第三十六次会议审议批准。

中国铁建 2017 年度工程承包板块新签合同额 12931.849 亿元，占新签合同总额的 85.74%，其中，铁路工程新签合同额 2152.615 亿元，公路工程新签合同额 3978.887 亿元，城市轨道工程新签合同额 2047.556 亿元，房建工程新签合同额 2054.129 亿元，市政工程新签合同额 1971.341 亿元，水利电力工程新签合同额 242.067 亿元，机场码头工程新签合同额 97.617 亿元，由此可见中国铁建 2017 年度在工程承包板块取得了骄人的成绩。

案例 3　葛洲坝

中国葛洲坝集团股份有限公司（简称“葛洲坝”）于 2013 年 4 月 11 日发布公告称，公司全资子公司葛洲坝集团第二工程有限公司于 4 月 8 日与六盘水市交通投资开发有限责任公司签订了《六盘水市机场高速公路工程建设－移交（BT）项目建设、移交回购合同》，项目概算投资建设费用暂估价 17.77 亿元。

葛洲坝是上海证券交易所主板上市公司，是一家集环保、建筑、高端装备制造、基础设施投资与运营、房地产、水泥、民用爆破和金融等主营业务为一体、具有国际竞争力的跨国集团。在《财富》杂志“中国企业 500 强”排行榜中名列第 69 位，在美国《工程新闻记录》（ENR）发布的 2016 年度全球“250 家国际承包商”和“250 家全球承包商”排行榜中名列第 45 位和第 31 位。集团股份公司被评为“最受投资者尊敬的上市公司”。其主要核心竞争优势分析如下：

1. 战略优势

葛洲坝坚持战略引领企业发展的理念，对涉及企业发展的整体性、长期性、基本性问题，进行顶层设计和科学调整，引领企业持续发展的能力，不断强化两级企业战略管理意识、制定各项业务战略和职能战略，创新战略管控方式，构建了上下协同的战略体系。围绕战略落地，引导子企业培育核心业务、调整组织机构、优化制度体系、增强自主发展能力。

2. 科技优势

葛洲坝是国家创新型企业，是国家高新技术企业，拥有国家级企业技术中心、院士专家工作站和博士后科研工作站，已成立了高端装备研究院、环保研究院、水务研究所等高端研发平台。在水电、金结、机电、爆破等领域拥有多项国际领先、国际先进和国内领先水平的专业施工技术。历年来，取得包括国家科技进步奖在内的重大科技成果1500多项，其中19项获国家级科技奖励，237项获省部级科技奖励；3200余项专利获得国家授权，其中发明专利305项；主参编的100余项国家及行业标准已发布；51项工法被评为国家级工法，289项工法被评为省部（行业）级工法；获得100件软件著作权，注册商标65件。形成了一批具有自主知识产权的核心技术，多次荣获国家鲁班奖、詹天佑奖及优质工程金质奖等奖项。

3. 品牌优势

葛洲坝以质量、品质、服务和文化为基础，努力打造一批认知度、美誉度高的子品牌，形成了“三峡”水泥品牌、“易普力”民爆品牌、“葛洲坝”水务品牌、“葛洲坝绿园”环保品牌、“葛洲坝地产”高端地产品牌、“葛洲坝装备”制造品牌，在国际国内的影响力不断增强。

4. 资质优势

葛洲坝及其子公司拥有各类资质260个。其中建筑业企业资质130个（总承包70个、专业承包60个），建设工程相关资质101个，房地产开发经营资质18个，其他资质11个。总承包资质中，特级6个，一级26个，二级

18个，三级20个；专业承包资质中一级29个，二级14个，三级9个，不分等级8个。享有对外援助成套项目A级实施企业资格、国际招标业务经营权、对外工程承包权、劳务合作权、投融资权、担保权、外贸流通权、外事审批权。

合同签署的总体情况：

1.合同签订概况

甲方：六盘水市交通投资开发有限责任公司。

乙方：中国葛洲坝集团第二工程有限公司。

项目签订：中国葛洲坝集团股份有限公司于2012年8月29日召开第五届董事会第六次会议，审议通过了同意全资子公司中国葛洲坝集团第二工程有限公司参加六盘水市机场高速公路BT项目投标。2013年4月8日，中国葛洲坝集团第二工程有限公司与六盘水市交通投资开发有限责任公司签订了《六盘水市机场高速公路工程建设—移交（BT）项目建设、移交回购合同》。

2.合同主要内容

（1）投资费用：六盘水市机场高速公路项目位于六盘水市，起于六盘水市红山大道，止于月照机场预留机动车进出口，全长10.865千米。项目概算投资建设费用暂估价17.77亿元。

（2）建设期限：建设工期为24个月。

（3）项目模式：以BT模式方式建设。

（4）回购方式：此项目采用分期货币回购方式。六盘水市交通投资开发有限责任公司每半年向中国葛洲坝集团第二工程有限公司支付一次此项目工程建设期的投资回报款。自此项目工程交工验收移交使用之日起36个月内，六盘水市交通投资开发有限责任公司向中国葛洲坝集团第二工程有限公司分四期支付回购价款：前二期每届满12个月之日支付一期回购款，后二期每届满6个月之日支付一期回购款。

第四章

BTO融资管理方法

BTO 融资管理方法又称建设一移交一运营模式，英文名称为 Build Transfer Operate，简称 BTO。一般是指政府机构就某个基础设施项目与企业签订特许权协议，授予签约方的企业承担该项目的投资、融资、建设和维护，建设竣工验收合格后，项目移交政府机构，政府机构先行偿还企业所投入的全部建设费用、取得项目所有权。由于此类项目的公共性较强，在特许期限内，有些项目不适合企业在运营期间享有所有权，因此须在项目完工后向政府机构移交所有权，然后政府机构再授权项目公司进行维护经营。在协议规定的特许期限内，许可其融资建设和经营特定的公用基础设施，可以是全部参与经营，也可以是部分参与经营，并准许其通过提供服务或出售产品向用户收取费用。在实际操作中，有些项目在竣工合格移交时，政府机构先向投资方支付一部分项目建设费用，剩余部分由政府机构授权经营的项目公司在特许授权期限内获利所得来支付，或再配合其他方式予以支付。

BTO 融资管理方法的主要内容和特点：

1. 注意事项

投资方是否具有与项目规模相匹配的建设实力，是 BTO 项目能否顺利建设、移交、运营的关键，因此政府机构在招标中要有所研究正确筛选。

（1）政府是国家的行政管理机关，在法律上不便与投资方形成经济合同关系，政府可组建一个项目法人或委托下属单位，代表政府行使业主的权利，履行业主的义务；

（2）政府机构在融资过程中，需要注意核实投资人所融资金的来源，降低资金成本；

（3）合理确定资金的需要量，防止筹资不足或过剩，从而提高资金的使用效果；

（4）适当维持自有资金的比例，合理安排负债，尽量减少融资前期工作的经济支出。

2. 政府采用

BTO 模式多为政府机构在进行公共设施项目建设时所乐于采用的，政府机构利用的资金主要是社会资金，是通过投资方筹集的资金，投资方项目建设完工经过验收合格后，移交给政府机构，然后政府机构再授权投资方或者授权政府下属单位和投资方组建新的公司，进行此项目的运作。

3. 支付方式

在 BTO 项目的操作中，投资方在移交合格的项目后，通常政府机构支付一部分的建设项目费用，剩余费用则从政府机构授权其经营该项目的所得中获得，授权其经营的时间通常较长，需要至少 10 年，这样的支付方式，缓解了政府机构相对时间内的资金缺口，又建设了公共设施，推进区域发展，利用了社会资本，也有利于企业从此类项目中赚取合理的利润，使企业得到发展，促进人才的就业以及社会经济的良性循环，实现多赢。

4. 技术实力

在 BTO 的实战操作中，技术实力是决定 BTO 项目能否顺利建设、移交、经营的非常关键的因素，政府机构对此应高度关注，避免 BTO 项目中途搁浅或失败。技术实力不仅反映在投资方或投资方联合体的设计、施工、建设等资质上，这类资质往往决定了建设工程的质量，只要监督管理严格，就能够有效避免豆腐渣工程，建成精品项目，而且，有些 BTO 项目对投资方技术含量的要求也比较高，否则此 BTO 项目运作就会存在很大的不确定性，甚至失败。比如垃圾发电 BTO 项目，这是解决城市垃圾的一个比较重要的方式，如果投资方在发电、并网等技术方面存在一些问题，例如并网电力的稳定性较差、现行垃圾发电技术决定的发电成本较高等，均可能不利于地区电力整体发展，此类项目在最后运营中容易出现问题。所以，对于运作此类 BTO 技术要求较高的项目，政府机构应做好调研分析，再开始实施运作。

5. 风险预防

投资方在融资、建设过程中需要注意的风险防范等主要问题：

积极开展对 BTO 项目的调查，包括项目合理性以及项目运作前景预测等。

（2）重视 BTO 项目的签约管理和履约管理。可聘请专业律师进行全程把关，积极防范项目较长的建设周期内可能出现的法律风险。

6. 方法重要

这是一种重要的融资管理方法，适于地方政府、开发区在公共设施开发管理方面采用，例如水利治理、污水处理、卫生设施建设、体育设施建设等，也很值得企业予以关注尝试使用，促进地方政府、开发区、企业的发展。

案例1　和佳股份

珠海和佳医疗设备股份有限公司（简称“和佳股份”）于 2017 年 8 月 31 日发布公告称，2017 年 8 月 30 日和佳股份与湖南天鹰建设有限公司（简称

“湖南天鹰”）作为联合体与永顺县卫生和计划生育局签订了《永顺县公共卫生服务中心 PPP 项目合同》（PPP 是公共基础设施中的一种项目运作方式，即政府与社会资本合作），项目的运作采用 BTO 模式。

和佳股份是深圳证券交易所创业板上市公司，成立于 1996 年 4 月，2011 年 10 月 26 日上市，截至 218 年 5 月 25 日总市值 69.33 亿元。公司的主营业务：①以医疗 PPP 和医院整体建设业务为公司发展引擎，带动医疗器械、医用工程、医疗金融、医疗信息化等传统业务发展。公司积极响应国家关于 PPP 模式的相关鼓励政策，通过医疗 PPP 等业务模式开展医院整体建设业务，主要内容包括医院设计及规划、医院重点学科建设、医疗设备销售、院内信息化建设、移动医疗服务及人工智能辅助，并通过医疗信息化实现打造智慧医院的目标，在此过程中实现医院整体建设市场覆盖面纵横双向延伸，提升基层医院的综合硬件水平和医疗服务能力，并以此带动公司的医疗设备、信息化、医疗金融等传统业务，推进医疗供应链及医院后勤服务管理等新兴业务的发展。②孵化并培育新业务。公司通过投资、合作等方式进入连锁康复医院、医疗人工智能、医疗供应链及医院后勤服务管理等新兴业务领域，为公司中长期的业务发展以及收入利润的可持续增长进行战略性布局。通过连锁康复医院、医疗人工智能、医疗供应链及医院后勤服务管理等新兴业务，进一步延伸公司业务链，实现传统业务与创新业务之间的协同联动，从而带动公司整体业务的发展。公司在我国 23 个省区市设有分公司。和佳股份始终坚持自主研发与创新，现拥有 108 项自主知识产权，已为 10000 多家医疗机构提供产品与解决方案。

合同签署的总体情况：

1. 合同当事人

甲方：永顺县卫生和计划生育局。

乙方：珠海和佳医疗设备股份有限公司（联合体牵头人）、湖南天鹰建设有限公司（联合体成员）。湖南天鹰的经营范围为：房屋建筑工程施工、地基与基础工程施工、建筑装饰工程施工、消防设施工程施工、公路工程施工、堤防工程施工、市政公用工程施工、水利水 电工程施工、工程质量检测、工程设计、工程地质勘测、配电工程安装、房地产开发经营、商品砼生产销售。

2.合同主要内容

（1）项目范围。永顺县公共卫生服务中心PPP项目的设置有妇幼保健计划生育服务中心、卫生监督综合执法局、疾病预防控制中心、皮肤病院防治中心、医疗应急指挥中心、残疾人综合服务中心，总用地面积33308平方米，总建筑面积35726平方米，其中妇幼保健计划生育服务中心12226平方米、卫生监督综合执法局2400平方米、疾病预防控制中心4440平方米、皮肤病院防治中心3360平方米、医疗应急指挥中心3000平方米、残疾人综合服务中心10300平方米。最终建设内容，以政府相关部门审查批准的项目施工图、设计文件为准。

（2）项目合作内容。包括此项目范围内的投融资、建设、运营维护及移交等，包括但不限于：

①此项目的前期工作、用地报批、征地拆迁、安置补偿以及建设期施工监理服务所需要支付的资金等；

②此项目的投融资、建设、运营维护及移交；

③设计费用由项目公司承担，纳入项目总投资，设计工作由甲方主导，项目公司不承担设计工作。

（3）项目总投资概算。项目总投资约25250万元（不含建设利息），其中土建工程费7000万元、设备购置费8750万元、室内装修及安装工程费6000万元、室外工程费2000万元、其他费用1500万元。项目的建设内容和建设规模以设计为准，实际项目总投资所涵盖的工程建设和设施设备采购依法依规进行，并经永顺县卫生和计划生育局同意。总投资以永顺县政府指定的审计部门审计结果为准。

（4）融资方案。此项目所需资金由项目资本金和债务资金两部分组成，其中项目资本金为6312.50万元，占总投资的25%；其余75%的资金为18937.5万元，以项目公司为主体通过银行贷款等途径获取。此项目的项目资本金由政府出资代表、乙方按照占股比例同步出资到位。如需增减项目资本金的，由政府方出资代表与乙方按照占股比例同步增减。项目公司为项目融资的主体，由乙方负责此项目债务融资，甲方不承担此项目债务融资义务及相关风险。除项目资本金以外的资金由乙方按照工程建设进度足额及时筹措到位。

（5）项目合作期限。暂定为 12 年，其中建设期 2 年，运营期 10 年。

（6）项目运作方式。此项目采用 BTO 模式，即建设 - 移交 - 运营方式。由政府和社会资本共同设立项目公司，作为此 PPP 项目实施主体，负责此项目的投融资及建设工作，交工验收合格后将项目交付使用，随后政府再授权项目公司运营维护此项目。项目公司不参与核心医疗部分的经营，只负责项目非核心医疗部分的运营管理等工作，并使房屋、设备等设施达到可正常使用状态，在约定的期限内收回投资，并获得合理回报。在项目合作期满后，项目公司不再享受此项目后续任何收益。

（7）项目投资回报。此项目属准经营性项目，实行“可行性缺口补助”的回报机制。项目公司通过非核心医疗部分的运营管理获得一定运营收益，不足以满足社会资本或项目公司成本回收和合理回报时，由政府结合绩效考核，以财政补贴和其他优惠政策的形式，给予项目公司经济补助。项目投资回报 = 非核心医疗部分的业务经营收入 + 可行性缺口补助。

①非核心医疗部分的业务经营收入。非核心医疗部分的业务经营主要包括：物业、停车场、广告、食堂的业务经营管理；场地租赁，但限于双方协商一致并由政府或甲方授权许可的区域；供应链，即药品、设备、耗材的供应管理服务。在同等条件下，项目公司对供应链即药品、设备、耗材享有优先采购权。

②可行性缺口补助。自项目交工验收合格交付使用起，进入运营期，开始支付可行性缺口补助，每年支付一次。

（8）违约责任。在项目合作期内，一方出现违约情形时，但不足以触发提前终止，则违约方有责任及时承担违约责任。

3. 对上市公司的影响

（1）此合同的签署及未来顺利实施后，将为和佳股份持续发展提供业务支持，并为和佳股份在后续医院整体建设领域 PPP 项目的开拓和合作提供更多的经验，进一步提升其医院整体建设业务市场竞争力，对其未来业绩产生长期积极的影响。

（2）该项目不会对和佳股份的业务独立性产生重大影响。

案例2 铁汉生态

深圳市铁汉生态环境股份有限公司（简称“铁汉生态”）于2017年7月24日发布公告称，铁汉生态与其全资子公司铁汉生态建设有限公司（简称“铁汉建设”）组成的投标联合体成为“姚安县河库连通工程岔河引水项目社会资本采购”的中标单位，项目运作采用BTO模式。

铁汉生态是深圳证券交易所创业板上市公司，成立于2001年，是国家级高新技术企业、中国环保产业骨干企业、中国生态修复和环境建设领军企业，2011年上市，为创业板首家生态环境建设上市公司。铁汉生态主营及关联业务涵盖生态环保、生态景观、生态旅游、生态农业四大方向以及生态电商和生命健康等领域，拥有集策划、规划、设计、研发、投融资、建设、运营等为一体的全产业链，通过供应链金融的战略杠杆效应，为客户在生态环境建设与运营方面提供整体解决方案。公司目前已联合财政部PPP中心、科技部农业中心和招商局资本等发起多种产业投资与并购基金，主要运用PPP项目投资、建设与运营，在业内具有比较强的影响力。公司及其下属子公司拥有水污染防治工程专项甲级、环保工程专业承包一级、建筑工程施工总承包一级、风景园林工程设计专项甲级，以及造林工程、旅游规划设计、污染防治工程、建筑工程等多项专业资质；获得政府科技奖18项，其中省部级科技奖7项；拥有自主知识产权百余件；自主立项课题50余件；下设30余家分公司，拥有近30家子公司，员工5000余人。凭借业界前列的综合实力，铁汉生态于2012年获评“福布斯中国最佳潜力企业”，2013年获评“广东省最具核心竞争力企业”“上市企业创业板综合实力十强”，2014年获评“深圳市市长质量奖”“深圳市综合实力百强企业”，2015年获评“最佳社会责任上市公司”和“年度十佳景观设计机构”，2016 年获评“中国生态修复与环境工程最具综合实力行业领军品牌”“创新中国·绿色发展典范企业”，2017 年获评“广东省企业 500 强”“深圳知名品牌”等。

合同签署的总体情况：

1. 合同签署概况

甲方：姚安县水务局。

乙方：深圳市铁汉生态环境股份有限公司。

铁汉生态与姚安县水务局签署《姚安县河库连通工程岔河引水 PPP 项目投资合作协议》，此项目工程建设总投资约 33468.69 万元，以双方实际确定的项目投资为准。项目采购人姚安县水务局与铁汉生态不存在关联关系。

2. 合同主要内容

（1）项目名称：姚安县河库连通工程岔河引水 PPP 项目

（2）项目总投资估算：此项目工程建设总投资约 33468.69 万元。

（3）项目范围及建设内容：姚安县河库连通工程岔河引水项目位于姚安县官屯乡黄泥塘村委会旁渔泡江支流三角河上，该项目含岔河水库枢纽工程、引洪工程、岔河水库输水渠道工程、黄康长输水隧洞工程。引洪工程涉及 3 个引洪区，分别在啰啦么箐、小竹箐、磨盘箐建坝取水，由 3 座取水坝，即 1#、2#、3# 取水坝和引洪渠组成，引洪渠总长 5.651 千米。岔河引水项目主要建筑物有岔河水库枢纽、引洪工程、岔河水库输水隧洞、黄康长输水隧洞。上述数据以可行性研究报告及初步设计批复为准。

（4）合作期限：此项目合作期限为 10 年，其中建设期 3.5 年，运营期 6.5 年。

（5）合作模式：①由姚安县人民政府授权姚安县水务开发投资有限公司与乙方共同出资成立项目公司，合作期限内，由项目公司负责此项目的投融资、工程建设、运营及维护；②此项目为 BTO 模式，项目公司将项目所形成的资产移交给姚安县人民政府或其指定机构，政府再通过特许经营权的方式授予项目公司，对项目资产进行运营和维护；③合作期满或合作提前终止，项目公司将项目工程形成的资产移交给甲方或姚安县人民政府指定的其他机构。

（6）项目公司：项目公司注册资本为项目总投资的30%，即10040.61万元，股东均以货币出资，其中，姚安县水务开发投资有限公司认缴出资3514.21万元，占注册资本的35%；乙方认缴出资6526.40万元，占注册资本的65%。项目公司存续期限暂定为12年。经股东会同意，项目公司可延长存续期限。

（7）项目融资：项目公司有权并有义务获得此项目的融资，以完成项目建设及运营维护工作，并承担债务偿还责任。项目公司获得融资的方式包括但不限于：银行等金融机构贷款、股东借款、发行债券等。

（8）项目回报机制与费用支付：此项目为公益性项目，项目回报机制采用"基于可用性的政府付费"，甲方依据此协议及附件的约定，向项目公司支付费用。应由乙方回收的资本金及其收益，由项目公司向乙方支付。建设期内，双方的资本金支出及相关费用各自承担，资本金外的项目融资，融资成本按此合同约定的标准，由项目公司承担，进入项目建设总成本。运营期内，甲方根据"项目可用性绩效考核"结果，向项目公司支付项目可用性付费。可用性付费主要包括项目资本金、资本金投资回报、项目公司债务性融资及融资成本、项目运营维护费用等。其中，在资本金退出前，运营期内资本金收益率为6.70%/年，项目每年运营维护费上限为165万元。

3.合同履行对铁汉生态经营成果的影响

（1）此项目工程建设总投资约33468.69万元，项目建设期3.5年，计划工期如有调整以合同日期为准，此项目顺利实施后，预计对公司2017年及以后年度经营业绩将产生积极的影响。

（2）合同履行不影响铁汉生态业务的独立性，公司不会因为履行此合同对采购人形成依赖。

第五章

ROT融资管理方法

ROT 融资管理方法又称改造—运营—移交模式，英文名称为 Renovate Operate Transfer，简称 ROT，通常是指政府机构就某个需要改造的陈旧基础设施项目与企业签订特许权协议，授权签约方的企业承担该项目的投资、融资、建设、运营和维护，在协议规定的特许期限内，许可其融资建设和经营特定的公用基础设施，并准许其通过提供服务或出售产品向用户收取费用，以便回收投资并赚取利润。政府机构对这一改造升级的基础设施项目拥有监督权和调控权，特许期满后，签约方的企业将该基础设施无偿或有偿移交给政府部门。此方法主要就是通过融资对落后、破败、陈旧的基础设施实施改造升级，以适应社会的发展需要。

ROT融资管理方法的主要特点：

1. 建设实力

投资方是否具有与项目规模相匹配的建设实力，是ROT项目能否顺利改造、运营、移交的关键，因此政府机构需要特别注意，在招标中要有所研究正确筛选。

2. 融资实力

政府机构应注意分析投资方的融资实力，通过其运作的项目了解，也可以通过行业协会了解，也可以通过银行的信用了解，从而选取有融资实力的投资方。

3. 政府采用

ROT模式多为政府机构在进行公共设施项目改造升级建设时所乐于采用的，政府机构利用的资金主要是社会资金，是通过投资方筹集的资金。投资方项目改造建设完工，经过验收合格后，在协议规定的特许期限内，政府机构准许其通过提供服务或出售产品向用户收取费用，从而清偿贷款等，以便回收投资并赚取利润。特许期满后，签约方的企业将该基础设施无偿或有偿移交给政府部门。

4. 授权经营

在ROT项目的操作中，在政府机构授权时间内，投资方通过改造运营基础设施，并从运营中获得合理的回报，政府机构授权其经营的时间通常较长，至少10年，这样的支付方式，缓解了政府机构的资金缺口，又建设了公共设施，推进区域发展，利用了社会资本，也有利于企业从此类项目中赚取合理的利润，使企业得到发展，促进人才的就业以及社会经济的良性循环，实现多赢

5. 风险预防

投资方在融资、建设过程中需要注意风险防范等问题：

（1）积极开展对 ROT 项目的调查，包括项目合理性以及项目运作前景预测等。

（2）重视 ROT 项目的签约管理和履约管理。可聘请专业律师进行全程把关，积极防范项目较长的建设周期内可能出现的法律风险。

6. 方法重要

这是一种重要的融资管理方法，适于地方政府、开发区在改造升级现有公共设施项目时采用，例如污水治理升级改造、卫生设施改造建设、公路改造建设、电力升级改造等，也很值得企业予以关注尝试使用，促进地方政府、开发区、企业的发展，实现多方共赢。

案例1 格林美

格林美股份有限公司（简称“格林美”）于 2016 年 10 月 20 日发布公告称，格林美全资子公司荆门市格林美新材料有限公司（简称“荆门格林美”）与荆门市人民政府相关部门签署《竹皮河流域水环境综合治理 PPP 项目合同包三——杨树港污水处理厂 PPP（ROT）项目合同》，特许经营权价款总计为 6152 万元，项目开发方式采用 ROT 模式。

格林美是深圳证券交易所中小板上市公司，成立于 2001 年 12 月，总部在深圳，2010 年 1 月上市，是中国开采“城市矿山”资源第一只股票、再生资源行业和电子废弃物回收利用行业的第一只股票，总股本 38.16 亿股，净资产 70 余亿元，截至 2018 年 5 月 26 日格林美总市值 261.8 亿元。格林美年回收处理废弃物资源总量 300 万吨以上，年回收处理小型废旧电池占我国报废总量的 10% 以上，年回收钴资源与我国原钴开采量相当，年回收钨资源占我国原钨开采量的 8%，年回收锗资源占世界锗产量的 6%，年循环再造锂离子电池正极原料占中国市场的 20% 以上，年回收报废家电 1000 万台以上，占我国总量的 15% 以上，年处理报废线路板占我国总量的 20% 以上，循环再造钴、镍、铜、钨、金、银、钯、铑、锗、铟、稀土等 30 种稀缺资源以及超细粉末、新能源汽车用动力电池材料、塑木型材等多种高技术产品，形成了具有竞争力的完整的稀有金属资源化循环产业链。格林美建成世界最大废旧电池与钴镍钨资源循环利用基地、世界最大超细钴粉制造基地、世界最大三元动力原料再制造基地、世界领先的电子废物与报废汽车循环利用基地，成为国内一流、国际先进的国家城市矿山循环利用示范基地。被国家部委先后授予国家循环经济试点企业、全国循环经济工作先进单位、国家循环经济教育示范基地、国家“城市矿产”示范基地等荣誉称号，成为践行中国绿色发展理念的优秀实践者。其主要核心竞争优势分析如下：

1. 技术优势

格林美率先突破国外专利的技术壁垒，建立了中国在废电池、电子废物、报废汽车、稀有稀土资源回收利用和新能源动力电池原料及材料再造方面的核心技术体系，包括近1200件专利，160余项国家及行业标准，其中40多项核心专利在欧洲、美国、日本、韩国等10多个国家和地区获得授权，成为中国再生资源行业第一家在欧美等地区拥有核心专利的企业、第一个获得国家科技进步奖和多项中国专利优秀奖的企业，也是全国49家国家城市矿产示范基地中唯一一家提前申请验收的基地。格林美拥有唯一设置在废物处理行业的国家级工程技术中心——国家电子废弃物循环利用工程技术研究中心、国家发改委城市矿产资源循环利用国家地方联合工程研究中心，设立了中国再生资源行业第一个开放式城市矿产循环利用院士专家工作站与博士后科研工作站，搭建多个国家级创新平台。格林美在荆门、无锡和武汉三地成立了废物回收与资源化研究院、新能源材料研究院、报废汽车循环利用与整体资源化研究院等三大研究院；设立废物利用与三元前驱体工程试验中心、动力电池梯级利用工程试验中心、三元动力电池材料工程试验中心、钴酸锂材料工程试验中心、废塑料资源化工程试验中心、报废汽车零部件再造工程试验中心、超细粉体工程试验中心、稀贵金属循环利用工程试验中心等八大工程试验中心；建成一个城市矿产资源公共检测中心，形成城市矿产资源循环与材料再造的三级研究转化体系。

2. 人才优势

格林美创新绩效管理与激励模式，形成“领军人才—优才—技能人才”三层次人才体系。公司精准聚焦于引进和培育一批具有国际化视野、突破关键技术、产生重大成果、引领行业发展的领军人才，定向培养和造就有理想、有本领、有担当的青年优秀人才，培养选拔业务熟练的技能人才，为城市矿山和新能源产业战略实施提供人才保障。通过选拔，第一批10名领军人才脱颖而出，第一批百名优才计划正在实施，千名技能人才工程培养正式启航。聘请美国、日本、韩国等国知名专家担任研究员和特别顾问，集聚国内外高水平的专家团队，形成了格林美在废物再生及新能源材料领域强大的技术研发实力，奠定了行业的技术领导者地位。

3. 循环优势

格林美拥有循环产业链优势，10多年来，格林美累计投资百亿元，建成覆盖中国广东、湖北、江西、河南、天津、江苏、山西、内蒙古、浙江、湖南等10个省区市的十六大循环产业园。形成了完整的“钴镍钨回收—钴镍钨粉末再造—硬质合金器件再造”的钴镍钨资源回收与硬质合金制造产业链、“电池回收—原料再造—材料再造—电池包再造—新能源汽车服务”的新能源全生命周期产业链、“电子废弃物精细化拆解—废五金精细化利用—废塑料精细化利用—稀贵稀散金属综合利用”的电子废弃物深度精细化利用产业链、“报废汽车回收—拆解—粗级分选—精细化分选—零部件再造”的报废汽车完整资源化产业链、废水废渣废泥与环境治理产业链等五大优势产业链，形成多轨驱动的核心业务与核心盈利模式，打造以钴镍钨锗铟稀有金属资源、动力电池材料、电子废弃物、报废汽车资源为主体的城市矿山资源综合利用产业链体系，极大地拓展主营业务范围，成为行业中产业链完整、资源化充分的循环再造优势企业，奠定了扩大规模、提升综合盈利能力的基础。

4. 体系优势

格林美构建国际化大循环回收体系，优势明显，公司已经构建或正在构建的再生资源回收体系包括“1+N”废旧电池回收体系、电子废弃物回收体系、公共机构和大型企业集团合作建设废旧商品回收体系、区域性再生资源回收集散大市场、基于物联网的“互联网＋分类回收”回收哥App网上回收等，整体形成企业收购、个体收购、自建体系回收等多体系的回收网络，并积极探索全面感知、全面覆盖、全程控制的基于物联网技术的再生资源信息平台，已经成为国内再生资源回收体系最为健全的公司之一。

5. 产品优势

格林美公司通过关键技术创新，完成了“废物回收—资源再生—产品再造—替代原矿资源产品—世界品牌产品”的循环再造产品的品牌建设之路，核心产品质量全面进入世界优质品牌行列，利用高新技术循环再造高质量产品，从而最大限度提升循环再造产品附加值。

6. 管理优势

格林美拥有信息化管理优势，基于“绿色＋智慧”的理念，构建全程控制、全面覆盖、实时感知的时空控制废物循环产业信息管理系统。公司物联网项目已列入国家物联网重大应用示范工程，同时，通过参与国家科技支撑计划重点项目“区域循环经济发展关键技术与示范”之“基于物联网的区域再生资源时空分布监控及多产业链接技术研究”，在科技部、国家发改委和中国科学院地理科学与资源研究所、清华大学等单位的支持下，构建了以物联网技术为支撑的智能环保信息平台，覆盖废弃资源回收、储运、处置的全过程，对再生资源实施全程控制、全面覆盖、实时感知的时空控制，探索物联网在废弃资源综合利用行业的完整运用，有助于解决我国废弃资源回收处置无法跟踪、追溯的难题。格林美打造的云储存信息中心，是16个基地的大数据中心，储存容量达到400万GB。格林美环境管理监控信息系统，保障园区所有的环境状况实现24小时360度实时监控，完整地掌控了整个园区的环境运行状况，保障绿色生产。

合同签署的总体情况：

1. 合同签署概况

为加强城市基础设施建设，保护区域生态环境，荆门市人民政府决定采用ROT模式，即改造—运营—移交模式，引入社会资本运营杨树港污水处理厂。

格林美全资子公司荆门格林美通过公开竞标的方式，中标杨树港污水处理厂PPP项目。荆门格林美与荆门市政府投资工程建设管理中心、荆门市城市建设投资公司于2016年10月18日就上述项目签署了《竹皮河流域水环境综合治理PPP项目合同包三——杨树港污水处理厂PPP（ROT）项目合同》，合同标的为荆门市杨树港污水处理厂PPP改造—运营—移交（ROT）项目。此次签署中标合同不构成关联交易，也不构成《上市公司重大资产重组管理办法》规定的重大资产重组，无须经有关部门批准。

2.交易对方介绍

（1）荆门市政府投资工程建设管理中心，原为荆门市政府投资工程管理公司，是荆门市住房和城乡建设委员会直属副县级全额拨款事业单位，负责荆门市政府投资工程的建设实施。

（2）荆门市城市建设投资公司，经营范围：城乡建设投资及资产经营（涉及金融、信托投资项目的按专项规定执行），市政府委托的土地储备经营、房地产开发、建筑及市政工程、水利设施工程、城镇基础设施施工（以上持有效资质证经营），公用事业、基础产业的建设、运营，产业、企业及项目的投资、咨询服务。

荆门市政府投资工程建设管理中心、荆门市城市建设投资公司信用优良，具备良好的履约能力。

3.合同主要内容

（1）特许经营权。

①荆门市政府投资工程建设管理中心经荆门市人民政府授权，将杨树港污水处理厂的特许经营权授权给乙方，乙方在此项目的整个特许经营期内，专门负责杨树港污水处理厂一期改造、二期扩建以及整个项目的运营，依据附件一《污水处理服务合同》提供污水处理服务并收取污水处理服务费，特许经营期届满时，乙方按照此合同的要求，向荆门市城市建设投资公司无偿移交杨树港污水处理厂全部项目设施。

②此项目的特许经营权自正式移交日转让给乙方。

③特许经营权价款总计为6152万元。乙方应在合同签署前10个工作日内，向荆门市政府投资工程建设管理中心提交一份认可的中国境内银行（包括但不限于中国工商银行、中国农业银行、中国银行、中国建设银行、招商银行、浦发银行、中国民生银行等）开出的金额为1000万元的支付保函，作为乙方履行支付特许经营权价款的保证。支付保函在乙方全部支付特许经营权价款后的5个工作日内予以退还。此合同生效日后的5个工作日内，乙方应向荆门市财政局支付特许经营权限款的30%，即1845.6万元，此合同生效后30日内，乙方应向荆门市财政局付清全部特许经营权价款，并由荆门市财政局向荆门市城市建设投资公司支付全部特许经营权价款。

（2）项目建设。

①一期改造。2005年12月由湖北省发改委批复立项（鄂发改投资[2005]1097号）建设的荆门市杨树港污水处理厂一期工程，处理能力5万吨/日，于2009年7月正式开工建设，2011年6月投入试运营。目前，杨树港污水处理厂的出水指标执行一级B标准，乙方需对该厂现有设施进行提标改造，使出水达到一级A标准。乙方应结合该厂进水水质（生活污水与工业污水混合进入）的实际情况，在提标改造过程中对污水处理工艺进行调整优化，增加污水处理设施，全面提升该厂污水处理能力，确保出水水质达标。改造投资上限价为2000万元。乙方承担改造工程的所有投资。

②二期扩建。目前污水处理厂日处理能力为5万吨/日，根据荆门市南片区的规划，远期规模为10万吨/日，二期扩建指从目前5 万吨/日的处理能力扩建至10万吨/日。

（3）项目运营。

项目移交日次日为运营开始日。乙方应在草签合同后，立即派相应技术团队进场。运营期间，乙方应按照附件一《污水处理服务合同》的约定提供污水处理服务。提标改造竣工日前，污水处理服务费单价为0.648元/吨，污水处理超进单价为0.3564元/吨。提标改造竣工日后，污水处理服务费单价为0.8元/吨，污水处理超进单价为0.44元/吨。乙方应确保污水处理项目设施始终处于良好营运状态，并能够安全稳定地处理污水和污泥，使其达到排放标准，大气污染物和噪声满足环保要求。

（4）违约责任。

如一方违背其在此合同项下所做的任何陈述和保证，或未能履行或未能完全履行其在此合同项下的责任和义务时，若此合同规定有相应的违约金则按违约金的规定执行；若未规定有违约金或规定的违约金不足以补偿另一方的损失，则另一方因此而产生的所有直接的损失、损害及由此引起的责任和开支均应当由违约方负责赔偿和承担。

（5）此协议的生效条件和履约期限。

此协议自双方授权代表签字盖章后生效，除非提前终止，共 30 年，含建设期 1 年。

4. 对上市公司的影响

竹皮河是荆门城区唯一的自然河流，属汉江支流，随着荆门市经济社会的发展，竹皮河流域污水排放量日益增加，水体自净能力持续削弱，生态环境不断恶化，流域污染问题严重，竹皮河流域综合治理正全线推进，杨树港污水处理厂 PPP（ROT）项目是其中之一。污水处理业务具有广阔的市场潜力和必要的环境需求，此次合作实施 ROT 模式，能减轻政府的财政负担，减小社会主体的投资风险，政企合作推动开展水污染治理，具有良好的盈利前景。目前，杨树港污水处理厂处理能力按照 5 万吨 / 日来计算，未来对该厂进行提标改造并扩建，旨在出水达到一级 A 标准，处理能力达到 10 万吨 / 日，特许经营期为 30 年，标志着格林美在水处理领域的重大突破，将为格林美创造新的盈利空间和利润点。此次荆门格林美中标杨树港污水处理厂 PPP 项目，以 ROT 模式积极参与荆门生态城市治理工程建设，包括污水处理厂的运营、污泥处理与水体治理等生态治理工程，有利于格林美构建污水治理全产业链，推广生态修复治理业务示范模式与盈利模式，提升了格林美在废物处理领域的核心竞争力和盈利能力。

案例2 大禹节水

大禹节水集团股份有限公司（简称“大禹节水”）于2017年8月30日发布公告称，大禹节水与宾川县人民政府签署高效节水灌溉PPP项目投资合作框架协议，涉及宾川县高效节水灌溉面积11.3万亩，项目估算总投资5亿元，合作主要采用ROT等模式。

大禹节水是深圳证券交易所创业板上市公司，成立于2005年1月，2009年10月上市，成为国内第一家专业从事节水灌溉材料供应和工程施工的上市公司，截至2018年5月27日总市值51.11亿元。大禹节水现已成为集节水灌溉材料研发、制造、销售与节水灌溉工程设计、施工、服务为一体的专业化节水灌溉工程系统提供商，是国内规模最大、品种最全、技术水平最高、实力最强的节水灌溉行业龙头企业之一。现辖天津、新疆、内蒙古、云南、广西、酒泉、武威、定西等九大节水灌溉生产基地及大禹研究院、大禹资本集团、水利水电工程集团、水电勘测设计集团、大禹智慧水务公司及300多家营销服务分支机构，从业人员2000多人。公司是科技部认定的国家级重点高新技术企业，已承担实施国家“863”计划、“948”计划、星火计划、火炬计划等重点科技研究项目40多项，先后成功开发国家重点新产品11个，拥有”压力补偿滴头”等300多项专利技术，产品质量达到国内领先和国际先进水平。公司积极响应国家政策号召，在全国农田水利PPP项目中先行先试，积极探索并总结项目模式经验，2014年成功中选云南陆良全国首例社会资本投资农田水利改革试点项目，后又在云南元谋、河北、内蒙古、甘肃等地大力复制推广，承担实施了一系列农田水利PPP项目，在水利PPP项目模式探索实践中积累了丰富经验，成为全国农田水利PPP模式的先行者和开拓者。该模式有效改变了农田水利项目建设长期以来单独依靠政府投资状况，实现了工程建设、维护管理、使用经营、收益增效一体化的良性运行机制，建立了政府、企业与农户三方合作共赢的创新机制。其主要核心竞争优势分析如下：

1. 科技优势

大禹节水重视科技创新，产品质量达到国内领先和国际先进水平，自主研发的DY-D型水动活塞叠片式自洁净过滤装置填补了滴灌过滤系统无国产设备的空白，公司生产的内镶贴片式地下滴灌管、内镶贴片式紊流压力补偿滴头及滴灌管均为国家重点新产品。公司开发出针对坡地及丘陵地的铜祛根防负压抗堵塞紊流压力补偿地下灌水器，经甘肃省科技厅组织国内著名专家鉴定，性能达到国际同类产品领先水平。申报的“精量滴灌关键技术与产品研发及应用”项目获得国家科学技术进步奖二等奖。公司拥有国家级企业技术中心，拥有300多项专利技术。

2. 链条优势

大禹节水注重产业链打造运作，其全资子公司工程公司2017年获得住房和城乡建设部颁发的水利水电工程施工总承包一级资质，可承担各类型水利水电工程的施工，包括以防洪、灌溉、发电、供水、治涝、水环境治理等为目的的各类工程（包括配套与附属工程），该资质的取得拓宽了工程公司工程项目的市场准入和承揽范围，同时公司拥有九大主要水利工程设计乙级资质，设计范围涉及整个水利产业链条，随着行业发展越来越规范，公司具有的工程总承包资质和能力，以及显著的集团专业化工程承接和组织施工优势，将为其带来比较显著的市场竞争实力。

3. 渠道优势

大禹节水重视渠道建设，公司在农田水利行业所获取的订单及工程施工业主方主要是地方政府，完善而有效的渠道建设不仅是市场开拓的要求，而且对于后期的运营维护，以及未来进行农资平台的搭建具有重要的意义。公司在全国布局分子公司以及连锁加盟店的模式，是目前国内渠道布局最为广泛、渗透最为深入的节水公司之一。

4. 运营优势

大禹节水非常注重运营维护能力的提高和发展，因为保证节水工程安全、稳定运行的关键是实现设计、材料、施工、售后技术服务的一体化运作，是一项全面、系统的工程，需要承建单位有较高水平的设计能力、专业的施工技术和力量，以及完善的售后服务体系，对工程承接单位的综合能力和人员素质要求比较高，所以公司自成立以来，一直以持续的技术创新提升产品性能、以持续的工程施工经验积累树立精品工程，以不断优化的工程设计方案服务于工程项目施工，而不断发展壮大的现代节水农业设施连锁服务中心，则更直接地将整套系统集合能力传递给客户。公司遍布全国的销售片区和网点，不仅承担了销售的功能，而且也承担着为终端用户提供运营维护和技术服务的功能。大禹节水作为农业节水灌溉领域中以 PPP 模式第一家试点并推广应用的公司，在实践和项目具体操作中积累了比较丰富的经验和成熟的管理流程。

5. 融资优势

大禹节水已设立全资子公司禹王投资管理（北京）有限公司，并聘请行业内具有丰富从业经验及 PPP 项目投资运作经验的人士，在公司担任高管并组成专业投资团队，充分利用上市公司平台的资金、品牌与规范管理等优势，服务于更多的 PPP 项目建设。同时公司先后与多家银行、券商、政府投资平台等金融机构形成战略合作关系，为公司未来 PPP 项目的发展提供了融资保证。

框架协议签署的总体情况：

1. 协议签订的基本情况

（1）2017 年 8 月 28 日，大禹节水与宾川县人民政府就共同投资建设宾川县高效节水灌溉面积 11.3 万亩，并进行运营管理等合作事宜订立投资合作框架协议，具体项目合作在履行国家法律、法规所规定的各项程序后，另行签订具体项目合作协议，但不得违反此框架协议的原则和核心内容。

（2）此次交易的业主是云南宾川县人民政府，宾川国土面积 2563 平方千米，总人口 36.40 万，土地资源广阔，在册承包耕地面积有 36 万亩，实际有耕地 77 万亩。宾川拥有比较明显的水能、风能和太阳能资源优势，已经建成装机容量 220 万千瓦的水电和 23 万千瓦的太阳能、风能发电。宾川还是云南省高原特色农业示范县、中国柑橘之乡、中国葡萄之乡、国家级出口食品农产品质量安全示范区、中国循环经济优秀品牌城市、中国魅力新农村十佳县市。

宾川县人民政府与大禹节水不存在关联关系，大禹节水以前年度也未与宾川县人民政府签署过类似的框架协议。

（3）此协议为双方合作原则性的框架性协议，不涉及具体的项目投资合同事项。此协议签订不构成关联交易，不构成《上市公司重大资产重组管理办法》规定的重大资产重组，无须提交董事会和股东大会审议。

2. 协议主要内容

（1）项目概况。

此项目涉及宾川县高效节水灌溉项目 11.3 万亩，其中新建 5.3 万亩，改造提升 6 万亩，项目估算总投资 5 亿元，项目由宾川县东干渠 6 万亩高效节水灌溉项目（改造）和长坡岭及东干渠沿线以上 5.3 万亩高效节水灌溉 PPP 项目组成。

（2）项目合作方式。

宾川县东干渠 6 万亩高效节水灌溉项目（改造）采用 ROT 模式合作，由大禹节水组建项目公司，负责此项目的投融资、改扩建、运营、管理、移交等相关工作。长坡岭及东干渠沿线以上 5.3 万亩高效节水灌溉 PPP 项目采用 BOT 模式合作，宾川县政府和大禹节水共同组建项目公司，负责此项目的投融资、新建、运营、管理、移交等相关工作。

（3）投资结构及资金筹措。

①宾川县东干渠 6 万亩高效节水灌溉项目（改造）。此项目估算总投资 2.8 亿元，其中拟定项目资本金 11200 万元，农户自建自筹 1803.64 万元，其余的 14996.36 万元项目建设资金以项目公司为融资主体予以筹集。

②长坡岭及东干渠沿线以上 5.3 万亩高效节水灌溉 PPP 项目。此项目估算总投资 2.2 亿元。其中项目资本金 7700 万元，宾川县政府补助配套资金 3975 万元，剩余的 10325 万元项目建设资金以项目公司为融资主体予以筹集。

（4）其他约定事项。

①项目运营期内均采用使用者付费的方式收取费用。

②项目拟定合理利润率为 7.98%。

③政府方不参与项目利润分配。若大禹节水需引入其他社会资本方参与共同建设、运营及管理，则具体利润分配方案由各合作企业自行商定。

④宾川县人民政府依法授予项目公司特许经营权，特许经营期限30年，并签订《特许经营协议》。

⑤如大禹节水两年内不能启动实施宾川县东干渠6万亩高效节水灌溉项目（改造）和长坡岭及东干渠沿线以上5.3万亩高效节水灌溉PPP项目或未达到双方约定的技术标准，则由宾川县人民政府无条件收回两个项目的开发经营权和投入的项目财政补助资金。

3. 协议签署对大禹节水的影响

此协议约定的项目收益率为7.98%，自此框架协议签订之日起至2019年6月30日为项目的建设期，部分工程项目施工将能确认建设期的收入；该协议的顺利实施，将使公司在未来持续得到投资收益；对于后端运营类项目，公司还能够获得长期的运营收入。总体而言，协议如按计划完成，将对公司2017年度及以后年度的业绩产生积极影响。此次签署的投资合作框架协议的项目实施有利于公司主营业务不断持续向好发展，符合公司的战略发展方向，对公司未来经营发展起到积极作用。此协议的签订和履行不影响公司业务独立性，不存在因履行协议而对协议对方形成依赖；不对公司与其他合作方的合作构成排他性。此投资合作框架协议为原则性、框架性内容，不涉及项目具体投资事项，具体项目投资事项需另行签订具体协议。此投资合作框架协议涉及金额为估计数，具体金额以签订的项目合同为准，存在执行金额与协议金额不完全一致的情况。

近三年来，大禹节水先后与吴忠市利通区人民政府签署合作框架协议，现投资项目已经完成可研报告初稿编制，根据会议审议情况正在修改中；与阜阳市人民政府签署战略合作框架协议，现已完成安徽子公司注册手续，具体合作项目正在洽谈；与祥云县人民政府签署投资框架协议，现项目实施方案已经通过评审并获得批复，即将进入项目合同采购阶段；与阿拉善左旗人民政府签署合作框架协议，现投资项目可研报告编制将全部完成，然后进入项目立项审批程序；与大兴安岭农垦集团签署战略合作框架协议，现正在对协议约定的建设区域进行实地勘察、设计，后续将进行可研报告编制、报批和项目立项等程序；与甘肃省阿克塞县人民政府签署投资建设框架协议，现项目公司已成立，近期将签署正式的项目合同；与吉林省双辽市人民政府签订战略合作框架协议，现已进入投资项目的可研报告编制；与河北省衡水市人民政府签订 PPP 项目战略合作框架协议，现正在前期洽谈具体合作项目；与中国建筑第六工程局有限公司签订战略合作协议 PPP 项目战略性框架协议，现已签订 6000 万元管材采购协议。可以看出，大禹节水与一些地方政府和相关单位签署协议，开展 PPP 项目的合作，成效非常明显，积累了一些开发 PPP 项目的经验，将为公司今后开展 PPP 项目合作奠定良好的基础。

案例3 九州通

九州通医药集团股份有限公司（简称“九州通”）于 2017 年 2 月 24 日发布公告称，九州通将与武汉市民政局合作，投资武汉市社会福利综合大楼 B 座 PPP 项目，预计装修改造等成本约 1.23 亿元，合作期限 25 年，合作采用 ROT 模式。

九州通是上海证券交易所主板上市公司，成立于 1999 年 3 月，2010 年 11 月上市，截至 2018 年 6 月 1 日总市值 347.2 亿元。九州通是一家以西药、中药、器械为主要经营产品，以医疗机构、批发企业、零售药店为主要客户对象，并为客户提供信息、物流等各项增值服务的大型企业集团，公司立足于医药健康行业，是中国医药商业领域具有全国性网络的少数几家企业之一，公司连续多年位列中国医药商业企业第四位，领跑中国民营医药商业企业，以 30 亿元的品牌价值位居“2016 胡润品牌榜”第 181 位。公司近年来先后获得国家 5A 级物流企业、湖北省守合同重信用企业、中国社会责任感优秀企业、湖北企业 100 强、中国民营企业服务业 100 强、中国企业 500 强等多项荣誉称号。九州通拥有全国性的营销网络和丰富的上下游资源，公司经营品种品规

29万余个，上游供货商7000多家，下游客户10万多家，取得了国内240多种药品的全国或区域总经销或总代理资格，保障了客户多样化的需求。通过自行设计、规划、系统集成，已完成了旗下112座现代化医药物流中心的建设，并广泛使用了具有自主知识产权的仓储管理系统（LMIS）、设备控制系统（WCS）、运输管理系统（TMS）、第三方物流平台、药品监管码采集等系统，取得相关174项计算机软件著作权，是具备独立整合物流规划、物流实施、系统集成能力的医药分销企业。九州通搭建健康智慧平台，获得了《互联网药品交易服务资格证书》（B2B模式）和《互联网药品交易服务资格证书》（B2C模式），依托好药师品牌，建立用户智慧医疗健康服务体系，实现九州通医疗健康产业全链条服务。并依托九州通B2B优势资源，构建终端药店服务体系，建立药店同盟军，打造全国性配送体系，快速提升终端用户体验。以云技术、大数据和人工智能等技术为基础，规划智慧客服、智慧药店、智慧渠道、智慧健康等一系列创新服务，以科技驱动建立医疗健康智慧平台。九州通建立了质量管理网络及严格的药品质量管控体系，拥有600人的专业质管团队，严格按照GSP及国家相关标准的要求把控质量，为公司的业务开展保驾护航。目前，九州通已有131家公司通过了新版GSP认证，公司针对业务经营中进、销、存的每一环节，制定完善的质量管理制度和标准操作程序，并结合先进的信息技术，严把质量管理。针对新版GSP提出的新要求，公司进行精细化的库存管理，打造全程冷链配送体系。其主要核心竞争优势分析如下：

1. 销售网络

九州通现已建立起全国性的销售网络，截至2017年年底，九州通在全国省级行政区规划投资建成了31个省级医药物流中心，同时向下延伸并设立了81家地市级分销物流中心，九州通的营销网络已经覆盖了中国大部分的行政区域，同时在全国范围内拥有953家零售药店（含加盟店），是目前全国医药流通企业中营销网络覆盖区域最广的企业之一。

2. 物流优势

九州通是全国医药流通企业中为数不多的进行现代物流技术自主研发与医

药物流管理系统集成的企业之一，具有现代物流技术和信息技术运用的优势。早在 2001 年九州通就开始进行现代医药物流流程以及相关物流技术的研究，并与国内外先进的物流集成商进行技术交流，探索将国内外先进的物流技术与中国医药物流的具体国情相结合的物流模式。九州通积极引进海内外专业人才，组建了物流技术研发与物流管理团队。截至 2017 年年底，九州通先后在全国投资布局了 112 个医药物流配送中心，根据其不同功能，采用了现代物流设施、设备，研发了与之相匹配的物流管理系统和信息管理系统，并在医药物流中心规划、设备选型、系统集成、系统上线和搬迁等方面积累了丰富的实际经验。九州通的现代医药物流系统和信息管理系统，可以满足客户多批次、多品规、小批量、物流量大的要求，成为九州通的核心竞争力。

3. 电子商务

九州通率先在行业中开创了医药信息服务及电子商务交易业务，并具备向上下游客户提供需求解决方案及增值服务的能力优势，公司早在 2000 年就创办了 B2B 电商网站“九州通医药网”（现更名为“九州通医药电子商务交易平台”），是行业中最早开展电子商务交易业务的企业之一。九州通医药电子商务（B2C）线上业务平台“好药师网上药店”自上线以来，业务发展快速增长。另外，为快速打造公司中药材电商交易平台及物流体系，公司已陆续在道地产区或集散地成立了 14 家中药材电商公司，加快拓展公司中药材电商业务。

4. 解决方案

九州通在提供需求解决方案方面，已形成面向医药物流企业的“物流规划与集成的整体解决方案”、面向医药企业的“供应链整合与整体解决方案”以及面向医院及区域医疗管理机构的“医院供应链协同解决方案与医疗卫生信息管理系统”等三大产品线。九州通为上游客户云南白药集团股份有限公司和天士力制药股份有限公司等开发了医药物流信息管理系统，并为其提供了大型医药物流中心的规划集成方案，取得了可观的经济效益。九州通开发的零售连锁信息管理系统，可以实现零售药店与连锁总部、配送中心等地的有效连接，该系统可以有效地提高所需药品的补货效率、降低药品的库存率，在药品零售连锁行业极具推广价值。下游客户方面，九州通为医疗机构设计与开发的医用耗材采购、库存与管理软件和信息系统，在医疗机构的医用耗材和药品的物流管理方面具有显著的应用价值。在提供增值服务方面，九州通具备向上下游客户提供增值服务的能力。九州通通过网络系统，可以与上、下游会员客户实现即时信息共享，为上游会员客户提供其商品即时的库存信息和销售信息以及根据需要提供有价值的信息分析报告，同时也可为下游会员客户提供查询其所需商品的品种及相关信息。

5. 经营模式

九州通拥有快速便捷并具成本优势的市场化服务经营模式，其现行的业务领域是一个充分竞争的市场领域，主要客户对象为基层医疗机构、药店、诊所、分销商等，这一领域的特点是竞争激烈、完全市场化，只有那些“服务好、价格低、质量优”的商业流通企业才能在竞争中获得先机并脱颖而出，也只有那些“低成本、高效率”的企业才具有充分的市场竞争优势。九州通在这一充分市场化领域开创的经营模式，被行业称为“九州通模式”，并获得了快速发展和市场的认同。九州通目前正在加大二级及以上医院等高端医疗机构开发力度，逐步进入该市场领域。九州通的市场化经营模式体现出突出的竞争优势，其市场空间也会获得大大拓展，并在目前尚未完全进入的高端医疗机构市场中存在扩张的机会。

投资合作项目的总体情况：

1. 投资项目概况

2017 年 2 月 23 日，九州通联合上海人寿堂国药有限公司组成的联合体（简称“九州通与人寿堂联合体”），与武汉市民政局签署了《武汉市社会福利综合大楼 B 座 PPP 项目投资协议》，双方通过合作进行武汉市社会福利综合大楼 B 座 PPP 项目的装修改造和运营等，此次投资事项无须提交董事会和股东大会审议，此次对外投资不属于关联交易，也不构成《上市公司重大资产重组管理办法》规定的重大资产重组。

武汉市社会福利综合大楼 B 座 PPP 项目为武汉市首家公办养老机构 PPP 试

点项目，是目前华中地区体量最大的机构养老 PPP 示范项目，此项目的实施有利于提升武汉市养老服务水准，改善养老服务供给结构，补齐养老床位紧缺短板。武汉市社会福利院位于武汉市汉口发展大道 198 号，北与汉口火车站相望，西与武汉市公安局相邻。该大楼功能定位为综合性的养老服务机构，实行整体规划，一次性建设。由武汉地产集团负责项目建设，属武汉市政府交钥匙工程。此项目 2010 年列入武汉市人大“一号议案”。项目用地面积 20603 平方米，总建筑面积 99145 平方米。其中，地上 25 层，建筑面积 86729 平方米；地下 1 层，建筑面积 12416 平方米。建筑高度 99.90 米，分 A、B 两座综合大楼，其中 B 座采用 ROT 模式运行，总建筑面积 44850 平方米，设计床位 1077 张，打造集社会托养、日间照料、居家养老、社区养老、医养结合“五位一体”的“没有围墙的养老院”，以高龄、慢性病、半护理和护理老人为核心的客群，兼顾周边社区、居家养老服务需求，打造“15 分钟的养老圈”，以优质生活照护为基础、专业特色康复为核心、丰富精神享受为亮点的普惠型城市级医养结合养老服务机构。九州通和人寿堂联合体将以 ROT 模式投资此项目，武汉市民政局指定机构武汉市社会福利院将与九州通和人寿堂联合体共同组建项目公司，负责对此项目进行投资、融资、改建、运营管理、维护、移交并承担风险。

2. 协议主要内容

（1）项目内容。

①项目概况：a. 此项目装修改造等成本约 12317.68 万元，最终以审计结果为准；b. 项目公司的融资利息以项目公司融资实际发生的费用为准，计入项目公司的投资总费用；c. 计划于 2017 年 3 月开工改造建设，2017 年 11 月前改造建成使用。此项目合作期限 25 年，其中计划装修改造建设 1 年，运营期 24 年。

②项目合作范围：a. 武汉市社会福利综合大楼 B 座项目项下的投融资、改造建设合作范围，即在武汉市社会福利综合大楼范围内的养老机构、医院及其配套设施（包括但不限于超市、厨房、CT 室、X 射线室）工程，竣工移交以及

质量缺陷责任期内的整改修复，项目管理运营，维护管理等，具体工程范围以此项目经有资质单位审核的设计文件、施工图纸及相关技术标准和要求为准；b. 甲乙双方按照此协议的约定负责项目合作期间涉及的债务偿还、风险承担及享受相应的运营收益；c. 项目运营期实行绩效考评。

③项目批准文件：a. 武汉市社会福利综合大楼项目建议书、可行性研究报告（含招标核准事项）、初步设计的批复文件；b. 由甲方实施建设武汉市社会福利综合大楼 B 座项目的武汉市人民政府批复意见。

（2）项目公司。

①项目公司成立条件：a. 项目公司必须按此协议约定的条件设立，项目公司的住所地设在项目所在地即湖北省武汉市；b. 甲方应协助项目公司获得设立项目公司所必需的政府有权部门的批文，以使项目公司能够按照《中华人民共和国公司法》等相关法律、法规的要求，办理组建、设立项目公司的工商登记手续。

②项目公司注册：a. 甲方指定机构武汉市社会福利院与社会资本方共同组建项目公司，项目公司注册资本金不低于项目总投资 20%，此项目注册资本金为 2480 万元。根据国家公司法的相关规定，项目公司注册由甲乙双方共同出资完成。b. 未经甲方书面同意，乙方在项目公司中的股权不得变更。乙方如果要求股权变更，应由乙方事先向甲方提出书面申请，说明变更的事由，同时按照甲方的要求提交新股东的营业执照、财务状况、运营资质等资料，新股东应承诺承担原股东基于此协议的所有义务和责任，甲方书面同意后，乙方才能实施股权变更，乙方并应及时向甲方备案。

③项目公司的出资方式：甲乙双方以现金方式对项目公司出资。

④项目公司成立时限：甲方必须配合乙方在此协议签订之日起 30 日内设立项目公司完毕，获得企业法人营业执照、组织机构代码证、税务登记证等，并达到可以对外营业的法定条件。

⑤项目公司的组织结构：a. 项目公司采用现代法人治理结构，公司设立股东会、董事会及监事会，保证项目公司顺利运行。乙方在董事会享有控制权。

b. 项目公司股东会由甲方指定机构武汉市社会福利院与乙方组成，是此协议项下项目公司的最高权力机构。c. 项目公司董事会由 5 人组成，甲方指定机构武汉市社会福利院委派或推荐 1 人，乙方委派或推荐 4 人（其中含职工代表董事 1 人）。d. 项目公司监事会由 3 名监事组成，其中 1 人任监事会主席。甲方委派 1 名监事，乙方委派 1 名监事，1 名监事由职工代表担任。监事会主席由甲方委派的监事担任。除此合同约定外，监事会按照公司法的有关规定执行。e. 项目公司根据需要设立经营管理机构，其中总经理由公司董事会选聘，设财务总监一人，由乙方委派。

⑥项目公司的运营：a. 项目公司成立后，乙方负责组织项目管理团队，负责合作项目的改建、管理和运营；b. 项目管理团队应当接受董事会、监事会的监督；c. 在此项目合作期内，未经双方书面同意，项目公司不得从事任何与此项目无关的经营活动或对此项目以外的项目进行投资、资金借贷及借贷担保等行为；d. 项目公司不得为他人提供担保（包括为甲方或乙方债务提供任何形式的担保），项目公司不承担其股东的债务。

⑦项目公司财务管理:a. 项目公司所涉的会计、税务由项目公司统一处理；b. 项目所需资金实行统一管理、统一支出的原则。

⑧项目公司风险承担：除此协议另有约定外，因项目风险而形成的损失由乙方负责。

⑨项目退出及移交：合作期届满，项目无偿移交给政府。

⑩其他：a. 项目公司的章程及相关管理制度，均应当符合此协议的约定；b. 除此协议约定外，甲乙双方根据项目公司的股权比例行使股东会的表决权，项目公司的成立时间及组织机构的设立、运作程序、利润分配等按此协议的相关约定执行；c. 除因法定事由必须进行清算或解散外，乙方应维持项目公司在项目移交完成后，继续存续期不短于一年；d. 除另有约定外，在此项目移交完成满一年后，甲方有权要求解散项目公司。

（3）相关承诺及争议解决。

①签约承诺:a. 结合此项目特点，为保证武汉市社会福利院整体收支平整，

此项目收取经营权使用费；b. 根据招投标的约定，乙方同意自此协议签订之日起 10 个工作日内，将此项目投资的履约保证金 604 万元打入甲方指定账户，保证此项目投资建设并投入运营，保证金产生的利息收益归乙方所有；c. 在项目公司领取企业法人营业执照后 10 个工作日内，乙方应安排项目公司与甲方签订《武汉市社会福利综合大楼 B 座 PPP 项目合同》。

②投资承诺：a. 双方将根据组建项目公司及此项目投资建设需要，及时安排相关资金，并按投标文件、招标文件、项目公司章程和此协议约定要求实际出资或投资到位；b. 双方应于《武汉市社会福利综合大楼 B 座 PPP 项目合同》项下的合作期限内，督促项目公司承担并履行《武汉市社会福利综合大楼 B 座 PPP 项目合同》项下的各项责任与义务；c. 乙方进一步承诺，承担除项目公司注册资本以外的项目所需要的包括但不限于提供担保、资金出借等在内的融资责任，如融资采用贷款，则乙方应以封闭贷款的形式保证项目公司专款专用，甲方应尽可能对乙方的融资予以支持。

③违约责任：a. 因乙方原因未能在此协议规定期限内设立项目公司，或乙方未按此协议约定提供项目公司首期注册资本，或因项目公司原因未在此协议规定期限内与甲方签署《武汉市社会福综合大楼 B 座 PPP 项目合同》，发生上述情形之一时，乙方所提供的投标保证金或履约保证金作为违约金，甲方有权直接提取；b. 此协议签署后，若任何一方未能按此协议的规定履行其在此协议项下的义务，或作出任何虚假的陈述或保证，即被视为违约，除此协议明确约定的违约责任外，违约方应赔偿因其上述违约行为对守约方造成的一切损失。

④协议终止：a. 经双方书面同意可以终止此协议。b. 双方在此协议签订后 30 个工作日内未就项目公司章程达成一致，致使项目公司无法设立的，此协议终止。c. 乙方破产、清算、解散、停止经营或无力支付到期债务；由于乙方原因未能在此协议规定期限内设立项目公司，经甲方书面通知后，30 日内仍未设立的；乙方未按此协议约定提供项目公司首期注册资本，超过此协议约定的出资期限 30 日的；甲方与项目公司签订的《武汉市社会福利综合大楼 B 座 PPP 项目合同》提前终止的，如出现上述任何情况，甲方可以在任何时候书

面通知乙方，终止此协议。d.此协议终止后，各方在此协议下的所有权利和义务终止，但任何一方在此协议终止前享有的权利或承担的义务除外；任何一方在此协议终止前就此协议享有的任何损害赔偿请求权或其他救济权利不受影响和损害。

⑤适用法律及争议解决：a.此协议订立、生效、解释、履行及争议的解决均适用中华人民共和国法律。此协议任何内容如与法律、法规的强制性规定冲突，则应以法律、法规的规定为准。b.任何与此协议有关或因此协议引起的争议，各方均应首先通过友好协商解决，如果30日内仍不能协商解决的，协议各方均应向武汉仲裁委员会提出仲裁要求（因发生争议而发生的包括但不限于律师费等费用由败诉方承担）。

（4）其他。

此协议经双方合法授权代表签署后生效；此协议的修改、变更、未尽事宜的补充均应由双方协商一致后，以书面形式进行，经双方合法授权代表签署后生效；此协议一式八份，双方各执四份。

3.对上市公司的影响。

（1）随着人口高龄化和空巢化的日益加剧，老年群体的养老需求日趋凸显，养老市场潜力巨大。九州通瞄准市场机遇，与武汉市民政局签署此协议，积极探索进入养老服务新模式，这有利于九州通积累养老行业的项目经验，为公司未来进一步开拓养老产业市场打下基础。

（2）九州通积极进军养老产业，符合国家产业发展规划与公司发展战略，对公司未来业务发展将带来积极影响。

4.对外投资的风险分析。

此项目合作周期长，受政策性变化、融资利率波动、老年人事故、盈利能力不确定等因素的影响，存在运营管理等方面的风险，九州通应重视项目公司的经营管理情况，注意防范投资经营风险。

第六章

BOT融资管理方法

BOT 融资管理方法又称建设—经营—移交模式，英文名称为 Build Operate Transfer，简称 BOT。这是政府机构利用社会资本开展基础设施建设的一个比较重要的途径，通常是政府机构就某个基础设施项目与企业签订特许权协议，授予签约方的企业承担该项目的投资、融资、建设和维护，在协议规定的特许期限内，许可其融资建设和经营特定的公用基础设施，并准许其通过向用户收取费用或出售产品，回收投资并赚取利润。政府对这一基础设施有监督权、调控权，特许期满后，签约方的企业将该基础设施无偿移交给政府机构。在 BOT 模式下，投资方一般要求政府机构保证最低收益，如果出现特殊情况无法达到最低收益，政府机构应给予特别补偿。

BOT 融资管理方法的主要内容和特点：

1. 历史起源

BOT 的出现至今已有 400 年左右的历史。17 世纪英国的领港公会负责管理海上事务，包括建设和经营灯塔，并拥有建造灯塔和向船只收费的特权。但是根据经济学家罗纳德·科斯的调查，从 1610 年到 1675 年的 65 年当中，领港公会连一个灯塔也未建成，而同期私人建成的灯塔至少有 10 座，积极修建灯塔并以此牟利的多是私人，而政府机构却表现得不尽如人意。这种私人建造灯塔的投资方式与所谓 BOT 如出一辙，即：私人首先向政府提出准许建造和经营灯塔的申请，申请中必须包括许多船主的签名以证明将要建造的灯塔对他们有利，并且表示愿意支付过路费；在申请获得政府的批准以后，私人向政府租用建造灯塔必须占用的土地，在特许期内管理灯塔，并向过往船只收取过路费；特权期满以后，由政府将灯塔收回，并交给领港公会管理和继续收费。1820 年，在全部 46 座灯塔中，有 34 座是私人投资建造的，可见 BOT 模式在投资效率上远高于行政部门。BOT 的诞生和创新并未引起人们的重视，并且曾经历了一段相当长的默默无闻的时期，以至于人们几乎忘记了它的早期表现。直到 20 世纪 80 年代，因为经济发展的迫切需要，所以将 BOT 捧到经济舞台上时，许多人还误将它当成了新的融资建设模式。

2. 缓解负担

政府机构通过授权社会资本的企业投资建设运营公共基础设施，减少了政府机构公共借款和直接投资，缓和了政府的财政负担，合理使用了社会资本的投资。

3. 实现多赢

政府机构通过授权投资方企业拥有某一公共设施项目的特许权，由其全权负责建设与经营，政府机构无需支付资金，通过转让权利，即可将一些重大项目建成运营，并产生较大的社会效益，推进地区的经济生态环境，特许期满后，政府机构还可以收回该项目。当然投资者也因为拥有相对比较长期的特许权限对该项目进行经营，从而获得很大的投资机会，并且相应赚取了利润，得到回报，所以 BOT 模式能使多方获利。

4. 满足急需

采取 BOT 模式，政府机构可在社会资本的积极参与下，使一些急需投资建设的项目，能够投资建设运营成功，解决了政府部门急需投资建设基础设施项目的难题，从而有利于全社会生产力的提高，并且满足社会发展的需要。

5. 经济发展

BOT 项目的推进发展，将对地方政府、开发区地域经济的发展起到积极的作用，不仅使政府与企业实现互动，推进社会资本的利用，而且为相关企业提供了更多的发展机会，有利于刺激经济发展和就业率的提高，改善地域的投资环境，有利于区域的招商引资。

6. 方法重要

这是一种重要的融资管理方法，适于地方政府、开发区在引进社会资本开发基础设施时采用，比如污水处理、环保脱硫、高速公路建设、停车场建设，自来水厂建设、垃圾发电等，均可考虑采用 BOT 模式。这也很值得我国的企业予以关注尝试使用，促进地方政府、开发区、企业的共同发展。

案例1 五洋科技

2016 年 12 月 1 日，徐州五洋科技股份有限公司（简称“五洋科技”）发布公告称，五洋科技全资子公司深圳市伟创自动化设备有限公司（简称“深圳伟创”），已中标云南省阜外心血管医院和云南泛亚国际心血管病医院地下机械式立体停车场投资经营管理服务项目，并且正式签订合同，项目实施采用 BOT 模式。

五洋科技是深圳证券交易所创业板上市公司，成立于 2001 年 6 月，2015

年 2 月上市。公司坐落在徐州国家高新技术产业开发区，主营业务涵盖智能车库、自动化生产线、立体仓储、矿山安全设备、无人船、金融服务六大板块，拥有五洋、伟创两大品牌，下辖徐州、深圳、合肥等多个基地，17 家子公司，公司占地 400 余亩，拥有员工 1100 余名。公司是国家级高新技术企业，教授博导创立的创新型科技企业，中国领先的智能停车投资建设运营一体化服务商。公司拥有一批自主知识产权，已获得国家专利技术 200 余项，其中发明专利 45 项。公司立足工业控制技术，专注自动化装备的研发、设计、生产和销售，充分利用上市公司平台，积极进军智能车库行业，2015 年 11 月并购重组深圳市伟创自动化设备有限公司，一举成为中国领先的智能停车投资建设运营一体化服务商，实现了产业和产品结构的转型升级。与国内知名企业万达、万科、中海等多家企业建立了长期的合作关系，为政府机关、医院、学校等多家组织提供智能停车整体解决方案，所承建立体停车项目泊位数超过 20 万个。

合同签署总体情况：

1. 合同概况

五洋科技于 2016 年 10 月 18 日收到其全资子公司深圳伟创的通知称，深圳伟创收到《云南省阜外心血管医院和云南泛亚国际心血管病医院地下机械式立体停车场投资经营管理服务项目中标通知书》。近日，深圳伟创与云南阜外心血管病医院投资有限公司正式签署《云南省阜外心血管病医院和云南泛亚国际心血管病医院地下机械式立体停车场投资经营管理服务合同》，项目实施采用 BOT 模式。合同交易方云南阜外心血管病医院投资有限公司，为法人独资有限责任公司，主要经营范围为医院投资及对所投资项目进行管理，其与五洋科技不存在关联关系，最近三个会计年度交易方与五洋科技未发生业务往来。

2. 合同主要内容

（1）投资范围和委托经营范围。

深圳伟创以 BOT 方式对云南省阜外心血管病医院和云南泛亚国际心血管病医院的地下机械式立体停车场进行投资，实行以投资、建设、经营、管理为一体的模式。

第一步，计划在医院开业（2016年12月30日）的同时，乙方负责完成院内地下一层、二层所有机械车位的基础施工，同时完成地下室一层700个机械停车位的安装，并且投入使用。

第二步，医院所有床位投入使用后，随着停车需求量增加，逐步开放地下二层部分区域作为一般停车位使用，在医院内停车位使用率达到80%的情况下，对地下二层701个机械停车位进行设备安装，于设备到场90天内安装完毕，并投入使用。若规划部门要求车位必须满足规划条件方可验收，则乙方必须在2017年9月30日前全部安装完成，并投入使用。

乙方投资范围包括机械停车设备购置费、基础土建费、非机动车停车场相关设施配套费、管理费、税费等乙方经营停车场所必需的投资。

（2）委托经营期限。

此合同委托经营管理期限为12年。委托经营管理期限自（依据招标文件投标申请人须知前附表）2017年9月30日起至2029年9月30日止。

（3）乙方经营管理政策依据。

昆明市政府规定的现行有效的有关停车场管理收费的相关规定。

（4）停车场投资费用。

停车场投资费用2690.76 万元，由乙方承担。甲方将12年的经营权免费出让给乙方。经营期限到期，乙方投入的所有设备归甲方所有。

（5）建设期履约保函。

在签订项目协议书后的15个工作日内提交由中国境内知名银行开出或转开的以甲方为受益人、金额为269.076万元的履约保函，此保函的有效期限自签发之日至规划验收合格之日止（首次保函期限为2年）。甲方收到履约保函后，根据乙方履行此协议的情况，按下列的约定提取履约保函：

①乙方不按双方约定的时间及时签署双方已达成一致的《BOT投资经营管理合同》，甲方有权从履约保函中提取2%作为赔偿。

②由于乙方原因超过双方约定的开工日期30日以上，甲方有权从履约保函中提取3%作为违约赔偿。

③由于乙方原因未按照此协议约定的时间进行试运行，且超过约定日期30日以上，甲方有权从履约保函中提取3%作为违约赔偿。

在乙方不纠正违约的情况下，甲方可依同一违约事由对保函进行重复提取，直至乙方完全履约（此时乙方如仍继续履行协议，则应将履约保函数额补齐）或直至甲方没收保函中全部保证金并解除此协议。

3. 对上市公司的影响

此合同的正式签订，将对上市公司的立体车库业务从设备提供商向投资、建设、运营一体化延伸带来积极影响，对上市公司以后年度的经营业绩将产生积极的影响。

案例2 中电环保

中电环保股份有限公司（简称“中电环保”）于2014年5月29日发布公告称，近日中电环保与银川市建设局签署了《银川市第七污水处理厂BOT项目特许经营协议》。

中电环保是深圳证券交易所创业板上市公司，成立于2001年1月，2011年2月上市。公司是生态环境治理服务商，主营水环境治理、固废处理和烟气治理，以及国家级环保科技创新平台，提供工业和城市环保系统解决方案、研发设计、系统集成、工程总承包、运营维护、PPP及投融资等综合服务。主要服务石化、煤化工、火电、核电、冶金等国家重点工业和市政领域，并已拓展至海外市场。公司拥有国家级环境工程设计甲级、环保专业承包、市政工程总承包、机电设备安装、工程咨询、压力容器设计等资质，拥有专利、高新技术产品、软件著作权和专有技术300余项，承担了国家重大科技专项、火炬计划、创新基金、资源节约重点工程、省战略性新兴产业示范工程、省科技成果转化等项目，建有省市两级城镇污水深度处理及回用、污泥资源化利用等工程技术研究中心。公司拥有一支敬业协作的精英团队，凭借着领先的环保技术和成熟的项目管理经验，完成了众多大型优质环保工程，多个项目获得国家环保实用技术示范工程称号，树立了优良的品牌形象。中电环保注重产学研合作，作为环保产业协会会长及省人才创新创业促进会环保专委会主任单位，发挥龙头作用，联合南京大学、省环科院等政产学研金才资源，共建国家级环保服务业集聚区、环保产业技术创新联盟、环保产业创新中心等创新平台，建设了国家重大科技专项中试基地、科技成果展示和推广中心、互联网＋技术交易市场、高端装备系统集成基地。

协议签署的总体情况：

1.交易对方概况

银川市建设局是银川市人民政府的职能部门，负责城市供水、污水处理、燃气、城市亮化等公用事业（市政设施）的建设和管理及城市道路、排水、铁路道口、防汛等市政基础设施的建设、维护和管理等工作。其与中电环保不存在关联关系，最近三个会计年度与中电环保未发生类似业务。

2.协议主要内容

为推动银川市市政公用事业改革与发展，提高市政公用行业的运作效率，银川市政府决定采用 BOT 的方式实施银川市第七污水处理厂项目。

（1）中电环保此次在银川市设立项目公司，注册资本 6212 万元，公司持有 100% 股权。

（2）银川市政府授权银川市建设局授予项目公司特许经营权，包括投资、设计和建设项目设施，运营、管理和维护项目设施，收取污水处理运营服务费，以及行使和享有此协议项下规定的其他权利和权益。项目公司应在特许经营期内自行承担费用、责任和风险，承担此项目的建设、运营、维护责任，特许期满时，将污水处理厂的项目设施无偿移交给银川市建设局或其指定机构。

（3）特许经营期包含建设期和运营期，除依此协议提前终止或延长外，特许经营期为生效日起 30 年。

（4）银川市第七污水处理厂总设计污水处理能力为 20 万吨 / 日，分为近期工程和远期工程。近期工程设计污水处理能力为 10 万吨 / 日，分两期实施建设，其中：一期设计污水处理能力 5 万吨 / 日，一期工程投资总额约为 1.55

亿元；一期完工后，根据第七污水处理厂进水水量增长情况，适时启动污水处理能力为 5 万吨 / 日的二期污水处理工程。此次一期工程建设范围包括：污水处理厂场地红线内污水处理设施，以及其他为完成污水处理服务所必需的各类设施。此项目建设过程中，须预留再生水回用等深度处理工程所需接入口，以及建设用地。

（5）自一期工程开始商业运行日至二期工程开始商业试运行日之前，第一个运营年及第二个运营年的基本水量均为 3.5 万吨 / 日；从第三个运营年起至二期工程开始商业试运行日之前的基本水量为 4.5 万吨 / 日。二期工程开始商业运行日后的基本水量，由市建设局和项目公司根据届时实际进水水量的情况协商确定。

（6）污水处理运营服务费单价为 1.54 元 / 吨。特许经营期内前两个运营年前的污水处理运营服务费单价不作调整，自第三个运营年（含第三个运营年）开始调整污水处理运营服务费单价。污水处理运营服务费单价每两年调整一次，污水处理运营服务费单价按照协议规定进行调整。调整后的污水处理运营服务费单价自每个价格调整年的 1 月 1 日起执行。

3. 对上市公司的影响

（1）银川市第七污水处理厂项目是中电环保承接的第一个西北地区市政污水处理 BOT 项目，此协议的签署和项目的实施，提高了市政水处理业务在公司主营业务中的比例，对今后继续拓展市政水处理业务起到了积极作用。

（2）此项目预计 2016 年进入商业运行并产生运营收入，后续对上市公司未来的经营业绩将产生积极影响。

（3）此协议不影响上市公司业务的独立性，上市公司主要业务不会因此而对银川市建设局形成业务依赖。

运作此类 BOT 项目，项目公司应注重风险的防范，因为这类项目协议履行周期较长，存在因协议实施成本上升等因素造成毛利率下降的风险；协议履行过程中，存在因国家法律法规的变化、协议各方情况的变化影响协议履行的风险；协议存在受前期办理建设、运营的各项手续或其他外部因素的影响，而延迟协议执行的风险；此协议中已就违约、赔偿和纠纷等做出明确的规定，但协议履行存在受不可抗力影响所造成的风险，所以公司应加强管理，积极预防风险，才能保证项目的顺利实施。

案例3 北新路桥

新疆北新路桥集团股份有限公司（简称“北新路桥”）于2018年1月5日发布公告称，近日北新路桥与重庆市交通委员会签订了《重庆巫溪至巫山高速公路巫山至大昌段白泉隧道工程项目投资协议》（简称“《投资协议》”），北新路桥控股子公司重庆北新天晨建设发展有限公司（简称“北新天晨”）与重庆市交通委员会签订了《重庆巫溪至巫山高速公路巫山至大昌段白泉隧道工程BOT项目特许权协议》（简称“《BOT项目特许权协议》”）。

北新路桥是深圳证券交易所中小板上市公司，成立于2001年8月，2009年11月上市，截至2018年5月29日总市值63.86亿元，新疆生产建设兵团建设工程（集团）有限责任公司是北新路桥的控股股东。公司主营公路工程、桥梁工程、隧道工程和市政交通工程等公共交通基础设施的施工业务，以及房地产开发与经营业务。在公共交通基础设施的施工业务方面，目前主要有单一型工程承包和投融资建造两种经营模式。单一工程承包模式即公司以拥有的工程承包资质，向业主提供施工总承包服务或工程专业承包服务；投融资建造模式即公司利用自身投融资能力，将施工经营与资本经营相结合，采用EPC模式、BOT模式和PPP模式等，以投资带动总承包，向业主提供项目投融资服务和工程总承包服务。其主要核心竞争优势分析如下：

1. 品牌优势

北新路桥自成立以来一直致力于自身品牌建设，不断提高产品质量和服务质量，先后荣获“全国优秀施工企业”“全国建筑业先进企业”“全国守合同重信用企业”“中国土木工程詹天佑奖”“全国市政金杯示范工程奖”“中国对外承包工程信用AAA级企业”“中国对外承包工程企业社会责任银奖”“全国文明单位”“全国先进基层党组织”等近百项荣誉，进一步提升了公司品牌知名度和美誉度，赢得了国内外客户的广泛认可。

2. 资质优势

在竞争日趋激烈的工程建设领域，资质成为博弈的重要工具。北新路桥拥有公路施工总承包特级、工程设计公路行业甲级、市政公用工程施工总承包一级、桥梁工程专业承包一级、公路路面工程专业承包一级、公路路基工程专业承包一级、隧道工程专业承包一级等工程资质，以及对外承包工程经营资格证、进出口企业资格证等。公司的资质涵盖了路桥建设施工行业的诸多领域，且等级较高，保障了公司市场竞争能力。

3. 市场优势

随着建筑施工行业中低端市场竞争的加剧，公司加速从单纯的工程施工，向设计施工总承包、技术研发、勘察设计等全产业链转型升级，先后在国内 16 个省区市和国外 7 个国家以 BOT、EPC 等多种高端方式承揽工程，形成了高效快捷的经营开发管理模式，初步实现了由资产经营向资本经营、低端项目向中高端项目、单一产业向多元产业转变的业务布局。

4. 人才优势

截至 2017 年 12 月 31 日，公司职工共计 4250 人，从专业构成来看，技术人员 2775 人，占比达到 65.29%，从教育程度来看，本科及以上学历人员 1712 人，占比达到 40.28%。与同行业其他公司相比，公司在人力资源结构、年龄结构、文化结构、专业技术职务结构等各方面具有一定的相对优势。

5. 技术优势

北新路桥通过与长安大学、长沙理工大学等高校联合，持续加强技术人才吸纳和培养，不断完善企业技术创新体系，公司企业技术中心获国家发改委批准为国家认定企业技术中心，通过组建技术中心搭建科研创新平台，不断提升技术创新能力，形成了比较明显的技术优势。公司先后开发施工工法 12 项，其中公路工程工法 1 项、自治区级工法 11 项，荣获“2016 年度中国公路学会科学技术奖”2 项，其中二等奖 1 项、三等奖 1 项。

协议签署的总体情况：

1.对外投资概述

北新路桥第五届董事会第二十四次会议、2017年第四次临时股东大会分别审议通过了《关于投资BOT项目的议案》，同意公司投资重庆巫溪至巫山高速公路巫山至大昌段白泉隧道工程项目。其中，北新路桥与重庆市交通委员会签订《投资协议》，北新路桥控股子公司北新天晨与重庆市交通委员会签订《BOT项目特许权协议》。

2.协议主要内容

《投资协议》的主要内容：

（1）协议主体。

甲方：重庆市交通委员会；

乙方：新疆北新路桥集团股份有限公司。

（2）甲方的权利和义务。

①对乙方出资融资情况、资金使用、设立项目公司以及项目的勘察设计、建设、运营、养护和维修进行监督管理。

②按照国家法律、行政法规、部门规章和重庆市的地方性法规、规章及其他政策文件，在其权限和管辖范围内协助乙方获得设立项目公司、投资以及项目公司进行项目融资贷款、设计、建设、运营、养护及管理所必需的批文；协助项目公司协调审批程序以获得此项目所需的其他批准。

③在下列各项条件完成后30个工作日内，甲方应与乙方出资设立的项目公司签订特许权协议，授予项目公司关于此项目的特许权：a.乙方注册成立项目公司；b.项目公司已按照约定提交建设期履约保函。

④确保重庆市土地管理部门按照高速公路供地政策，以划拨等方式提供项目建设用地的土地使用权，协助乙方和项目公司办理相关手续，费用由项目公司承担。

⑤巫山县政府在建设期内，为此项目设立的建设、经营管理企业（即项目公司）给予投资补助，补助金额4.4亿元，分三年支付。项目运营前10年如

果出现亏损，巫山县政府按 100 万元 / 千米每年给予项目运营亏损补贴，运营亏损补贴归属项目公司，由项目公司专项用于此项目。

（3）乙方的权利和义务。

依法组建项目公司，作为此项目的项目法人。项目公司按照特许权协议文件的规定，负责此项目的资金筹措、建设实施、运营管理、养护维修、债务偿还和资产管理，并享有 30 年的车辆通行收费权。除特许权协议另有规定外，约定的收费期限届满，项目公司应将此项目的相应工程及其全部设施，以特许权协议规定的良好运行状态，无偿移交给甲方指定的机构。

①交工验收的工程质量目标：合格。

②竣工验收的工程质量目标：合格及以上。

③建设工程安全生产目标：不发生较大及以上安全生产责任事故。

④运营养护目标：公路技术状况指数 MQI 大于等于 80。

⑤服务水平目标：《公路工程技术标准》（JTGB01—2014）规定的三级及以上服务水平。

⑥年度一次性抽检合格率（监督部门抽检数据）不低于 93%。

⑦项目累计责任事故死亡人数不超过 0 人。

（4）违约条款。

①如因乙方单方原因，未能在此协议生效后 90 日内注册成立项目公司，甲方有权要求其限期整改，拒不整改或整改不合格的，限期届满后，每延期 1 日乙方应向甲方支付 10 万元的违约金，甲方可依法要求出具投资人履约保函的银行，将上述违约金直接支付给甲方；如在此协议签订后 180 日内，因乙方单方原因项目公司仍未注册成立，或虽已注册成立但不满足此协议的要求（包括交公路发〔2011〕438 号有关要求），则甲方有权与乙方解除协议，并且甲方将依法要求出具投资人履约保函的银行，在其担保的额度内全额支付给甲方。

②乙方在项目建设期内抽回、侵占或挪用项目资本金，或者项目资本金未能按期足额到位，经甲方或其委托部门责令限期改正，拒不改正或改正不到位

的，限期届满后，每逾期1日乙方应向甲方支付10万元的违约金，甲方可依法要求出具投资人履约保函的银行，将上述违约金直接支付给甲方；如果由于乙方的该项违约，导致工程建设实际停工达到180天以上，甲方有权解除协议，并且甲方将依法要求出具投资人履约保函的银行，在其担保的额度内全额支付给甲方。

③未经甲方批准，在规定的时间内项目公司未能及时签订特许权协议，甲方有权要求其限期整改，拒不整改或整改不合格的，限期届满后，每逾期1日乙方应向甲方支付10万元违约金，甲方可依法要求出具投资人履约保函的银行，将上述违约金直接支付给甲方；公司注册登记后180日内，因乙方单方原因，导致特许权协议未能签署，甲方有权解除此协议，并且甲方将依法要求出具投资人履约保函的银行，在其担保的额度内全额支付给甲方。

④未经甲方批准，在规定的时间内项目未能全面开工建设，甲方有权要求其限期整改，拒不整改的，限期届满后，每逾期1日乙方应向甲方支付10万元的违约金，且导致交工日期延后的，延迟交工工期相应抵扣收费期，经甲方批准的除外。

⑤如在特许经营期满后1年内，项目未达到此协议相关要求，项目公司应按甲方或其委托部门要求自费修复。若项目公司不履行义务和责任，甲方或其委托部门可直接委托或通过招标形式，选择施工单位对项目进行养护和维修，养护及维修的费用经结算后，直接从项目公司运营期履约保证金中扣除，不足部分由项目公司支付。如项目公司未能支付，则乙方应按照在项目公司中的出资比例支付，且甲方将依法追究项目公司的责任。

（5）生效条件。

此协议由双方法定代表人或其授权的代理人签署并加盖公章后生效，在特许经营期满1年后此协议失效。

《BOT项目特许权协议》的主要内容：

（1）协议主体。

甲方：重庆市交通委员会；

乙方：重庆北新天晨建设发展有限公司。

（2）乙方约定。

保证自觉接受重庆市交通委员会与北新路桥签订的《投资协议》中相关内容的约束，并按照特许权协议文件的规定，对项目的筹划、资金筹措、建设实施、运营管理、养护维修、债务偿还和资产管理实行全过程负责，自主经营，自负盈亏。

（3）甲方承诺。

保证按照特许权协议文件的规定，向乙方提供实施此项目的相关政策支持和协助；此协议经政府批准并由双方签订之日起，乙方合法地成为重庆巫溪至巫山高速公路巫山至大昌段白泉隧道工程项目法人，此项目建成后为经营性收费公路。

（4）特许权内容。

此项目的特许经营期分为准备期、建设期和运营期（含收费期）三个阶段。其中，准备期为自特许权协议生效之日起至项目开工日止；建设期3 年，从工程开工之日起至交工日止；运营期（含收费期）自交工日起至项目移交日止，其中收费期30年，收费起止日以收费许可文件为准。从收费期届满后的第一个工作日起，乙方应将此项目及其全部设施，以特许权协议规定的良好状态，无偿移交给甲方指定的机构。

在乙方遵守此协议对其规定的义务和其他条款的前提下，甲方在此授予乙方独占的、具有排他性的特许权，该权利在整个特许经营期内有效。乙方享有的特许权包括：

①投资、融资、设计、建设项目的权利；

②运营、管理项目的权利；

③收取车辆通行费的权利；

④项目沿线规定区域内的服务设施经营权；

⑤项目沿线规定区域内的广告经营权等。

根据此协议授予乙方的特许权，是在特许经营期间内专属于乙方的，甲方应确保特许权的任何部分在特许经营期间将不再被授予其他人。

（5）生效条件

此协议由双方法定代表人或其授权的代理人签署、加盖公章后生效。特许经营期满，乙方将此项目全部移交给甲方指定的机构1年后，该协议失效。

3. 对上市公司的影响

（1）重庆巫溪至巫山高速公路巫山至大昌段白泉隧道工程项目采用BOT模式运作，上市公司对其投资符合上市公司主营业务战略布局，《投资协议》及《BOT项目特许权协议》的签署，将对上市公司BOT项目业务拓展以及区域业务扩张带来一定积极影响，有利于提升上市公司的盈利能力和竞争实力。

（2）《投资协议》及《BOT项目特许权协议》的履行不影响上市公司的业务独立性。

第七章

TOT融资管理方法

TOT 融资管理方法又称移交一经营一移交模式，英文名称为 Transfer Operate Transfer，简称 TOT。这是国际上比较流行的一种项目融资管理方式，通常是指政府机构或企业将已建设好的项目在一定时间期限的产权或经营权，有偿转让给投资方，由其进行运营管理，投资方在约定的时间期限内通过经营收回全部投资，并得到合理的回报，双方合同约定期满后，投资方再将该项目交还政府部门或原企业。TOT 模式的运用一般是为保证 BOT 模式的顺利进行，通常情况下，政府机构会将 TOT 和 BOT 两个项目捆绑，一起运作。

TOT 融资管理方法的主要内容和特点：

1. 盘活资产

开展 TOT 项目融资，有利于盘活城市基础设施存量资产，开辟城市经营的新方式、新路径。随着城市发展扩容速度加快，客观上迫切需要大量资金用于基础设施建设，面对巨大资金需求，地方财政可能会力不从心，无法满足这种资金投入的需求，单纯靠财政投入无法比较快速地盘活城市基础设施存量资产。另一方面，通过比较长期的城市建设，城市基础设施中部分经营性资产的融资功能可能一直会有所闲置，没有得到充分利用，甚至出现资产沉淀现象，如何盘活这部分存量资产，以发挥其最大的社会效益和经济效益，是地方政府经营城市必须面对的问题。TOT 项目融资方式，正是针对这种现象设计的一种创新的经营模式。

2. 充分利用社会资本

TOT 项目融资方法有利于充分地利用社会资本，增加了社会投资总量，以基础行业发展带动相关产业的发展，促进整个社会经济稳步增长。TOT 项目融资方式的实施，盘活了城市基础设施存量资产，同时也引导更多的社会资金投向城市基础设施建设，从“经济投资”角度拉动了整个相关产业迅速发展，促进社会经济平稳增长，有利于区域经济的发展。

3. 合理配置

TOT 项目融资方法有利于促进社会资源的合理配置，提高资源使用效率。在计划经济模式下，公共设施领域经营一直是沿用垄断经营模式，其他社会主体很难进入基础产业行业，从而使得公共设施长期以来经营水平不高。引入 TOT 项目融资方式后，由于市场竞争机制的作用，给所有基础设施经营单位增加了无形压力，促使其改善管理，提高经营效率。同时，一般介入 TOT 项目融资的经营单位都是一些专业性的公司，在接手项目经营权后，能充分发挥专业分工的优势，利用其成功的管理经验，使项目资源的使用效率和经济效益迅速提高。

4. 职能转变

TOT 项目融资方法有利于促进政府机构转变观念和转变职能，实行 TOT 项目融资后，首先，政府机构可以真正体会到经营城市是需要创新合适的融资管理方法的，方法不对成功不易，正确掌握融资管理方法，合理利用融资管理方法非常重要。其次，对于增加城市基础设施投入，政府机构又多了一个新的融资管理方法，政府机构决策思维模式将不仅紧盯“增量投入”，而且时刻注意到“存量盘活”。再次，基础设施经营引入社会其他经营主体后，有利于政府机构履行“裁判员”角色，把工作重点放在加强城市建设规划，引导社会资金投入方向，更好地服务企业、监督企业经济行为等方面。

5. 操作流程

（1）制订方案。首先要制订 TOT 方案并报批，转让方须先根据国家有关规定编制 TOT 项目建议书，征求行业主管部门同意后，按现行规定报有关部门批准，国有企业或国有基础设施管理人只有获得国有资产管理部门批准或授权，才能实施 TOT 方式。

（2）项目招标。按照国家规定，需要进行招标的项目，须采用招标方式选择 TOT 项目的受让方，其程序与 BOT 方式大体相同，包括招标准备、资格预审、准备招标文件、评标等。

（3）对于中标企业，转让方与其签订授权特许协议，在未来一定时间期限内，转让项目全部或部分经营权，转让方取得项目的转让资金。

（4）建设项目。通常情况下，转让方所取得的资金将用于建设新项目。

（5）项目移交。项目经营期满后，转让方收回转让的项目，资产应在无债务、未设定担保、设施状况完好的情况下，由投资方移交给原转让方。

6. 模式区别

（1）TOT 与 BOT 项目融资方式比较。

BOT 项目融资是建设—经营—移交模式的简称，TOT 项目融资方式与之相比，省去了建设环节，使项目经营者减去了建设阶段的风险，使项目承接后就有收益。另一方面，由于项目收益已步入正常运转阶段，使得项目经营者用经营收益权向金融机构提供质押担保进行再融资，也变得相对容易操作。

（2）TOT与向银行和其他金融机构借款融资方式比较。

银行和其他金融机构向项目法人贷款，其实质是一种借贷合同关系。虽然也有一些担保措施，但由于金融机构不能直接参与项目经营，只有通过间接手段监督资金安全使用，相对贷款者要承担比较大的风险。由于贷款者“惜贷”心理作用，项目经营者想要通过金融机构筹集资金，其烦琐的手续等问题不利于项目的融资。而TOT项目融资则是出资者直接参与项目经营，出资者就是经营者，由于利益驱动，有利于出资者提高管理水平，合理控制经营等风险。转让方则直接获得项目转让资金，有利于转让方开发新的建设项目。

（3）TOT与合资、合作融资方式比较。

合资、合作涉及两个以上的利益主体，由于双方站在不同利益者角度，合资、合作形式一般都存在一段磨合期，决策程序相对也比较长，最后的利润也是按协议或是按各方实际出资比例分配。实行TOT项目融资，其经营主体一般只有一个，合同期内经营风险和经营利益全部由经营者承担，这样，在企业内部决策和指挥协调工作时，相对比较快速。

（4）TOT与实物租赁融资方式比较。

租赁虽然也是把项目经营权在一定时期转让出去，但与TOT项目融资相比，仍有不同之处。租赁行为虽然经营者拥有自己独立的对外民事权力，但资产所有权乃由出租者行使，租赁费用一般按合同约定分批支付或一年支付一次。TOT项目融资是两个法人主体之间协议行为，经营者在合同期限内仍有独立的民事权利和义务，按合同约定，经营者还可拥有部分财产所有者的权力，经营者取得财产经营权的费用也是一次性支付。

（5）TOT与融资租赁方式比较。

融资租赁是指由承租人选定供应商和设备，由出租者购买其设备交承租人使用，承租人支付租金的行为。融资租赁方式涉及购买和租赁两个不同合同，合同主体也涉及出租人、供应商、承租人三方。其运作实质是“以融物形式达到融资的目的”。TOT 项目融资方式，其合同主体只有财产所有人和其他社会经营主体两者。经营者既是出资者，又是项目经营者。所有者只是在特许经营时间期限内转让所有权和经营权，其目的是通过项目融资，筹集到更多的建设资金，从而投入到城市基础设施建设。TOT 项目融资方式省去了设备采购和建设安装环节，其采购设备调试风险和建设安装风险，已由项目所有者承担。合同约定的标的交付后，经营者即可进入正常经营阶段，获取经营收益。

（6）TOT 与土地开发权项目融资管理方式比较。

TOT 项目融资方式，其项目本身必须是经营性资产，有比较固定的收益，与取得其他开发权项目的融资管理方式比较，避免了建设环节风险和政策不确定性因素风险，其运作方式对项目所有者和经营者都有益处。

7. 资产评估

在实战中，受让方买断某项目资产的全部或部分经营权时，转让方要注意聘请第三方资产机构进行必要的评估。转让资产如果估价过低，会造成国有资产流失，估价过高则可能影响受让方的积极性和投资热情。因此，要正确处理好资产转让和资产评估的关系。聘请的评估机构应具有国家规定的相应资质资格，评估机构在评估时要注意与转让方或其聘请的融资顾问及时沟通，转让方应将评估结果报国有资产管理部门批准。

8. 方法重要

这是一种重要的融资管理方法，适于我国的地方政府、开发区研究尝试使用，有利于地区的经济发展，以及地区竞争实力的提升。同样企业也可研究使用这一方法，来增加企业投资机会，抓住投资机遇，促进企业的发展。

案例1 东湖高新

武汉东湖高新集团股份有限公司（简称“东湖高新”）于 2018 年 2 月 8 日发布公告称，东湖高新全资子公司武汉光谷环保科技股份有限公司（简称

“光谷环保”）拟与新疆国信煤电能源有限公司（简称“新疆国信”）签署《新疆国信煤电能源有限公司环保2×660MW设备出让、运营、回购项目合同》，项目合作采用TOT模式。

东湖高新是上海证券交易所上市公司，成立于1993年3月，1998年2月上市，截至2018年5月30日总市值69.17亿元。东湖高新成立初期，即代表武汉东湖新技术开发区管委会，承担东湖新技术开发区内首个15平方千米的土地储备、招商引资、物业管理等全过程开发任务，为东湖新技术开发区的基础设施建设、产业聚集做出了开创性贡献。2011年6月，湖北省联合发展投资集团有限公司控股东湖高新；2012年9月，湖北省路桥集团有限公司资产整体注入，东湖高新集团企业实力和规模迅速增强，逐渐发展成为一家以科技园区、工程建设为基础，以环保产业为主要发展方向的高新技术产业投资控股公司。业务主要分布于湖北、湖南、安徽、河南、浙江、广东、新疆等17个省区市。连续多年荣获“湖北企业100强”“武汉企业100强”“中国园区开发上市公司竞争力TOP10”“中国产业地产30强”等称号。环保科技板块以大气治理和水务环保为核心，为企业、政府和社会提供环境整体解决方案。大气治理领域首创火电厂脱硫BOOM模式，脱硫装机容量达724万千瓦，投资规模9.5亿元，在第三方烟气脱硫特许经营的治理规模排名中位列第五；水务环保涵盖供水、污水、中水、污泥、水环境治理、海绵城市、综合管廊、环境监测等全领域，提供涉水环境领域治理全方位解决方案；分布式能源业务和合同能源业务为科技园区、生态新城提供绿色环保新能源配套设施投资、建设、运营，实现了良好的环境和经济社会效益。科技园区板块起步于东湖高新诞生之初，历经20余年的发展，先后开发运营各类主题科技园区合计16个，开发总面积近千万平方米，累计引进、孵化企业3000余家。光谷环保是东湖高新全资子公司，注册资本1.5亿元，主营业务为：高新技术产品、电力、新能源、环保技术的开发、研制、技术服务及咨询、开发产品的销售；环保工程项目投资、建设、运营和维护；建设项目的建设管理、代理、工程项目的管理、服务、咨询服务等，具体包括火电厂脱硫脱硝特许经营、合同能源管理等。光谷环保在国内首创 BOOM 模式从事火电厂烟气脱硫，先后在麻城、合肥、安庆、肥东、芜湖成立了五家环保分公司，脱硫装机容量达 520 万千瓦，投资规模 7.5 亿元，成为国内由第三方投资、建设、运营和维护脱硫岛规模最大、市场占有率最高的企业。光谷环保拥有国内一流的烟气脱硫核心技术，具有比较强大的系统集成、设计优化、项目管理和系统调试、运营维护管理的能力，从设计—采购—安装—调试—检测—维护等各环节进行全方位控制，对脱硫岛生产运营提供专业性的整体保障。光谷环保已获得环境污染治理设施运营（除尘脱硫）甲级资质证书。

合同签署的总体情况：

1. 交易概述

根据东湖高新对环保板块的发展规划，公司全资子公司光谷环保积极参与市场竞标，2018 年 1 月 30 日中标新疆国信拥有的“新疆国信煤电能源有限公司环保 2×660MW 设备出让、运营、回购项目（TOT）”，光谷环保拟与新疆国信签署《新疆国信煤电能源有限公司环保 2×660MW 设备出让、运营、回购项目合同》，收购其拥有的 2×660MW 机组烟气脱硫、脱硝、除尘、除灰系统，并进行运营和维护，交易暂定价格为 36422 万元，最终转让价格以评估价与交易暂定价孰低为准，评估基准日为 2017 年 12 月 31 日。合作采用 TOT 模式。东湖高新于 2018 年 2 月 6 日召开第八届董事会第二十三次会议，审议通过了《关于“新疆国信煤电能源有限公司 2×660MW 级环保设备资产收购与运营”TOT 项目的议案》，同意全资子公司光谷环保与新疆国信签署合同，此次交易事项无需提交股东大会审议。本次交易未构成关联交易，亦不构成《上市公司重大资产重组管理办法》规定的重大资产重组，不存在重大法律障碍。

2. 交易对方基本情况

新疆国信成立于 2010 年 9 月，主营电力投资、热力以及附属产品，发电设备的运营、检修、维护并提供相关的技术服务，发电业务咨询等。新疆国信是太仓港协鑫发电有限公司全资子公司，太仓港协鑫发电有限公司是协鑫（集团）控股有限公司控股子公司。协鑫（集团）控股有限公司是一家以煤电运一体化、新能源硅材料产业链、新能源装备制造为主营业务的企业集团，是中国最大的非公有制环保电力控股企业，全球最大的光伏材料制造商，迄今已构筑起电力、光伏、天然气、金融等四大产业群，资产总额超千亿元。新疆国信准东煤电项目位于准东煤电煤化工产业带奇台县西黑山矿区，工程采用坑口电站建设模式，燃煤由矿区至电厂实现资源就地转化，变输煤为输电，符合国家能源产业政策，是国家鼓励发展的节能、环保项目。项目一在建工程规模为2×660MW超临界燃煤间接空冷发电机组，投资总额49.71亿元，工程投产后，可实现年转换煤炭量超过300万吨，发电量达72.6亿千瓦时，年产值超过18亿元。新疆国信近三年为项目筹建及建设期。

3. 拟交易标的基本情况

（1）交易标的名称、类别。

此次拟收购新疆国信2×660MW机组脱硫、脱硝、除灰、除尘系统资产，具体资产范围包括：脱硝系统；输灰系统；干电除尘系统；吸收塔系统（包括氧化空气系统）；石灰石制粉系统；石灰石制浆系统；石膏脱水系统；除雾器冲洗及工艺水系统；事故喷淋系统；浆液疏排系统；脱硫废水处理系统；湿式电除尘系统；SCR、FGD进出口CEMS系统。

（2）交易标的批准建设情况。

2013年3月7日，国家能源局国能电力[2013]103号文，同意新疆国信项目一期工程开展项目前期工作。2014年9月16日，中华人民共和国环境保护部（即今生态环境部）环审[2014]240号文，批复通过新疆国信2×660MW电厂项目工程环境影响报告书。2015年5月12日，新疆维吾尔自治区人民政府新正函[2015]91号核准新疆国信2×660MW电厂项目。综上，此次交易标的项目的建设与审批手续完整。

（3）交易标的的权属状况说明。

鉴于目前拟收购资产暂未经评估与审计，东湖高新向新疆国信就拟收购资产的权属状况发出问询，并收到新疆国信书面《承诺函》："我公司提供的拟转让的脱硫、脱硝、除尘、湿电除尘等环保设备资产权属资料真实、准确、完整，不存在隐瞒，且所有权权属完整、无瑕疵，不存在任何形式的担保、抵押、质押、留置、租赁、查封或有负债或其他有碍于贵公司对该资产行使占有、使用、处分及收益的事宜。我公司违反上述承诺的，应当在贵方通知之日起 90 日内消除瑕疵，否则贵方有权在后续应付款项中扣除有瑕疵的资产款项，我方立即退还贵方已支付的有瑕疵的资产款项，承担交易资产转让总价款 5% 的违约金并赔偿由此给贵方造成的损失。”

（4）交易标的运营情况。

拟收购资产由新疆国信于 2014 年 6 月开始自建，目前 1#、2# 机组均通过 168h 满负荷试运行正常并网运行。

（5）交易标的最近一年财务报表的账面价值。

拟收购资产账面原值 36422 万元，暂未经评估与审计；拟交易标的无债务转移情况。

（6）拟交易标的的定价情况及公平合理性分析。

拟收购资产暂未进行资产评估，目前资产估值是按固定资产台账及财务报表的账面价值确定，经双方协商同意在《新疆国信煤电能源有限公司环保 2×660MW 设备出让、运营、回购项目合同》签署生效后 3 个月内组织完成“新疆国信煤电能源有限公司 2×660MW 机组烟气脱硫、脱硝、除尘、除灰系统”资产评估，最终转让价格以评估价与交易暂定价孰低为准，评估基准日为 2017 年 12 月 31 日。

（7）可行性分析。

由于此项目已通过 168h 满负荷试运行正常并网发电，无建设期，通过环保验收后即可获得投资收益，经测算，该项目内含报酬率不低于 8%，投资回收期约 8.5 年，考虑此项目收益较为稳定，风险较低，因此经济上具有可行性。

4. 合同主要内容及履约安排

（1）合同主体。

甲方：新疆国信煤电能源有限公司；

乙方：武汉光谷环保科技股份有限公司。

（2）交易价格。

收购价格暂定为36422万元，含17%增值税，合同签订后3个月之内，甲方委托第三方评估机构完成资产评估，最终转让价格以评估价与交易暂定价孰低为准，评估基准日为2017年12月31日。

（3）支付方式及期限。

资产收购款分二期支付。首期资产转让价款按交易暂定价（36422万元）的50%（18211万元）计算，自此合同生效之日起7 个工作日内，乙方凭甲方开具的财务收据付款；下述条件全部满足的前提下，乙方在合同生效6个月内支付最终资产转让价余款：①资产评估完成，甲方根据最终资产转让价格开具全额增值税专用发票交付乙方；②资产权属无瑕疵，双方已完成资产清点及交接手续。

（4）资产移交与接管。

在此合同签订后，甲乙双方根据作为合同附件一的资产明细表进行资产清点工作，资产移交应在合同签订之日起60个工作日内完成。具体实施细则于移交前制定。

（5）运营期。

此项目合同运营期为20年，运营期满后，乙方无偿移交给甲方。运营期是指从乙方开始收取运营服务费用起20年，如两台机组不是同时取得了运营服务费，则按取得时间分别计算运营期。

（6）运营服务费收取。

①运营服务费计算方式：运营收益＝上网电量 × 环保设施运营价格＋年售气量 × 供热运营价格 ± 考核—排污费—环保罚款—电费—水费—汽费—其他费用。环保设施运营服务价格根据机组利用小时数3000小时—6000小时划分为7档（每档500小时），当全年机组利用小时低于3000小时时，按3000小时的运营综合单价结算；利用小时数大于6000小时，则按6000小时的运营综合单价结算。供热运营价格根据180万吨—280万吨划分为6档（每档20

万吨），当全年售汽量低于 180 万吨时，按 180 万吨的运营综合单价结算；全年售汽量大于 280 万吨，则按 280 万吨的运营综合单价结算。如利用小时数或全年售汽量介入两档之间，采用线性平均结算。

②运营服务费结算方式：服务费采取按月支付、年度结算的付款方式。次月 15 日前，按照上月发电量、售汽量和上述计算方式计算服务费，乙方按甲方要求将上述金额全额增值税发票提交给甲方，经审核无误后，月底前甲方将上月服务费支付给乙方，在次年度 1 月结清上年度运营服务费差额。

（7）主要违约责任。

甲方违约责任：

①甲方转让的资产权属有瑕疵（包括存在任何形式的留置、质押、抵押、租赁、查封、担保或有负债或其他有碍于乙方对此项目资产行使占有、使用、收益及处分的事宜，或涉及诉讼、仲裁事项或查封、冻结等司法措施）时，甲方应当在乙方通知甲方之日起 90 日内消除瑕疵，否则乙方有权在后续应付款项中扣除有瑕疵的资产款项，甲方应在上述 90 日满后 3 日内退还乙方已支付的有瑕疵的资产款项，并赔偿由此给乙方造成的损失。

②如甲方未按时足额支付运营服务费，逾期超过 1 个月后，逾期 1 日，按逾期金额的万分之五向乙方支付违约金；逾期超过 3 个月的，乙方有权单方无条件解除合同，若乙方解除合同，甲方除应向乙方承担上年度运营服务费 5% 的违约金，还应赔偿乙方由此造成的损失。

③在合同期内因甲方违约行为导致乙方无法继续享有此合同约定运营服务权限并收取运营服务费的，甲方除应向乙方承担资产转让价款 5% 的违约金外，还应承担乙方由此造成的损失。但因国家政策或甲方原因导致机组关停除外。

乙方违约责任：

①如因乙方原因导致季度综合达标率低于 99% 的情况，发生第一次时乙方向甲方支付惩罚性考核 200 万元，发生第二次时乙方向甲方支付惩罚性考核 400 万元，发生第三次时乙方向甲方支付惩罚性考核 600 万元，每多发生一次

翻倍考核，以此类推。除支付上述惩罚性考核外，乙方还应承担由此产生的包括但不限于政府处罚、赔偿如环境保护税等甲方的损失。如每年度内发生三次以上（含本数）时，甲方有权单方解除合同，若甲方解除合同，乙方除应向甲方承担资产转让价款 5% 的违约金外，还应承担由此造成的损失。

②乙方未按合同约定足额支付资产（环保设备）转让费用，每逾期 1 日，按逾期金额的万分之五向甲方支付违约金，超过 30 日的，甲方有权单方无条件解除合同，乙方应向甲方承担资产转让总价 5% 的违约金并赔偿因此给甲方造成的损失。

③运营期内，乙方运维不及时造成甲方机组非计划停运，第一次乙方赔偿甲方 100 万元，第二次乙方赔偿甲方 200 万元，第三次乙方赔偿甲方 300 万元，以此类推。除支付上述惩罚性考核外，乙方还应承担由此产生的政府处罚及损失。

（8）合同生效条件及时间。

经双方法定代表人或其授权代表签署、加盖双方单位公章后生效。

5. 拟收购资产的其他安排

（1）拟收购资产的人员安置：由东湖高新全资子公司光谷环保自行招聘人员，无收购资产的人员安置。

（2）拟收购资产的资金来源：交易暂定价格为 36422 万元，此次交易资金来源为光谷环保自有 / 自筹资金支付。

6. 收购资产的目的

（1）东湖高新已投建了新疆昌吉、五彩湾项目，此次拟收购资产可加强上市公司业务协同效应，增强上市公司行业议价能力，降低上市公司管理及运维成本。

（2）扩大环保板块的产业规模，此次拟收购新疆国信 2×660MW 机组烟气脱硫、脱硝、除尘、除灰系统，是上市公司目前第一个电厂完整环保岛资产，这有利于完善上市公司业绩，扩大上市公司在环保行业内的影响力及竞争能力。

7. 对上市公司的影响

此次交易符合上市公司主营业务战略布局，将有利于提升上市公司在环保细分行业的竞争优势，扩大上市公司环保板块的产业规模，项目的顺利实施，将对上市公司未来年度经营业绩产生积极影响。

8. 投资风险及应对措施

机组运行小时数的变动影响项目收益的风险有可能存在，如果火力发电机组运行小时数下降，则拟收购资产上网电量及供热量下降，这可能将影响上市公司实际收益。上市公司的防范措施为：合同采取了差异服务费用标准，能基本保障项目收益不受较大影响。

案例2 国祯环保

安徽国祯环保节能科技股份有限公司（简称“国祯环保”）于 2018 年 2 月 1 日发布公告称，国祯环保将在河北省吴桥县投资污水处理厂 PPP 项目，并授权公司经营层与吴桥县相关政府单位签署协议，项目总投资约 5000 万元，合作采用 TOT 模式。

国祯环保是深圳证券交易所创业板上市公司，成立于 1997 年 2 月，2014 年 8 月上市，截至 2018 年 5 月 30 日总市值 61.81 亿元。国祯环保长期致力于水资源的综合利用和开发，服务区域遍及国内 20 余个省区市，在全国运营污水处理项目达 102 项，日处理市政污水规模累计达 450 万吨、工业废水 20 余万吨。国祯环保已经建立和拥有完备的产业链，可以为客户提供水环境综合治理、村镇水环境综合整治、地表类Ⅳ类水提标改造、污水处理厂网一体化、污泥干化等市政水处理领域以及工业水处理领域的全产业链服务，专业从事环保工程的设计研发、工程承包、设备研发与集成、运营管理和投融资服务。国祯环保三次入选“中国水业十大影响力企业”，连续三年荣获“中国水业最具投资价值上市公司”殊荣，2016 年入选英国传媒分析有限公司旗下的 GWI（Global Water Intelligence）公司发布的“全球 Top40 水务公司”。国祯环保拥有有环境工程（水污染防治工程）专项设计甲级证书、环保工程专业承包一级资质、机电工程施工总承包一级资质、工程设计市政行业排水工程乙级资质、生活污水乙级运营证书、工程咨询单位乙级资格证书等。

协议签署的总体情况：

1. 对外投资概述

2018 年 2 月 1 日，国祯环保第六届董事会第三十二次会议审议通过了《关于投资吴桥县城区污水处理厂 PPP 项目的议案》，同意公司投资吴桥县城区污水处理厂 PPP 项目（简称“吴桥 PPP 项目”），并授权公司经营层与相关政府单位签署协议。公司将投资设立控股公司（即项目公司），负责该项目的投资、运营。国祯环保对该项目的投资及相关协议的签署，未构成关联交易，也未构成重大资产重组事项。根据《深圳证券交易所股票上市规则》及《公司章程》规定，此次对外投资事项经公司董事会审议通过后即可实施。

2. 对外投资协议主体的基本情况

吴桥县住房和城乡建设局与项目公司签署《吴桥县城区污水处理厂 PPP 项目合同》，授予项目公司对吴桥 PPP 项目投融资、管理、运营、维护和移交的权利，并对项目进行全程监督、考核及绩效评价。特许经营期为 25 年。

3.PPP 项目合同主要内容

（1）特许经营权的授予。

甲方按照有关法律、法规和此协议的规定，授予乙方在项目合作期内，对此项目进行投资、运营、维护、移交的独家权利。包括：

①投融资、运营和维护污水处理厂，提供污水处理服务，并获取污水处理服务费。

②自行解决上述事项的融资安排，并自行承担相应的费用和风险。

③在项目合作期终止时，将项目设施完好、无偿地移交给吴桥县人民政府或其指定机构。

④特许经营权在整个项目合作期内始终持续有效。

（2）项目规模及内容。

①项目规模：污水处理厂设计规模 3 万吨 / 日，出水水质设计指标符合国家《城镇污水处理厂污染物排放标准》（GB18918-2002）一级 A 标准。

②项目内容：吴桥县污水处理厂特许经营权。转让价款为 5000 万元，污水处理服务费单价最高为 1.5 元 / 吨。

（3）项目的运营。

在运营期内，项目公司必须按照合同的规定，负责对所辖区域内产生的生活污水和可纳入城镇污水处理厂进行处理的工业污水进行污水处理服务（进水需达到污水处理厂设计进水标准）。项目公司通过“政府付费”方式收回成本并获得合理利润。

（4）污水处理费的计算。

正常运营期间、计划内暂停服务期内以及由于不可抗力等非乙方原因导致计划外暂停服务期间的污水处理费计算方式：

①当实际日平均污水处理量低于对应保底水量时

前三年：月污水处理费 = 该月累计保底水量 × 污水处理服务费单价

第四年开始：月污水处理服务费 = 该月累计保底水量 × 污水处理费单价—（该月累计保底水量—该月累计实际污水处理量）× 可变成本（0.2 元）

②当实际日平均污水处理量达到或高于对应保底水量时

该月污水处理费 = 该月累计实际污水处理量 × 污水处理服务费单价

因乙方原因导致计划外暂停服务期间甲方按实际处理水量支付污水处理服务费计算方式：

该月污水处理费 = 该月累计实际污水处理量 × 污水处理服务费单价

（5）污水处理费的绩效考核。

此项目只对污水处理质量和污泥处置质量进行绩效评价考核。考核方式为合格制。

①污水处理质量考核标准：污水处理应达到《城镇污水处理厂污染物排放标准》GB18918-2002 中要求的一级 A 标准。

②污泥管理质量考核标准：污泥处理应达到《城镇污水处理厂污泥泥质》

GB24188-2009 中污泥泥质基本控制项目和现值的要求，即 pH5-10、含水率＜80%。

（6）项目公司。

国祯环保与吴桥县人民政府授权的出资代表共同出资在吴桥县当地注册成立项目公司，在 PPP 项目合同签订后 10 日内项目公司向吴桥县政府指定收款单位支付 1000 万元，项目公司成立后 30 日内将剩余 4000 万元支付给收款单位。收款单位收到项目公司支付的首笔转让款后，甲方开始向项目公司交接项目资产，项目资产的交接应在 20 日内完成。项目资产交接完毕，且收款单位收到全部转让价款日的次日，为开始商业运营日。

4. 对上市公司的影响

投资吴桥 PPP 项目将进一步扩大上市公司在河北省的品牌影响力，有利于上市公司巩固和开拓河北省市场，同时对上市公司未来经营业绩也将产生积极影响。

5. 项目的风险分析

此项目采用 PPP 模式建设和运营，项目投资大、周期长，期间存在因市场环境发生变化或不可抗力因素，导致部分项目不能实施或部分投资款不能收回的风险。在协议履行过程中，国家法律法规的变化、协议双方情况的变化都将影响协议的履行，因此存在建设和运营风险因素。为此上市公司应注意风险预防与管理。

第八章

DBOT融资管理方法

DBOT 融资管理方法又称设计—建设—经营—移交模式，英文名称为 Design Build Operate Transfer，简称 DBOT。这是政府机构利用社会资本开展基础设施建设的一个比较重要的途径，通常是指政府机构就某个基础设施项目与企业签订特许权协议，授予签约方的企业承担该项目的设计、投资、融资、建设和运营维护等，在协议规定的特许期限内，许可其设计、融资、建设和经营特定的公用基础设施，并准许其通过向用户收取费用或出售产品，回收投资并赚取利润。政府对这一基础设施有监督权，调控权，特许期满，签约方的企业将该基础设施无偿移交给政府机构。在 DBOT 模式下，特别强调的是项目从开始设计，政府机构就交给社会资本的企业直接运作，直到项目经营期收回投资，取得投资收益，移交给政府机构或政府指派的机构，在此项目比较长期的特许授权时间内，项目公司只具有经营权，而没有所有权。

DBOT 融资管理方法的主要特点：

1. 缓解负担

政府机构通过授权社会资本的企业投资建设运营公共基础设施，减少了政府机构公共借款和直接投资，缓和了政府的财政负担，合理使用了社会资本的投资。

2. 实现多赢

政府机构通过授权投资方企业拥有某一公共设施项目的特许权，由其全权负责设计、投资、融资、建设与经营维护，或政府机构授权下属单位与投资方组成项目公司，政府机构无需提前支付项目的全部资金，通过转让权利，即可将一些重大项目提前建成运营，并产生较大的社会效益，改善地区的经济生态环境，特许期满后，政府机构还可以收回该项目。当然投资者也因为拥有相对比较长期的特许权限对该项目进行经营，能够获得很大的投资机会，并且相应赚取了利润，得到回报；政府机构通过购买产品或服务，或提供考核补贴等方式，作为项目公司的回报，减轻了政府机构一次性付款的负担，所以 DBOT 模式能使多方获利。

3. 满足急需

采取 DBOT 模式，政府机构可在社会资本的积极参与下，使一些本来急需投资建设的项目能够投资建设运营成功，解决了政府部门急需投资建设基础设施项目的难题，从而有利于全社会生产力的提高，并且满足社会发展的需要。

4. 经济发展

DBOT 项目的推进发展，将对地方政府、开发区地域经济的发展起到积极的作用，不仅使政府与企业实现互动，推进社会资本的利用，而且为相关企业提供了更多的发展机会，有利于刺激经济发展和就业率的提高，改善地域的投资环境，有利于区域的招商引资。

5. 方法重要

这是一种重要的融资管理方法，适于地方政府、开发区在引进社会资本开发基础设施时采用，比如城镇公建设施、环保治理、水利建设等，均可考虑采用 DBOT 模式。这种模式也很值得我国的企业予以关注尝试使用，促进地方政府、开发区、企业的共同发展。

案例1 中工国际

中工国际工程股份有限公司（简称“中工国际”）于 2016 年 12 月 2 日发布公告称，中工国际在 2016 年 12 月 1 日收到湖南省吉首市水利局发来的《中标通知书》，确认吉首市小型农田水利、中小型水库建设 PPP 项目中标人为中工国际工程股份有限公司（牵头单位）、重庆建工集团股份有限公司（联合体），项目合作采用 DBOT 模式。

中工国际是深圳证券交易所中小板上市公司，成立于 2001 年 5 月，2006 年 6 月上市，隶属于中国机械工业集团有限公司，截至 2018 年 6 月 3 日公司总市值 173.8 亿元。中工国际的核心业务为国际工程承包、投资和贸易，国际工程承包板块主要从事国际工程总承包业务，投资和贸易板块主要围绕拉动公司工程承包主业，开展投资和大宗商品业务。在国际工程承包业务方面，中工国际在海外市场完成了近百个大型交钥匙工程和成套设备出口项目，涵盖工业工程、农业工程、水务工程、电力工程、交通工程、石化工程及矿业工程等业务领域，业务范围涉及亚洲、非洲、美洲及欧洲地区。公司国际工程承包业务的主要模式是 EPC 模式，即通过整合国内外设计、设备和施工优质资源，开发和执行境外总承包项目，业务价值链包括项目的开发、融资、设计、采购和施工等环节，部分项目还提供运营服务。在投资业务方面，自 2011 年起，中工国际围绕区域综合开发和矿产资源开发两个领域，开发了老挝万象滨河综合开发项目、中白工业园等投资项目，在矿产资源开发领域收购了加拿大普康公司，在环保新产业领域收购了北京沃特尔公司，设立了中工水务开发国内水务投资业务，形成了良好的战略布局。在贸易业务方面，充分利用公司遍布全球的营销网络，注重发挥公司的市场优势，开展大宗商品业务，取得了一定成效。中工国际为国家高新技术企业，被中国对外承包工程商会和中国机电产品进出口商会评为AAA级信用等级企业。公司多年在海外市场耕耘，具有对外承包工程资格，公司推行相对专业化战略，在电力、水务、糖业、浆纸领域设立了专业部门或子公司，加强技术积累，并不断提高对国外标准的适应能力和属地化组织项目实施的能力。其主要核心竞争优势分析如下：

1.商务能力

中工国际在海外设立了40余个代表处、分公司和子公司，还拥有中工老挝投资公司、加拿大普康公司两家境外经营性子公司，构建了遍布全球各地区的高效快捷、反应灵敏的国际营销网络，积累了大量有价值的客户和渠道资源，在部分领域已经形成比较优势。通过实施属地化经营、打造标志性项目，积极承担社会责任，在海外塑造了良好的品牌形象。

2.融资能力

中工国际自成立以来业务发展迅速，效益良好，拥有优良的资产状况，获得银行授信能力强；公司在常年的业务过程中，与国内金融、保险机构保持密切沟通，积极促进中方资金项目的融资进展；公司还长期致力于融资模式创新和融资多元化，制定并落实大金融战略，广开融资渠道，解决公司资金需求。

3.项目管控

随着业务的发展，中工国际建立了一套完整的EPC项目全生命周期管理体系及配套的管理信息平台，即中工国际项目管理信息系统（IFS），并在实践中不断完善和优化。公司根据全流程的合作伙伴选择及考核评级体系，实现公司项目合作逐步向优质合作伙伴集中，从而最大限度地减少来自合作伙伴的风险。在日常执行过程中，充分利用项目管理信息系统、各种例会制度和报表，实时监控项目执行状态，加强项目风险监控与指导。

4.并购能力

自2010年起，中工国际陆续并购了武汉大学设计研究总院、加拿大普康公司、北京沃特尔公司，上述并购活动使得公司在对境内外并购的风险控制、并购交易管理、并购后整合等方面积累了大量经验，培养了一些熟悉国内外并购规则、了解国际并购趋势的专业人才，积累了一些优秀的合作伙伴资源，公司的并购能力显著提升，为公司的进一步发展奠定了坚实的基础。

中标项目的总体情况：

1.项目主要内容

吉首市小型农田水利、中小型水库建设 PPP 项目建设投资估算金额为 8.87 亿元。该项目包括小型农田水利项目和中小水库建设项目两个子项目，项目建设期 2 年，运营期 13 年。该项目采用 DBOT 模式，由吉首市人民政府授权吉首市水利局作为实施机构参与项目建设，吉首市水利局授权的政府方出资代表与社会资本共同组建项目公司，项目公司在特许经营期内提供投资、建设、运营维护服务，项目公司通过经营收入收回投资，并取得合理收益，特许经营到期后，社会资本方股权转让给政府指定部门或机构。公司作为联合体牵头单位，负责与政府方出资代表共同组建项目公司，并负责完成项目投融资、设计、施工管理、项目运营、移交等工作。重庆建工集团股份有限公司作为联合体成员方，负责项目工程施工承包等工作。

2.交易对方情况介绍

吉首市是湖南省湘西土家族苗族自治州首府，位于湖南省西部，武陵山脉东麓，湘、鄂、渝、黔四省市边区中心。吉首市水利局与中工国际不存在关联关系，上一会计年度未与中工国际发生类似业务。

3.联合体成员基本情况

重庆建工集团股份有限公司，注册资本 16.33 亿元，经营资质：房屋建筑工程施工总承包特级、市政公用工程施工总承包一级、机电安装工程施工总承包一级、建筑装修装饰工程专业承包一级、钢结构工程专业承包一级、公路工程施工总承包二级、园林古建筑工程专业承包二级、预应力工程专业承包二级、城市轨道交通工程专业承包资质、隧道工程专业承包二级、预拌商品混凝土专业承包二级、土石方工程专业承包一级、消防设施工程专业承包一级、地质灾害治理工程施工甲级、工程设计建筑行业（建筑工程）甲级，公司按以上资质证书核定事项从事经营，其经营范围还包括承包本行业境外工程和境内国际招标工程，上述境外工程所需的设备、材料出口，对外派遣本行业工程、生产及服务的劳务人员，建筑科技咨询服务，仓储（不含危险品），国内航空、陆路货物运输代理，销售建筑材料（不含危险化学品），建筑设备租赁以及授权范围内的国有资产经营。公司与中工国际不存在关联关系。

4. 中标项目对中工国际的影响

吉首市小型农田水利、中小型水库建设 PPP 项目签订正式合同并顺利实施后，对中工国际未来的营业总收入、利润总额将产生一定的积极影响。该项目的实施不影响中工国际的独立性，中工国际主要业务不会因此对交易对方形成依赖。该项目的实施将实现中工国际在国内水务领域 PPP 业务的突破，有利于中工国际打造水务环保板块。

5. 设立公司概述

（1）2017 年 3 月，吉首市水利局与中工国际签署了《吉首市小型农田水利、中小型水库建设 PPP 项目特许经营协议》，吉首市政府出资方吉首市吉利水务建设有限责任公司（简称“吉利水务”），与中工国际签署了《吉首市小型农田水利、中小型水库建设 PPP 项目合资经营合同》。根据合资经营合同，中工国际拟与吉利水务共同出资 17700 万元，成立吉首市中工水务有限责任公司（简称“项目公司”），中工国际拟以自有资金出资 15930 万元，持股比例 90%。项目公司成立后，将与吉首市水利局签署关于承继《吉首市小型农田水利、中小型水库建设 PPP 项目特许经营协议》的补充协议，由项目公司承继中工国际的权利和义务。

（2）中工国际第六届董事会第五次会议于 2017 年 3 月 31 日召开，以 7 票同意、0 票反对、0 票弃权审议通过了《关于设立吉首市中工水务有限责任公司的议案》。此次对外投资设立公司额度在董事会权限范围之内，无需提交股东大会审议。

（3）此次对外投资不构成关联交易，不构成《上市公司重大资产重组管理办法》规定的重大资产重组。

6. 交易对方概况

吉利水务成立于2011年9月7日，为吉首华泰国有资产投资管理有限责任公司的全资子公司，注册资本5000万元。经营范围：水利国有资产经营、管理，水源、水利工程项目投资、经营、管理，水利水电勘测及设计、施工管理技术服务，河道整治及水土保持项目开发、投资、经营，中小水电项目开发、投资、经营，水利水电工程物资供应，水利水电设备及材料销售（国家法律法规有专项管理规定的除外，涉及行政许可的凭许可证经营）。吉利水务与中工国际及其控股股东之间均不存在关联关系。

7. 项目及项目公司的基本情况

（1）项目基本情况。

吉首市小型农田水利、中小型水库建设PPP项目分为两个子项目，总投资估算为8.87亿元，其中小型农田水利项目投资5.42亿元，中小型水库项目投资3.45亿元。小型农田水利建设项目范围选取吉首市农田水利建设综合规划中1区（黄石洞水库灌区）和2区（峒河流域灌区），包括社塘坡乡、双塘、乾州办事处、矮寨镇、河溪镇、寨阳乡、已略乡、峒河办事处、镇溪办事处等9个乡镇、办事处；中小型水库建设的内容主要包括新建九龙沟水库、麻溪水库以及翻板坝改造等。项目采用DBOT模式，由项目公司负责进行设计、投资、融资、建设、运营维护和到期移交等具体工作。

（2）项目公司基本情况。

吉首市中工水务有限责任公司，主营业务：吉首市小型农田水利、中小型水库建设PPP项目下的水利基础设施水库项目的设计、投融资、建设、运营、维护以及项目管理等（最终以登记管理机关核准的经营范围为准）。经营期限为15年，从营业执照签发之日计起。注册资本17700万元，中工国际、吉利水务均以自有资金现金出资，中工国际出资15930万元，持股比例90%；吉利水务出资1770万元，持股比例10%。董事会由五名董事组成，其中吉利水务委派一名，中工国际委派四名。董事长由中工国际委派的董事担任，副董事长由吉利水务委派的董事担任。董事、董事长和副董事长任期3年，经委派方继续委派可以连任。

8.合资经营合同的主要内容

2017年3月，吉利水务与中工国际签署了《吉首市小型农田水利、中小型水库建设PPP项目合资经营合同》，中工国际将与吉利水务共同出资17700万元成立吉首市中工水务有限责任公司。

9.特许经营协议的主要内容

2017年3月，吉首市水利局与中工国际签署《吉首市小型农田水利、中小型水库建设PPP项目特许经营协议》。因为中工国际为项目公司中社会资本方股东代表，且项目公司的另一方吉利水务为政府方代表，所以特许经营协议中对项目公司的权利限定及相关约束事宜由中工国际暂为承担代理，待项目公司成立后再由项目公司与吉首市水利局签署关于承继《吉首市小型农田水利、中小型水库建设 PPP项目特许经营协议》的补充协议，由项目公司承继中工国际的权利和义务。特许经营协议的主要内容如下：

（1）特许经营权：是指小型农田水利、中小型水库建设项目的设计、投融资、建设以及运营维护。

（2）项目合作期：此项目的项目合作期限为15年，包括2年建设期和13年运营期。

（3）履约保证金：甲乙双方确认，根据招标文件的规定，乙方应向甲方提交履约保函，履约保函为经甲方认可的银行出具的见索即付型履约保函。履约保函分为建设期履约保函、移交缺陷责任期履约保函。其中，建设期履约保函金额为2000万元，自特许经营协议生效日期后30日内提交。移交缺陷责任期履约保函金额为2000万元，在项目合作期结束前一年提交。

（4）建设期及工期：此项目建设期初步定为2年，各子项目单独计算。开工日期以开工令为准。

（5）回报方式：乙方在项目合作期内获得的回报为使用者付费及政府可行性缺口补助。政府可行性缺口补助由甲方自完工验收合格之日起每半年向乙方支付一次，甲方应确保将此项目的可行性缺口补助纳入吉首市年度预算和中期财政规划，并通过吉首市人大对预算的审批，保障项目服务费用的及时支付。

（6）土地获得和使用权利：项目合作期内，将项目建设用地使用权划拨到乙方名下，项目合作期内由乙方无偿使用。土地和房屋征收及移民安置由甲方负责，拆迁过程中产生的土地和房屋征收及移民安置争议由甲方负责解决，相关费用由乙方承担，计入总投资。

（7）项目移交：乙方应在此项目运营期结束之后20个工作日内，将此项目无偿移交给甲方。

10.设立项目公司的目的

设立项目公司有利于吉首市小型农田水利、中小型水库建设PPP项目的顺利实施，有利于PPP项目的融资、建设和运营，符合中工国际的经营发展需要。项目公司由中工国际控股，吉利水务作为政府方的出资代表主要发挥监管作用，双方未来的合作风险较小。吉首市小型农田水利、中小型水库建设PPP项目已经列入财政部PPP项目库，并已经获批省级示范项目，吉首市政府明确表示会将可行性缺口补助纳入吉首市年度预算和中期财政规划，并通过吉首市人大对预算的审批，使项目回款更有保障。

11.项目相关风险

吉首市小型农田水利、中小型水库建设PPP项目在推进过程中可能会受到宏观经济、产业政策、行政审批、不可抗力等多种外部因素的影响，存在投资收益不达预期的风险。

案例2 东方园林

北京东方园林环境股份有限公司（简称“东方园林”）于2017年7月17日发布公告称，东方园林于近日收到四川省南充市顺庆区政府采购中心（简称“招标人”）发来的《中标通知书》，确认东方园林为南充市顺庆区文化旅游广播影视局西河生态村乡村旅游开发PPP项目的中标联合体，项目总投资额为

45854万元，合作采用DBOT模式。

东方园林是深圳证券交易所上市公司，成立于1992年7月，2009年11月上市，截至2018年6月3日总市值403.2亿元。东方园林主要业务包括水环境综合治理、工业危废处置及全域旅游等，同时积极对土壤修复、矿山修复等领域进行开拓，业务范围遍布全国30个省区市。现已形成五大集团即环境集团、文旅集团、生态集团、康旅集团、环保集团，以及一个公益基金会即巧女基金会这种优势联动的运营架构。在过去的25年里，东方园林在100个城市打造了100座美丽的公园；在最近的8年来，以水资源、水环境、水景观“三位一体”+水务的治理理念，让100条河流清澈而美丽；在最近的5年来，签约了100个全域旅游城市，打造了中国颇具生态、可持续性发展的示范性全域旅游区；在最近的4年来，布局了1000万吨危废处理，遏制污染最危险的源头；在最近的3年来，致力于生物多样性保护的巧女基金会，推动了100个大自然保护项目。其主要核心竞争优势分析如下：

1. 经验优势

东方园林是国内最早进行PPP模式研究和参与PPP项目落地的民营企业之一，对PPP的政策方向有较为深刻的理解和把握，伴随着国家对PPP模式的大力推广与逐步规范完善，公司充分利用在PPP领域的先发优势，截至2017年12月31日，共中标PPP项目88个，累计投资额1434.51亿元，通过项目实际操作，公司积累了丰富的PPP项目经验，总结完善了一整套针对PPP模式的先进管理经验。根据统计信息估算，截至2017年12月31日，东方园林在生态建设与环境保护、旅游等PPP细分领域的市场占有率分别达到了13.4%和10.7%，是参与该领域PPP项目的重要社会资本方。公司中标的腾冲市全域旅游PPP项目是全国首个开工的全域旅游PPP项目，为全国全域旅游业务的开展树立了标杆。截至2017年年底，公司已中标9个全域旅游PPP项目，涉及总投资约133亿，成为全域旅游行业的龙头企业。

2. 技术优势

东方园林目前拥有环境规划设计总院、生态规划设计总院、文旅规划设计总院、康旅规划设计总院等多个专业研发设计机构和东方利禾、东方复地等专业子公司，以自主研发的河道治理及水生态修复专利技术为基础，以河道治理及河流湿地建设为实施目标，开展具有广泛适宜性的集功能性和景观性为一体的城市河道生态修复技术体系研究和示范推广，探索搭建适宜的水文水生态环境监测系统和信息化平台。这些探索和实践为公司由传统景观工程建设向以水环境综合治理为主的生态修复业务的转型夯实了基础，使公司快速成为生态修复行业的先行者和龙头企业。

3. 人才优势

东方园林目前拥有由实战经验丰富的一线人员组成的生态产业运营团队，公司实施全面的员工激励方案，上市以来，陆续推出了第一至三期股票期权激励计划、高管增持计划和第一至三期员工持股计划，搭建了一套多层次、全方位的激励体系，激发了核心骨干员工的工作积极性和创造性，提高了员工的凝聚力和公司的竞争力。

4. 品牌优势

东方园林长期注重品牌建设，不断通过质量、诚信和服务来打造自己的品牌，经过多年的积累，在行业内形成了极具影响力的品牌优势，具备了大型高端项目的承揽、设计和施工能力。从奥运会、世博会、沈阳全运会、广西园博会到北京市房山区琉璃河湿地公园、阜阳市城南新区水系综合治理等项目，从景观设计到黑臭水体治理、海绵城市，东方园林的项目在全国各地均具有较大的知名度，不断提升了公司的品牌影响力。在 2017 年公布的第四批 PPP 示范项目中，东方园林共有 7 个项目入选，进一步奠定了 PPP 领域领跑的行业地位。

项目的总体情况：

1. 中标项目主要内容

项目名称：南充市顺庆区文化旅游广播影视局西河生态村乡村旅游开发 PPP 项目。

中标联合体：牵头人——北京东方园林环境股份有限公司；联合体成

员——中邦建设工程有限公司、北京东方利禾景观设计有限公司。

项目总投资额：45854万元。

资本金收益率：7%。

主要建设内容：项目范围内的交通道路（含市政道路）、入口综合服务区（含园建工程、绿化工程、电气工程、给排水工程、景石工程以及其他工程）、滨水走廊（景观带、骑行道、景观桥以及洗手间等配套服务设施）、水景观打造（西河河道水位提升以及沿岸灯饰工程）、西山广场综合体（包括西山游客接待中心、群众大舞台、公厕以及西山景观路）。具体建设内容及规模以施工设计图为准。

运作模式：此项目采用政府和社会资本合作模式，具体模式为DBOT，即设计—建设—运营（维护）—移交的运作方式。

特许经营期限：15年，其中建设期为3年，运营维护期为12年。

出资比例：东方园林占股份88%，政府方占股份10%，中邦建设工程有限公司占股份1%，北京东方利禾景观设计有限公司占股份1%。

2. 交易对方情况介绍

南充市位于四川盆地东北、嘉陵江中游，辖3区1市5县、人口760万，辖区面积1.25万平方千米，2016年，GDP总量达1651.40亿元，社会固定资产投资达1561.31亿元，城市主城区面积120平方千米、人口120万。招标人与东方园林不存在关联关系，最近一个会计年度，东方园林与交易对方未发生类似业务。

3. 联合体成员基本情况及职责分工

（1）北京东方利禾景观设计有限公司，注册资本2500万元，经营范围：文艺创作；工程勘察设计；经济贸易咨询；产品设计；工程技术咨询。东方园林持有北京东方利禾景观设计有限公100%股权。

（2）中邦建设工程有限公司，注册资本16000万元，经营范围：市政工程、房屋建筑工程、建筑装修装饰工程、园林绿化工程、机电设备安装工程、土石方工程、环保工程、通信工程、钢结构工程施工；机械设备租赁；对科技行业投资。东方园林持有中邦建设工程有限公司 100% 股权。

（3）职责分工：东方园林作为联合体牵头单位，负责融资、运营、移交及整个项目总体管理及经营范围内的施工工作；北京东方利禾景观设计有限公司作为联合体成员单位，负责项目的设计工作；中邦建设工程有限公司作为联合体成员单位，负责资质范围内的施工工作。

4. 对上市公司的影响

此项目总投资额为 45854 万元，签订正式合同并顺利实施后，将为东方园林持续发展提供业务支持，对公司未来业绩产生长期积极的影响。

5. 项目履行风险分析

（1）接到《中标通知书》后，东方园林还需与招标人谈判并签署项目合同，并依据该合同组建项目公司。每个环节的工作推进受多方因素影响，时间上存在一定的不确定性。存在最终签署的项目合同所约定的项目投资金额、建设工期等与《中标通知书》内容不一致的风险。

（2）项目公司的成立时间受各方工作进度影响，存在一定的不确定性。

（3）东方园林此次以联合体的形式参与该项目，具体负责的项目投资金额取决于项目公司、东方园林和北京东方利禾景观设计有限公司、中邦建设工程有限公司签署的施工合同及设计合同，存在一定的不确定性。

（4）施工项目的付款方式、回款期限及回款保障以各方签署的合同为准，存在一定的不确定性。

（5）此项目的履行将占用东方园林一定的流动资金。

第九章

BOOT融资管理方法

BOOT 融资管理方法又称建设—拥有—运营—移交模式，英文名称为 Build Own Operate Transfer，简称 BOOT。这是政府机构利用社会资本开展基础设施建设的一个比较重要的途径，通常是指政府机构就某个基础设施项目与企业签订特许权协议，授予签约方的企业承担该项目的投资、融资、建设和维护，在协议规定的特许期限内，许可其融资建设和经营特定的公用基础设施，并准许其通过向用户收取费用或出售产品，回收投资并赚取利润。政府对这一基础设施有监督权，调控权，特许期满后，签约方的企业将该基础设施无偿移交给政府机构。这种模式特别强调政府授权的项目公司在特许期内既有经营权又有所有权，对于一些大型基础设施建设项目来说，由于其资金需求较大，建设周期较长，采用 BOOT 模式更加有利于提高融资的可行性、可操作性和成功概率，有利于降低投资方融资管理成本，有利于项目的成功运行，有利于合理规避相关的风险。

BOOT 融资管理方法的主要特点：

1. 缓解负担

政府机构通过授权社会资本的企业投资建设运营公共基础设施，减少了政府机构公共借款和直接投资，缓和了政府的财政负担，合理使用了社会资本的投资。

2. 实现多赢

政府机构通过授权投资方企业拥有某一公共设施项目的特许权，由其全权负责建设与经营，政府机构无需支付资金，通过转让权利，即可将一些重大项目建成运营，并产生较大的社会效益，改善地区的经济生态环境，特许期满后，政府机构还可以收回该项目。当然投资者也因为拥有相对比较长期的特许权限对该项目进行经营，能够获得很大的投资机会，并且相应赚取了利润，得到回报，所以 BOOT 模式能使多方获利。

3. 满足急需

采取 BOOT 模式，政府机构可在社会资本的积极参与下，使一些本来急需投资建设的项目能够投资建设运营成功，解决了政府部门急需投资建设基础设施项目的难题，从而有利于全社会生产力的提高，并且满足社会发展的需要。

4. 促进发展

BOOT 项目的推进发展，将对地方政府、开发区地域经济的发展起到积极的作用，不仅使政府与企业实现互动，推进社会资本的利用，而且为相关企业提供了更多的发展机会，有利于刺激经济发展和就业率的提高，改善地域的投资环境，有利于区域的招商引资。

5. 利于融资

这种模式特别强调政府授权的项目公司在特许期内既有经营权又有所有权，与项目公司只有经营权相比，该模式更加有利于提高融资的可行性，而且可供选择的融资模式相对较多，有利于投资方选择比较合适的融资方式，降低融资成本，促进项目的成功运行，并合理规避相关的风险。

6. 与 BOT 模式的区别

（1）所有权有区别。BOT 模式项目建成后，社会资本只拥有所建成项目的经营权；而 BOOT 模式项目建成后，在特许的时间期限内，社会资本既有经营权，也有所有权。

（2）时间上有差别。采取 BOT 模式，从项目建设合格竣工到移交给政府这段时间通常比采取 BOOT 方式短一些。

（3）建设周期有差别。通常 BOOT 模式项目的建设时间可能比 BOT 的模式项目建设时间要长。

（4）融资数额有差别。通常 BOOT 模式项目需求的融资数额相对较大，而 BOT 模式的项目需求的融资额度相对较小。

（5）融资方式有差别。BOOT 模式的项目，因为在特许授权时间期限内不仅拥有项目的经营权而且拥有所有权，所以要比在特许授权时间期限内只有经营权的 BOT 项目可以采取的融资方式相对较多，更利于项目融资成功。

（6）私有化程度有区别。BOT 模式意味着一种比较低的私有化程度，因为项目设施的所有权并没有转移给私人或社会资本所有；BOOT 模式则代表了一种比较居中的私有化程度，因为项目设施的所有权在特许授权时间期限内已经归私人或社会资本所有。

（7）项目特性有区别。通常对于运输类项目如收费公路、收费桥梁等，政府机构多采用 BOT 模式，对于环保、电力类项目多采用 BOOT 模式，这主要是由项目自身的特性所决定的。

7. 方法重要

这是一种重要的融资管理方法，适于地方政府、开发区在引进社会资本开发基础设施时采用，比如在环保、电力、铁路等基础设施建设方面可以考虑采用 BOOT 模式。这也很值得我国的企业予以关注尝试使用，促进地方政府、开发区、企业的共同发展。

案例1 博世科

广西博世科环保科技股份有限公司（简称“博世科”）于2016年12月28日发布公告称，2016年12月23日博世科与贺州市城市建设投资开发集团有限公司（简称“贺州城投”）签订了《贺州市爱莲湖生态保护及基础设施建设项目PPP项目合同》，项目总投资约28228.19万元，合作采用BOOT模式。

博世科是深圳证券交易所创业板上市公司，成立于1999年4月，2015年2月上市，截至2018年5月31日总市值53.87亿元。公司总部设在广西南宁，并在国内外设有多家分子公司及服务机构，公司是科技部火炬计划重点高新技术企业、中国环境保护产业协会骨干企业及全国环保优秀品牌企业。作为拥有核心技术的综合环境服务提供商，业务领域重点为水处理、生态修复、清洁化生产、固废治理、大气治理、新能源及绿色产品开发等，服务范围覆盖工程咨询设计、研究开发、设备制造、工程建设、设施运营、投融资运营等环保全产业链。其主要核心竞争优势分析如下：

1.技术优势

博世科是国家技术创新示范企业、高新技术企业、国家知识产权优势企业，截至2017年12月31日，公司及下属子公司已取得专利114项，其中发明专利20项、实用新型专利94项，累计获得软件著作权7项，专利技术成果转化率达到70%以上。2017年度公司作为主要完成单位的“造纸与发酵典型废水资源化和超低排放关键技术及应用”荣获国家科学技术进步奖二等奖；公司自主研发的“轻工过程高浓度有机废水处理关键设备及工程化技术集成创新”项目荣获南宁市科学技术重大贡献奖；“ACM生物反应器”荣获国家重点环保实用技术、广西名牌产品，并与公司其他11项产品列入《广西工业产品推荐目录》；“博世科”商标入选广西著名商标。公司拥有国家CNAS、CMA双重资质的检测实验室、博士后科研工作站（广西环保领域第一家）、院士专家工作站（广西第一批）、南宁市环保国际合作基地、南宁市工业水污染治理国际科技合作基地、南宁市水污染治理工程技术研究中心、广西污染场地修复工程技术研究中心、广西区工业设计中心，牵头组建广西环境污染治理与生态修复产业技术创新战略联盟等多个研发及人才合作平台。此外，公司与国内外科研院所及企业长期紧密开展产学研合作，建立了长效稳定的产学研合作机制。

2. 渠道优势

博世科在行业纵向和横向的扩展不仅带来业务的深度和广度，而且带来业务增长的速度性和持续性，尤其在传统优势业务的乡镇污水处理领域，公司持续快速积累订单，迅速抢占市场份额。依托在乡镇污水处理、河道综合治理领域的成套优势技术、前期摸底普查基础以及丰富的应急项目实施经验，2017年度获得9.18亿元南宁市11条内河黑臭水体治理PPP项目，与实力雄厚的国企、央企联合中标26.32亿元南宁市心圩江环境综合整治工程PPP项目、22.10亿元云南澄江县农村生活污水处理及人居环境提升工程PPP项目等，大型订单获取和执行能力得到市场高度认可。

3. 项目优势

随着PPP模式在环保领域的广泛推行，博世科积极拓展PPP业务模式及第三方治理服务业务，公司深化探究PPP模式并与环境治理相结合，在加深政策把握及风险管控的基础上，坚持试点先行，以点带面，通过“打造区域民生工程，树立行业典范标杆”，实践了一批示范项目，获得行业和主管部门的认可。2017年度由泗洪博世科承建的“泗洪县东南片区域供水工程”、花垣博世科承建的“五龙冲水库集中供水工程”、博世科承建的“南宁·中关村双创示范基地人工景观湖维护服务项目”“贺州市爱莲湖生态保护及基础设施建设PPP项目”“大理洱海洱滨村等19个沿湖村落污水处理站施工项目”“南宁市城市内河黑臭水体治理PPP项目”“陆川县固体废弃物制备天然气综合利用项目”等均成为当地惠及民生的典范工程或投资项目，取得了良好的社会示范效应。

4. 协同优势

博世科坚持内生式增长、外延式扩张的战略路径，不断扩容业务，形成了从最前端的环评、检测、设计、咨询到工程施工、设备制造、项目运营、投融资一体化的全产业链条。2017 年度，公司创新推出“环保管家”服务理念，将产业链各个环节贯穿至环境综合治理全过程，服务内容包括为政府或业主提供区域环境治理方案、技术支持等宏观政策建议，为产业园区提供环保基础设施第三方运营、区域环境监控、环境风险管控等区域管理服务；为企业提供前期、建设、运营、退出全过程中的环境影响评价、环境监理、环保设施第三方运营、污染隐患排查及解决方案等一条龙环保服务；此外还包括环保政策解读、环保法务咨询、环保资金申请等相关方面服务，产业链的再度优化升级，协同优势明显。博环环境作为环保管家先行者，2017 年度实现广西环保管家业务零的突破，并在广西、广东、湖南、云南、陕西、新疆、贵州、宁夏等地成立 18 个分支机构，实现以点带面，由线至面的战略布局。

5. 团队优势

博世科核心管理层从公司创立以来保持稳定，始终专注于环保产业前沿领域，对行业发展趋势和市场动态有较强的敏感度，通过实践积累了丰富的行业知识和管理经验，是公司始终保持良好发展的核心动力。公司设有院士工作站、博士后工作站、人才小高地、特聘专家等技术研发平台，引进以院士为代表的高端技术专家 20 余人。截至 2017 年年底，博世科拥有技术人员 815 人，其中高级职称 12 人，中级职称 77 人，博士 30 人，硕士 176 人。为保持管理团队稳定、增强凝聚力和创新力，公司对高级管理人员及核心业务骨干实施全面的绩效考核和股权激励，从而激励公司经营管理团队努力提升管理水平和经营业绩。

合同签署的总体情况：

1. 合同签订基本情况

2016 年 10 月 19 日，博世科收到贺州市太白湖生态保护及基础设施建设 PPP 项目的《成交通知书》，确定公司成为该项目的最终成交人。2016 年 12 月 23 日，博世科与贺州城投签订了《贺州市爱莲湖生态保护及基础设施建设项目 PPP 项目合同》，项目总投资约 28228.19 万元，此项目合作采用 BOOT 模式，经贺州市人民政府授权，由贺州城投作为政府出资主体，与博世科共同出资设立项目公司，由项目公司具体实施此项目的建设、投融资、运营、管理及维护等事宜。根据贺州市发展和改革委员会贺发改投资［2016］283号、贺发改投资［2016］354号的批复意见，同意将“贺州市太白湖公园工程项目”名称变更为“贺州市爱莲湖公园工程项目”，此PPP项目合同原报批时使用的“太白湖”公园名称，全部变更为“爱莲湖”公园名称。

2. 交易对方介绍

贺州城投注册资本38000万元，成立于2003年10月30日，经营范围：城市基础设施及公益设施建设项目的投资、建设、经营和授权管理；市辖城建国有资产经营管理；房地产开发投资；贺州市人民政府授予的用地范围内拥有土地开发、收益、经营管理权；建筑材料、五金交电、化工产品（化学危险品、易燃、易爆物品除外）销售。

贺州城投已获贺州市人民政府授权，全权负责贺州市爱莲湖生态保护及基础设施建设项目PPP项目特许经营权的招标、合同谈判及最终的合同签订。

经博世科第二届董事会第十五次会议审议通过，甲乙双方共同出资设立贺州博世科环境投资建设管理有限责任公司（简称“贺州博世科”），注册资本6000万元，贺州城投持股20%，博世科持股80%。贺州博世科于2015年6月10日注册成立。除此之外，合同双方不存在其他关联关系。

3. 合同主要内容

（1）项目名称：贺州市爱莲湖生态保护及基础设施建设PPP项目。

（2）项目总投资。

项目总投资约28228.19万元，项目工程建设总投资包括土地费用、建筑工程费、设备及工器具购置费、安装工程费、工程建设其他费用、基本预备费、价差预备费、建设期利息、流动资金等。实际总投资以审计后的竣工决算报告为准。

（3）项目建设内容。

①爱莲公园工程，该部分投资约为23027.28万元，含广场、景观水体、停车场、绿地、机动车道、游步道、公园配套及管理用房、球场等相关配套基

础设施建设，其中机动车停车位约 599 个。

②爱莲湖生态保护工程，该部分投资额约为 5200.91 万元，融合了海绵城市系统、水生态修复系统及科普导览系统三大系统。

（4）合作方式与内容。

项目结合实际情况，并由收费定价机制、项目投资收益水平、风险分配基本框架、融资需求等因素综合考虑选择采用 BOOT 的运作模式，付费模式采取使用者付费和政府可行性缺口补助。

（5）项目公司。

①由甲方与乙方共同出资组建注册资本不低于 6000 万元的项目公司，其中甲方占 20% 的股份，乙方占 80% 的股份，乙方作为项目公司的控股股东，对项目公司具有实际管理控制权。

②项目公司负责此项目的融资、设计、建设与运营管理，政府在运营期开始后依据绩效考核标准进行付费。合作期满后，所有属于此项目的项目公司资产所有权、使用权和经营权或乙方在项目公司中的股权，无偿移交至政府指定机构，或经政府书面同意，可以委托项目公司继续运营此项目。

③项目公司拥有该项目的特许经营权，在特许经营权期间，项目公司依照法定程序取得该项目的土地使用权，计价金额按经审计部门确认的政府方为取得土地使用权所发生的全部费用支出。

（6）合作期限。

项目根据风险分配方案、运作方式、付费机制和具体情况，结合此项目实际情况，建设期暂定为 510 日，自项目实际开工建设之日起计算，根据项目建设的客观实际情况可相应顺延，运营期 30 年，自项目验收合格开始运营之日起计算，含试运营期。

（7）排他性约定。

政府方授予项目公司的此项目特许经营权具有独占性，政府方不能再将此项目的特许经营权部分或全部授予其他第三方；当合同中对公园建设规模进行扩建且亦采用 PPP 方式运作时，项目公司优先拥有其 PPP 运作的特许经营权。

（8）收入和回报。

①使用者付费：可建停车位约599个，停车费结算方式按照适用法律，每辆停车收费标准按政府定价执行。

②政府运营补贴：项目属于政府运营补贴模式，政府需要按6.19%的全投资内含报酬率经审计确认当年应支付的数额，并承担运营补贴支出责任。为保证项目在特许经营期内正常运作，并确保项目公司能收取约定费用，甲方和政府方承诺：

a. 项目公司根据国家和贺州市人民政府关于征收停车费、租赁费用的有关规定收取停车费和租金；

b. 甲方对政府运营补贴的申请支付负有担保义务，支付条件和标准需经贺州市人民政府批准，并依《预算法》，将运营补贴纳入每年度的预算管理体系；

c. 根据贺州市财政局贺财金[2016]1号《文物有所值评价及财政承受能力论证的函》，项目的运营期限为30年，政府年运营补贴支出约为2408.47万元，实际运营补贴按6.19%的全投资内部收益率经审计确认当年应支付的数额支付；

d. 回报收益分配：按实际出资比例分配，甲方占回报收益比例的20%、乙方占回报收益比例的80%；

e. 此PPP项目的政府运营补贴按运营期每满一年结算一次，补贴方式及金额以贺州市政府相关部门批复为准。

（9）项目资产权属。

此项目建设期内投资建设形成的各项资产，运营期内因更新重置或升级改造投资形成的资产，以及此项目PPP合作期内由项目公司在合作范围外另行投资的项目所形成的资产，项目公司拥有所有权、使用权和收益权。

（10）特许经营期满后的处置。

特许运营期满时，根据项目公司的运行情况，甲乙双方经协商一致，可延长特许运营期，并另签协议；若终止协议，政府方不继续授予项目公司特许经营权，项目公司应将此项目设施等项目资产无偿移交至政府授权或指定的接收方；甲方和项目公司共同委托的资产评估机构对项目公司移交的全部固定资产进行评估，甲方依据评估净值（不包括土地）收购项目公司的全部资产、文件、材料和档案。

4. 对上市公司的影响

（1）此项目总投资约28228.19万元，若此项目能够顺利实施，将对上市公司经营业绩产生积极的影响。

（2）此项目是针对贺州市爱莲湖整体生态治理及基础设施建设开展的政府和社会资本合作项目，符合国家“十三五”期间一系列环保产业政策的导向。项目合同的顺利签订，增强了上市公司在环保行业的综合竞争能力及持续盈利能力，为上市公司后续加快PPP项目的落地和运作积累经验，有利于上市公司的持续发展。

（3）此项目的实施不影响上市公司经营的独立性，上市公司不会因此而对甲方形成业务依赖。

5. 项目风险。

运作项目就存在风险，比如政策风险、融资风险、建设风险、意外风险等，所以投资方在项目运作时应高度重视风险的管控防范，尽可能地降低风险，以保证项目的顺利实施。此项目可能存在的风险，包括：因为项目投资金额相对较大，并且项目建设期需要博世科承担项目相关的融资安排，不能排除项目实施过程中公司在短期内承担较大资金压力的风险；由于项目合作期较长，期间存在因市场环境发生变化而导致投资款不能收回的风险；此外，合同履行也存在受不可抗力影响或合同双方突发异常情况造成不能正常履行的风险等。

案例2 中国化学

中国化学工程有限公司（简称“中国化学”）于2018年4月27日发布公

告称，中国化学召开第三届董事会第十七次会议审议通过了《关于五环公司投资参与赞比亚BOOT 煤矿及电站项目的议案》，拟投资5310万美元，合作采用BOOT模式。

中国化学是上海证券交易所主板上市公司，成立于2008年9月，由中国化学工程集团公司作为主发起人，联合神华集团有限责任公司和中国中化集团公司共同发起设立，2010年1月上市，截至2018年5月31日总市值368.5亿元。中国化学是一家集勘察、设计、施工为一体，知识技术相对密集的工业工程公司，是中国化学工业工程领域内资质最为齐全、功能最为完备、业务链最为完整的工业工程公司之一，在行业内具备专业化经营、市场化程度及业务一体化程度高的优势，公司所属行业为建筑业，业务范围涵盖建筑工程、环境治理、工艺工程技术开发、勘察、设计、施工及服务，业务范围遍及世界50多个国家和地区，公司通过提供全过程、全方位的服务，最终交付技术先进、工艺复杂、投资庞大的现代化工厂。工程施工（承包）是公司核心业务，涵盖化工、电力、建筑、环保、市政等领域。其中，化工、煤化工和石油化工项目为公司主要订单来源，公司在煤化工领域的工程技术和业绩居世界领先地位，公司工程承包板块主要服务于工业建筑市场，致力于从技术研发开始，全过程、全方位提供重大工业项目一体化工程服务，最终产品是技术先进、工艺复杂、投资庞大的现代化工厂。公司拥有优秀的管理团队，具备雄厚的科技实力和成熟完善的管理经验，完成了多项“高、大、精、尖、新”工程项目。公司目前采用的经营模式主要是工程总承包EPC和施工总承包模式。2017年度，公司工程承包业务新签合同242.13亿元，实现营业收入488.19亿元。公司是中国化工、石油化工、煤化工等领域主要的勘察、设计及服务提供商，是将国际先进技术引入国内并成功实现产业化的先行者，能够为客户提供一整套勘察、设计与服务。公司勘察、设计及服务板块具有较强的工艺技术研发、转化能力，作为中国化工、石油化工勘察、设计、服务行业的龙头企业，主导了中国化工、石油化工工程领域的技术演进。公司还在石油能源的替代产品工业化领域拥有一批专有技术或技术专长。2017年度，公司勘察、设计及服务新签合同额 20.62 亿元，实现营业收入 25.24 亿元。此外，公司还经营电站运营、化工产品生产与销售、金融服务以及部分机械加工制造及项目设备采购业务等。其主要核心竞争优势分析如下：

1. 协同优势

中国化学拥有完整的产业链及齐全的资质，公司拥有工程设计综合甲级资质子公司 6 家、工程勘察综合类甲级资质子公司 3 家，具有 2 个施工总承包特级资质、29 个施工总承包一级资质，此外还有岩土、房建、路桥等方面多项资质。公司可提供从技术研发、投资融资、规划咨询、项目管理、勘察设计、采购与设备成套到施工建设、开车服务、维修服务等全过程工程服务。凭借完整的产业链和规模优势以及齐全的资质体系，公司能够充分发挥各业务板块之间的协同效应，有效分散经营风险，保证公司长期稳定的盈利。

2. 技术优势

中国化学拥有较强的技术研发能力和技术储备，多年来持续推进技术创新工作，努力打造企业的核心竞争力，尤其是在传统化工、新型煤化工、化工新材料等多个领域，通过自主创新和产学研协同创新等方式，掌握并形成系列的工艺技术和工程技术。公司建立了完善的研发平台体系，共拥有 6 家国家级企业技术中心、1 家国家能源研发中心、9 家省级企业技术中心、6 家省级工程技术研究中心、5 家博士后科研工作站，18 家所属企业被认定为国家高新技术企业。截至 2017 年年底，累计拥有授权专利 2161 项，累计拥有专有技术 225 项；获得一大批国家级和省部级科学技术奖。

3. 业绩优势

中国化学拥有丰富的工程业绩和良好的信誉，公司作为国家基本建设的骨干力量之一，凭借强大的技术实力与全面的业务资质，承建了中国绝大多数化工和石油化工生产基地，在海内外具有丰富的工程业绩和良好的信誉。在投资大、产量高、涉及产业布局的大型化工、石油化工和煤化工等项目上，公司已成为业主紧密合作的伙伴，并多以全过程承建的方式为业主提供服务，在参与建设的大中小项目中承担规划、设计等关键服务，在整个工程建设中保持主导作用。公司承建的众多项目获得国际级优质工程奖项。

4. 团队优势

中国化学拥有经验丰富的团队和专业的人才队伍，集中了中国石油化工、煤化工、天然气化工和化学工业以及其他工程建设领域的主要力量，并且已在人力资源管理方面形成了独有特色的管理模式。公司主要经营管理人员由具备丰富经验的专业人才组成，平均业内从业经验超过30年，丰富的从业经验，行业领先的管理理念有助于公司继续保持在境内工业工程领域领先的市场地位，有助于公司扩大在境外市场的份额。

5. 海外优势

中国化学海外工程起步较早，海外发展势头强劲，承建了很多国际工程项目，积累了大量海外工程经验。近年来公司大力开拓海外业务，加大海外市场渠道建设，在境外设立了中东分公司、俄罗斯分公司等境外机构90余处，形成较强的市场开发能力。同时公司作为国家“走出去”和“一带一路”倡议的先行者和开拓者，坚持以市场为导向，发挥较强的商务能力和资源整合能力，持续加深与项目所在国及地区政治、经济、文化上的沟通，为公司积累了宝贵的市场开发和项目执行经验，同业主建立了长期良好的合作关系，进一步提升了市场开拓能力。

投资该赞比亚项目的总体情况：

1. 投资项目概述

（1）为投资建设赞比亚埃米科煤矿及电站项目，公司所属全资子公司中国五环工程有限公司（简称“五环公司”）拟投资5310万美元，对项目公司赞比亚埃米科电站公司（简称“EEZL”）实施增资扩股，获得其49%股权。

（2）2018年4月25日，公司召开第三届董事会第十七次会议审议通过了《关于五环公司投资参与赞比亚BOOT煤矿及电站项目的议案》。该议案无需提交股东大会审议。此次对外投资不构成关联交易。

2. 投资协议主体基本情况

投资协议主体为荷兰埃米科能源有限公司（简称“EMCO”）、中非产能合作基金有限责任公司（简称“中非产能合作基金”）、五环公司及 EEZL。

（1）EMCO 是一家注册于荷兰的有限责任公司，注册资本 1.8 万欧元，主要从事资源管理业务，由荷兰埃米科控股公司全资控股，实际控制人为印度 JAIN 家族。截至目前，EMCO 拥有 EEZL99.99% 的股权，拥有赞比亚埃米科煤矿公司（简称“ECZL”）96.6% 的股权。作为此项目两个项目公司的控股公司，EMCO 近三年一直致力于落实此项目购电协议项下的主权担保及其他优惠政策事宜，并积极在全球范围内寻找合作伙伴共同建设此项目。

（2）中非产能合作基金是一家注册于北京的有限责任公司，注册资本 6408500 万元，由中国国家外汇储备持股 80%，中国进出口银行持股 20%，从事境内外项目、股权、债权投资及资产管理业务。

（3）五环公司是一家注册于武汉的有限责任公司，注册资本 50000 万元，是中国化学工程股份有限公司的全资子公司，主要从事工程咨询、设计及总承包业务。

（4）EEZL 是一家注册于赞比亚首都卢萨卡的股份有限公司，注册资本 15000 赞比亚克瓦查，经营范围为发电、输电及配电。

3. 投资标的基本情况

投资标的 EEZL 目前有两名股东，其中 EMCO 持有其 99.99% 股权、一名自然人持有其 0.01% 股权。EEZL 目前董事会成员 3 人，设董事长 1 名。截至目前，EEZL 已获得投资许可文件、相关政策优惠文件及项目建设的环评批复，并与赞比亚电力公司签有购电协议，且赞比亚财政部为该协议的付款提供主权担保。目前 EEZL 尚未开展生产经营工作。此项目另一个项目公司 ECZL 已获得大规模采矿权许可证，ECZL 也尚未开展生产经营工作。五环公司聘请普华永道会计师事务所以 2017 年 6 月 30 日为基准日对 EEZL 进行了 2 年 1 期的专项审计。截至 2017 年 6 月 30 日，EEZL 资产总额 5060 万元，负债总额 4888 万元，净资产 172 万元。考虑到 EEZL 将对 ECZL 进行收购，五环公司聘请普华永道会计师事务所以 2017 年 6 月 30 日为基准日对 ECZL 进行了 2 年 1 期的专项审计。截至 2017 年 6 月 30 日，ECZL 资产总额 2385 万元，负债总额

1848万元，净资产537万元。EEZL对ECZL实施收购后，按照中联资产评估集团有限公司以2017年6月30日为基准日的评估结果，EEZL及ECZL合计评估值6036万美元。五环公司已聘请北京中伦律师事务所完成了对EEZL、ECZL的法律尽职调查及赞比亚法律环境报告。赞比亚埃米科煤矿及电站项目总投资9.21亿美元，其中项目资本金2.763亿美元拟由合作各方共同筹集，剩余6.45亿美元以EEZL为主体向银行贷款解决，以EEZL的100%股权（含ECZL矿权）、所有其他权益及未来收益担保，并投保中信保海外投资险，除完工担保外，不需要股份公司或五环公司提供其他担保。为落实项目资本金的筹措，EMCO对EEZL、ECZL已有投资作价5310万美元，五环公司与中非产能合作基金拟分别以现金出资5310万美元和217万美元对EEZL实施增资扩股，分别获得EEZL49%和2%的普通股，同时中非产能合作基金认购EEZL优先股1.68亿美元。增资扩股后，EEZL普通股股东及股权比例为：EMCO持有其49%股权、五环公司持有其49%股权、中非产能合作基金持有其2%股权；此外，中非产能合作基金持有EEZL1.68亿美元优先股。根据经济评价分析结果，此项目总投资9.21亿美元，23年建设及运营期内（建设期3年），项目财务净现值（i=13.5%）所得税前为1.68亿美元，项目内部收益率所得税前为16.91%，五环公司作为EEZL股东年均可获得税后利润约3500万美元以上，项目具有较好的盈利能力和抗风险能力，投资收益可观。

4.投资合同的主要内容

五环公司将分两次对EEZL实施增资扩股（3000万美元和2310万美元），最终获得EEZL49%股权，其中EEZL对ECZL的吸收合并将通过收购协议完成，该协议的签署与完成也联动作为股东协议两次交割的前提条件；中非产能合作基金出资217万美元对EEZL实施增资扩股，获得EEZL2%普通股股权。合同由北京中伦律师事务所基于其基准股东协议起草，并全程参与项目尽调、谈判及协议修订工作，主要条款包括：股权的交割程序、组织结构设置、双方的陈述与保证、阶段保留事项等。合同签字即生效，但生效不交割，当满足交割条件后（附件规定），股权行为交割发生。目前谈判阶段，合作方责任主要集中在陈述与保证条款，投资方主要义务是在一定期限内完成融资关闭，该期限尚在双方协商状态。争议解决方式为仲裁，仲裁地为新加坡国际仲裁中心（SIAC），适用法律为赞比亚法律。合作各方目前还在就投资协议展开谈判。目前两次交割的主要先决条件：第一次交割条件有完成公司内部审批以及四部委的备案审批要求，电站收购煤矿的认购协议、移民安置协议等均已签署并开始执行，完成投资批准函有效期的延展，矿业部批准电站公司对煤矿公司的收购；第二次交割条件有煤矿公司的股权收购已经完成，已满足融资方的所有条件，前述所涉及的移民安置等协议均已履行完毕，完成土地权证签发的最终步骤。

5. 投资对上市公司的影响

五环公司通过此次投资预计将获得 EPC 合同额约 7.6 亿美元，投资 EEZL 预计年均获得投资分红 3500 万美元以上。中非产能合作基金要求股份公司为五环公司未来收购其在 EEZL 中 1.68 亿美元优先股的事宜提供保障措施，五环公司回购时若出现资金缺口，公司将利用控股股东地位为五环公司提供支持。

6. 投资的风险分析

公司已委托有经验的专业咨询、服务机构，完成了赞比亚埃米科煤矿及电站项目的实地考察，进行了各项尽职调查、审计、评估、商务和税务咨询及可行性研究，对项目的各种风险进行了充分的识别、评估并设置了防控措施。赞比亚埃米科煤矿及电站项目真实可信、收益可靠、风险可控，不存在不可接受的风险，公司将通过向中国出口信用保险公司投保以最大限度转移项目风险。

案例3 宏润建设

宏润建设集团股份有限公司（简称“宏润建设”）于 2017 年 9 月 9 日发布公告称，宏润建设在 2017 年 9 月 8 日收到《杭绍台铁路 PPP 项目中标通知书》，该项目由公司所在的民营联合体（由公司及浙江复星商业发展有限公司、上海星景股权投资管理有限公司、万丰奥特控股集团有限公司、浙江省基础建设投资集团股份有限公司、浙江众合科技股份有限公司、平安信托有限责任公司、平安财富理财管理有限公司组成）中标，项目合作采用 BOOT 模式，公司将对该项目进行投资。

宏润建设是深圳证券交易所中小板上市公司，成立于 1994 年 12 月，2006 年 8 月上市，截至 2018 年 5 月 31 日总市值 46.75 亿元。公司为国家高新技术企业，主营市政路桥、轨道交通、地下空间（地下综合管廊）、房屋建筑、生态环保等工程施工，房地产开发，基础设施项目投资建设等。公司拥有市政公用工程施工总承包特级、建筑工程施工总承包特级和工程设计市政行业甲级、建筑行业甲级资质，可以承接市政公用、房屋建筑、公路、铁路、港口与航道、水利水电等各类别工程的施工总承包、工程总承包和项目管理业务，拥有公路工程施工总承包、机电工程施工总承包、建筑装修装饰工程专业承包、地基基础工程专业承包等一级资质，城市轨道交通工程专业承包资质。公司于 1995 年开始参与上海轨道交通建设，具有行业核心竞争力，已参与承建上海、杭州、苏州、南京、武汉、大连、天津、西安等 18 个城市的轨道交通项目，具备地上、地面、地下全面的建筑工程施工能力。公司拥有标准、专利等自主知识产权和专有技术，面向行业特定需求提供高技术服务，公司拥有省级企业技术中心，持续研发了行业领先和独创的先进技术，已拥有发明专利授权 9 项，实用新型专利授权 100 项，计算机软件著作权 9 项。主编行业标准 2 项，参编国家、地方及行业标准 4 项。已获国家级工法 7 项，省市级工法 41 项。公司杭州地铁、宁波地铁盾构关键技术和上海青草沙供水关键技术分别获浙江省、宁波市和上海市科学技术一等奖。此外公司加强信息化建设，开发了协同办公系统、综合项目管理系统、视频会议系统、企业邮箱系统，建立了公司网站和技术中心网站，通过科技、信息化与物联网技术的融合，提升企业竞争力。2012 年公司被认定为国家高新技术企业，2015 年通过复审。公司在上海先后承建了南北高架、延安路高架、鲁班路立交、徐浦大桥、卢浦大桥、浦东世纪大道、浦东国际机场主进场高架、轨道交通、世博会、虹桥枢纽、青草沙供水、污水治理、远洋大厦等标志性工程项目，以良好的市场信誉、优良的工程质量、稳健的经营理念获得了社会的广泛认同，树立了宏润品牌。公司先后荣获国家优质工程金质奖及银质奖、中国建设工程鲁班奖、中国土木工程詹天佑奖、全国市政金杯示范工程奖、上海市建设工程白玉兰奖、浙江省建设工程钱江杯奖、广东省建设工程金匠奖、海南省建设工程绿岛杯奖、江苏省扬子杯优质工程奖等省市级以上奖项数百项。被授予全国建筑业先进企业、全国优秀市政工程施工企业、全国工程建设质量管理优秀企业、全国质量效益型先进企业、全国质量管理小组活动优秀企业、全国实施卓越绩效模式先进企业特别奖、创鲁班奖工程特别荣誉企业、中国建筑业竞争力百强企业、全国贯彻实施建筑施工安全标准示范单位、上海市优秀施工企业、上海市建筑施工企业综合实力 30 强企业、浙江省建筑业先进企业、浙江省建筑业强企、浙江省进沪施工先进单位、浙江省百强企业等荣誉称号。

投资项目的总体情况：

1. 对外投资概述

此项目预计总投资约为 409 亿元，项目资本金约占总投资的 30%，其中民营联合体占比 51%，中国铁路总公司占比 15%，浙江省政府占比 13.6%，绍兴和台州市政府合计占比 20.4%，宏润建设占民营联合体的比例为 25%。这是民营资本首次在中国铁路投资领域实现控股地位。杭绍台铁路从杭州东站出发，经绍兴北站、东关站、三界站、嵊州新昌站、天台站、临海站、台州中心站及温岭站，全程共 9 个站点，全长 269 千米，其中新建正线北接杭甬高铁，从绍兴北站引出，共 224 千米，线路速度目标值 350km/h。此项目是国家首批引入社会资本的 8 个铁路示范项目之一，是国内沿海快速客运通道的组成部分，是长三角城镇化地区综合交通网和城际快速交通网的重要组成部分，是一条集路网、城际、旅游及沿线经济开发功能为一体的客运专线铁路。此项目采用 BOOT 模式运作，公司所在的民营联合体将与各级政府方出资代表及中国铁路发展基金股份有限公司共同合资组建项目公司，由政府方授权项目公司负责此项目的投资、建设、运营、维护、移交等工作，并获取合理回报，运营期满后，项目公司将全部项目资产无偿移交给政府方。

为确保项目顺利推进，公司于2017年7月5日召开第八届董事会第十次会议，审议通过《关于参与投资建设杭绍台铁路PPP项目的议案》，并于2017年7月21日召开公司2017年第二次临时股东大会审议通过该议案。

该项目投资不构成关联交易，也不构成《上市公司重大资产重组管理办法》规定的重大资产重组。

2. 交易对方概况

①招标（采购）人及实施机构：浙江省发展规划研究院；中国铁路总公司。

②代表政府出资方：浙江省交通投资集团有限公司；绍兴市交通投资集团有限公司；台州市铁路建设投资有限公司。

3. 公司所在的民营联合体合作方情况

民营联合体将设立合伙企业，通过该合伙企业向此项目进行投资，各方认购合伙企业的份额，并按出资认购比例享有权益。

①浙江复星商业发展有限公司，占合伙企业股权比例55.7%。

②宏润建设集团股份有限公司，占合伙企业股权比例25%。

③万丰奥特控股集团有限公司，占合伙企业股权比例15%。

④浙江省基础建设投资集团股份有限公司，占合伙企业股权比例2%。

⑤浙江众合科技股份有限公司，占合伙企业股权比例2%。

⑥上海星景股权投资管理有限公司，占合伙企业股权比例0.1%。

⑦平安信托有限责任公司，占合伙企业股权比例0.1%。

⑧平安财富理财管理有限公司，占合伙企业股权比例0.1%。

4. 项目公司基本情况

（1）出资方式。

项目公司注册资本30亿元，采用现金实缴制，首期5亿元在PPP项目投资合同签订后60日内实缴到位，剩余注册资本在PPP项目投资合同签订后一年内实缴到位。

（2）项目公司股权比例（总计股本100%）。

①民营联合体股本占比为 51%。

②中国铁路总公司股本占比为 15%。

③浙江省交通投资集团股本占比为 13.6%。

④台州市铁路建设投资有限公司股本占比为 10.2%。

⑤绍兴市交通投资集团有限公司股本占比为 10.2%。

5.PPP 实施方案主要内容

（1）合作模式。

此项目采用 BOOT 模式运作，由项目公司全权负责杭绍台铁路的投资、融资、建造、运营和维护，期满后无偿移交浙江省人民政府或者浙江省人民政府指定机构。

（2）合作期限。

此项目合作期共 34 年，其中建设期 4 年，运营期 30 年。

（3）回报方式。

此项目回报机制为“使用者付费 + 可行性缺口补贴”，可行性缺口补贴期限为运营期前 10 年，此项目中标的可行性缺口补贴总额为 68 亿元。

（4）对外投资的目的、存在的风险和对公司的影响。

①投资目的：国家鼓励和引导社会资本参与基础设施和公共服务领域建设运营，宏润建设参与投资建设该项目，有利于进一步拓展市场，提高公司经营规模和盈利水平，促进公司业务战略转型升级和可持续性发展。

②投资存在的风险：随着该项目的开展，宏润建设或将面临经营模式、管理模式、盈利模式的转型升级，面临中长期的资金成本控制及回收风险，可能存在管理体制、资源配置、公司文化、人力资源等整合风险，需要公司不断加强内控及风险防范，加强投融资平台创新运作，加强规划设计、投融资、采购施工、运行移交等协作机制建立和运行。

③项目对上市公司的影响：宏润建设参与投资建设该项目，有利于完善公司在交通领域特别是铁路及高铁领域的覆盖力，提升公司市场竞争力，提升企业管理能力和创新能力，符合公司战略发展方向，对公司未来财务状况和经营

成果产生积极影响。

2017年9月11日，由浙江省人民政府副省长代表浙江省人民政府与浙江复星商业发展有限公司牵头的民营资本联合体正式签署杭绍台铁路PPP项目投资合同，合作采用BOOT模式，国内首条民营控股杭绍台铁路PPP项目落地，项目总计投资448.9亿元，其中复兴牵头的浙商民营联合体占股51%，实现铁路项目绝对控股。杭绍台铁路PPP项目最大的亮点是项目控股结构，其中，民营联合体占比51%、中国铁路总公司占比15%、浙江省政府占比13.6%、绍兴和台州市政府合计20.4%。以民营联合体为主导地位的杭绍台铁路项目，一方面延续了铁路项目规划的线路优势，带动沿线各地融入长三角地区，形成一条集路网、城际、旅游于一体的客运专线，另一方面，民营联合体借助自身资源优势，将铁路交通建设与民营联合体中既有的物流、地产、商业、互联网领域等产业进行互联，实现全产业链管理，最大限度地发挥了高铁的效能。杭绍台铁路PPP项目采用“运营收入＋可行性研究的缺口补助”投资回报机制，合理避免了铁路项目回报周期长的问题，同时也增强了民营联合体投资铁路的信心。此项目的落地具有比较重要的意义。第一，这是国家相关政策的落实项目。2005年和2010年，国务院发布了鼓励民间资本拓宽投资领域的政策文件，该项目是文件精神的落实和体现。第二，这是国务院相关部委促进PPP落地的一个重要体现，财政部、发改委有一系列的文件精神，鼓励民间资本进入到包括铁路在内的重大投资建设运营当中去，杭绍台项目采用PPP的方案，采用PPP的评估方式，采取PPP的运作模式，是让社会资本进入到重大基础设施领域的一个示范项目。第三，这对于促进铁路的市场化，有很重要的意义。铁路目前还处在一个相对垄断的状态，杭绍台项目真正地吸引到了社会资本，这对铁路改革，合理运用民间资本开发铁路相关项目以及铁路沿线项目，以及对铁路产业的发展，都具有非常重要的研究借鉴作用。

第十章

DBFO融资管理方法

DBFO 融资管理方法又称为 DBFO 模式即设计—建设—融资—运营模式，英文名称为 Design Build Finance Operate，简称 DBFO，主要就是指业主从项目的设计开始就特许给某一机构进行，直到其项目经营期收回投资和取得投资效益。

DBFO 融资管理方法的主要特点：

1. 长期合同

通常项目特许期限相对较长，则合同期限也比较长，一般为 25 年或 30 年。

2. 条款详尽

DBFO 模式通常对付款、服务标准和绩效评估都作出了详细的规定，并提供客观的方式依据绩效进行支付。

3.DBFO 与 BOT 的区别

这两种模式都是社会企业对基础设施进行投资建设，政府机构拥有最终所有权，但两者是有所区别的：（1）在 DBFO 模式下，所有的非系统性风险全部转移到社会资本，在 BOT 模式下，政府机构要承担设计风险，而且通常要约定最低投资回报率。（2）DBFO 通常实行全面的代理制，而 BOT 项目公司通常自身就具有开发能力，仅把调查和设计等前期工作和建设，以及运营中的部分工作委托给相关的专业机构。（3）DBFO 模式应用范围比较广泛，可以应用于收益较高的基础设施建设，也可以应用于收益一般的社会公益项目，但是 BOT 主要应用于收益较高的基础设施建设，所以 DBFO 应用范围相对比较宽泛。

4.DBFO 与 BOO 的区别

在 BOO 模式中，项目公司对项目拥有所有权和经营权，不存在期满移交，私有程度较高，而 DBFO 私有程度相对较低。

5. 回报方式

DBFO 社会资本投资回报的方式主要包括：政府机构在项目运营期限内依照其设施服务的水准，给予对价支付；向使用设施的社会大众收取费用；除向使用者收取费用外，另外政府机构补助部分建设成本；在项目的实际操作中，依据项目的具体特性，还存在更多的弹性组合方式。

6. 应用范围

DBFO 模式是由英国高速公路局提出的基于特许经营的公路计划，以利于推进私人企业主动融资模式的制定。当然，不仅在高速公路项目中可以采用 DBFO 模式，在污染治理、环境保护等领域均可采用此模式。

案例1 东华科技

东华工程科技股份有限公司（简称“东华科技”）于 2016 年 11 月 23 日发布公告称，东华科技中标贵州省瓮安县草塘“十二塘”景观工程（一期）PPP 项目，中标价为 10 亿元，合作采用 DBFO 模式。

东华科技是深圳证券交易所中小板上市公司，成立于 2001 年 7 月，2007 年 7 月上市，截至 2018 年 6 月 9 日总市值 38.23 亿元。公司系中央控股的大型工程公司，连年进入中国勘察设计百强和工程总承包百强行列。截至 2017 年年底公司累计完成化工、石化、环境市政、热电、建筑等多个行业、多个领域大中型工程项目 1000 多项，共计获得国家科技进步奖、优秀工程咨询成果奖、优秀设计奖、总承包金钥匙奖等省部级以上奖项近 300 项。公司属于土木工程建筑业，主要为化工、石化、环境市政、建筑等多个行业的工程项目建设提供咨询、设计、总承包等全过程综合服务。公司拥有国家住房和城乡建设部颁发的“工程设计综合资质甲级”证书，可承接我国 21 个行业的工程设计业务，从事资质证书许可范围内相应的建设工程总承包以及项目管理和相关的技术与管理服务。同时，公司拥有化工、石化、医药、市政、建筑、石油天然气、环境污染防治工程领域多个行业工程咨询甲级以及工程监理、压力容器设计、压力管道设计、污染治理设施运行服务能力评价等多项业务资质证书。

项目签署总体情况：

1. 项目中标概况

2016 年 11 月 21 日，东华科技从贵州省政府采购网上获悉，由东华科技作为牵头单位，与星景生态建设投资（苏州）有限公司（简称“星景生态”）共同组成的联合体，已中标瓮安县草塘“十二塘”景观工程（一期)PPP 项目。该 PPP 项目的采购人为瓮安县文化和旅游局，采购代理机构为贵州德建招投标代理有限公司，中标价为 10 亿元，最终以实际确定的项目投资为准。

2. 项目各方情况

该 PPP 项目的采购人为瓮安县文化和旅游局，系瓮安县政府工作部门。2016 年 11 月，东华科技联合星景生态组成的联合体中标瓮安县草塘“十二塘”景观工程（一期）PPP 项目，同时，瓮安县政府、县文化和旅游局授权瓮安县草塘古邑区文化旅游开发有限责任公司（简称“开发公司”）作为政府方代表，参与该 PPP 项目的投资和建设事宜。开发公司成立于 2012 年 9 月，注册资本为 10000 万元，经营范围为旅游资源开发、旅游产业相关配套服务。开发公司系贵州花竹山置业有限公司的全资子公司。贵州花竹山置业有限公司系瓮安县人民政府出资建立的县属国有独资公司，代表瓮安县人民政府对所辖公司行使管理职责。东华科技与开发公司、贵州花竹山置业有限公司均不存在关联关系。

东华科技与星景生态组成该 PPP 项目的投标联合体，星景生态成立于 1996 年 11 月，注册资本为 3512 万元，主要从事投资与资产管理、项目管理与咨询、生态湿地修复与保护、水生态治理与保护、城市景观、园林绿化及养护、风景园林规划设计、城市绿地及生态湿地的运营养护等。星景生态与东华科技不存在关联关系，最近一个会计年度未发生业务往来。

3. 项目公司概述

根据东华科技与开发公司、星景生态初步达成的合资协议，三方将共同组建瓮安县草塘“十二塘”景观工程（一期）PPP 项目的项目公司。项目公司注册资本为 20000 万元，其中：东华科技出 19400 万元，占注册资本的 97%；开发公司出资 500 万元，占 2.5%；星景生态出资 100 万元，占 0.5%。项目公司设董事会，由 5 名董事组成，其中：东华科技委派 3 名，含职工董事 1 名；开发公司委派 1 名；星景生态委派 1 名。董事会设董事长 1 名，由东华科技提名；设副董事长 1 名，由开发公司提名。项目公司不设监事会，拟设监事二名，由开发公司委派 1 名，职代会选举 1 名。

4. 项目主要条款

（1）项目建设范围：瓮安县草塘“十二塘”景观工程（一期）总规划面积 3176511 平方米，建设范围包括古草塘、龙见塘、马露塘、普安塘、樱花山、天心塘景观工程。

（2）运营维护：基础设施的日常养护、园林绿化的养护等。

（3）项目运作方式：在 DBFO 运作模式下，东华科技将与星景生态、瓮安县文化和旅游局授权的出资代表共同出资组建项目公司，由项目公司负责该 PPP 项目的设计、融资、建设及基础设施、生态景观工程的日常管理、维护建设服务及运营维护服务。

（4）项目回报机制：该 PPP 项目采用政府付费机制。整个费用由四个部分组成，一是项目总投资费用，由政府方于第四至十年连续 7 年偿还；二是资金成本（为《中标通知书》确认的资金成本，即年化利率 7.9%），为项目建设所投入资金发生的资金成本，按照等额本金进行核算，由政府方自合作期第一年开始支付，主要用于项目公司支付融资方的利息；三是各项税费及其他费用，在合作期内由政府方每半年支付一次；四是运营维护费用，在运营维护期内每半年支付一次。

（5）建设或服务时间：该 PPP 项目合作期限为 10 年，其中建设期 2 年、保修期 1 年、运营维护期 7 年。

（6）利润分配：项目公司达到法定及约定的利润分配条件时，各方股东按照实缴的注册资本比例进行利润和其他剩余权益分配。东华科技的投资效益主要包括：一是对项目公司的投资收益；二是对该 PPP 项目实施总承包的工程收益。

5. 投资风险分析

该 PPP 项目面临诸如政策风险、融资风险、政府财政支付风险等，其中重点是政府财政支付风险。根据瓮安县财政支出能力评估可知，作为其第一个

PPP项目，此项目占瓮安县财政一般公共预算支出最高年份比例为5.21%（低于10%），不构成财政支付压力。东华科技应切实做好事前风险防范工作，加快和完善项目运作报批手续；优化融资筹划，拓展融资渠道，加强与政府沟通，做好合同管理和法律方面的安排。

6. 投资影响分析

（1）该PPP项目中标价为10亿元，建设期限为2年，年均中标价格约占东华科技2015年度经审计营业收入的13.76%，该PPP项目合作期限为10年，若项目顺利履行，预计将会对东华科技2016—2026年经营业绩产生影响。

（2）该PPP项目的中标，标志着东华科技成功介入园林生态等市政工程领域，拓展了东华科技自身的业务领域，并带动了工程项目业务，对优化东华科技业务结构具有一定影响。

案例2 首创股份

北京首创股份有限公司（简称“首创股份”）于2017年2月23日发布公告称，首创股份对广东省揭阳市揭东区（含蓝城、空港）污水处理设施整区打包PPP（政府和社会资本合作）项目进行投资，总投资约64207.47万元，合作采用DBFO模式。

首创股份是上海证券交易所主板上市公司，成立于1999年8月，2000年4月上市，截至2018年6月9日总市值208.3亿元。经过20多年发展，首创股份业务从城镇水务、人居环境改善，延伸至水环境综合治理、绿色资源开发与能源管理，布局全国，拓展海外，已成为全球第五大水务环境运营企业。目前首创股份在全国23个省区市的近百个城市拥有城镇水务、人居环境改善及水环境治理项目，水处理能力达到2307.72万吨/日，固废处理能力超过4万吨/日，服务总人口超过5000万。公司主要经营模式为：供水、污水处理、固废处理等业务一般采取特许经营的方式，利用BOT、TOT等模式与政府方签订特许经营协议，从而获得项目的特许经营权。目前特许经营权的期限一般为

20—30 年。随着 PPP 模式的迅速发展，公司以 PPP 模式获得的项目越来越多。通过 PPP 模式，既可以解决地方政府的融资问题，提高地方政府在项目全周期的参与与决策程度，同时可以有效地提高基础设施建设的质量和效率。政府可以通过 BOT、TOT、BOO、DBFO 等模式将项目以单个或整体打包的方式，与公司签订 PPP 项目协议，并按照实际情况同时签订特许经营协议。其主要核心竞争优势分析如下：

1. 战略布局

首创股份具有前瞻性的战略布局，公司是第一个锁定水务环保领域的国有上市企业，可以提供涵盖供水、污水处理以及管网、泵站建设、运营维护的城镇水体综合治理一体化服务；全面布局人居环境改善领域，构建了包含市政废物处理、危险废弃物处理，以及资源再利用在内的全覆盖式服务体系。通过前瞻性战略布局，公司目前已形成环境综合服务的整体能力。

2. 运营经验

首创股份具有丰富的运营经验，公司是国内水务综合服务运营经验最丰富的公司之一，遵循社会满意、政府满意、员工满意、股东满意的理念，以做强总部、做实大区、做精项目 公司为指导原则，构建起总部、大区、项目公司一线水厂的立体化运营管理架构。公司拥有 300 多个水厂、近万名员工，其中包括 2000 名专业技术管理人员，能够集中优势资源、优势业务和群体智慧形成合力，进行统一的调度管理，逐步形成了系统化、专业化、智慧化的运营管理体系。此外，公司依托覆盖全国的水务运营大数据，通过整合信息平台，提升了公司运营管理的智慧化水平。

3. 融资创新

首创股份的融资模式具有创新性，公司旗下拥有香港上市公司首创环境，以及首创香港、首创新加坡等平台公司，打通了境内外融资通道。公司取得中诚信国际授予的 AAA 信用评级，优质的基本面和良好的公司信用，为融资提供了有力保障。公司不断地探索新的融资模式，2017 年 4 月，公司关于污水处理 PPP 项目收费收益权资产证券化产品挂牌上市，为首单 PPP 资产证券化项目；2017年5月，公司成功发行了绿色企业认证体系下首单非公开可续期绿色公司债。

4. 整合能力

首创股份目前运营的重资产水务项目规模达到2308万吨/日。首创集团整体环境板块覆盖水、固废、大气三大领域，同时还设有基础设施板块和金融板块，公司可以充分利用集团内资源优势，探索在污水、污泥及固废处置过程中实现废物资源化，促进能源有效回收利用，倡导节能减排，挖掘废物价值，实现能源增值，提供绿色清洁能源。

5. 技术优势

首创股份重视技术创新，与国内外高校、科研院所、市政设计院及市政工程公司、技术设备公司等建立强大的技术联盟，开展技术研发与合作，陆续搭建起针对供水的“未来水质净化与水资源可持续利用技术产业化中心”、针对污水资源化的“中荷未来水处理技术研究中心”和针对水环境综合治理的“王浩院士工作站”等技术平台，形成了供水、污水处理、水环境治理三大技术支撑体系。

6. 建设能力

首创股份拥有数百家水厂的工程建设经验，下属工程公司拥有多项工程类专业资质，包括市政公用工程施工总承包一级、建筑工程施工总承包一级、工程咨询单位市政公用工程（给排水）甲级等资质。公司建立了一整套工程建设的管理体系，为项目按时、保质交付提供了有力保障，公司承建的环保水务项目已覆盖全国大部分地区。

项目投资总体情况：

1. 项目概述

首创股份第六届董事会2017年度第四次临时会议审议通过了《关于公司投资广东省揭阳市揭东区（含蓝城、空港）污水处理设施整区打包 PPP 项目的议案》，公司将以 DBFO 的模式，投资广东省揭阳市揭东区（含蓝城、空港）污水处理设施整区打包 PPP 项目，项目规模约5.6万吨/日，总投资约

64207.47 万元。公司拟成立全资子公司揭东首创水务有限责任公司（最终名称以工商注册为准，以下简称“项目公司一”），负责此项目揭东区子项目的设计、建设、融资、经营等工作。项目公司一注册资本 8215 万元，其中，公司出资 8215 万元，持有其 100% 股权；公司成立蓝城首创水务有限责任公司（最终名称以工商注册为准，以下简称“项目公司二”），负责此项目蓝城区子项目的设计、建设、融资、经营等工作。项目公司二注册资本 18085 万元，其中，公司出资 18085 万元，持有其 100% 股权；公司成立空港首创水务有限责任公司（最终名称以工商注册为准，以下简称“项目公司三”），负责此项目空港区子项目的设计、建设、融资、经营等工作。项目公司三注册资本 5804 万元，其中，公司出资 5804 万元，持有其 100% 股权。

揭东区子项目总投资为 16429.16 万元，包括新建镇级污水处理厂及配套污水收集管网，污水处理规模 400 吨 / 日，污水收集管网总长 20.1 千米（不含支管）；农村部分污水处理规模 15550 吨 / 日；蓝城区子项目总投资为 36169.58 万元，包括镇区部分新建 4 座镇级污水处理厂及配套污水收集管网，污水处理规模 7400 吨 / 日，污水收集管网总长 31.33 千米（不含支管）；农村部分污水处理规模 20300 吨 / 日；空港区子项目总投资为 11608.73 万元，包括镇区部分新建镇级污水处理厂及配套污水收集管网，污水处理规模 3500 吨 / 日，污水收集管网总长 7.9 千米（不含支管）；农村部分污水处理规模 8410 吨 / 日。项目公司注册资金来源为首创股份自有资金。对该项目的投资及相关协议的签署不构成《上市公司重大资产重组管理办法》规定的重大资产重组，不构成关联交易。

2. 协议主要内容

（1）由首创股份与揭东区住房与城乡规划建设局签署《揭东区污水处理设施整区打包 PPP 项目合同》。

①特许经营范围：玉湖镇、云路镇两个镇区以及玉湖镇、埔田镇和新亨镇 33 个行政村的生活污水处理（含 3 个委托运营污水处理设施）。

②特许经营期：30 年（含建设期）。

③项目规模：15950 吨 / 日。

④污水出水水质标准：镇级污水设施出水执行《城镇污水处理厂污染物排放标准》一级 A 标准及广东省地方标准《水污染物排放限值》较严值，农村污水处理设施执行《城镇污水处理厂污染物排放标准》一级 B 标准。

⑤污泥处置：污泥处理处置应满足国家、省环保部门相关标准要求，此项目污水处理厂污泥的脱水、堆置、装卸、运输、处置由各自所属的项目公司负责，并承担相关费用。

（2）由首创股份与揭阳市揭阳产业转移工业园城乡建设局签署《蓝城区污水处理设施整区打包 PPP 项目合同》。

①特许经营范围：龙尾镇、白塔镇、桂岭镇、霖磐镇和月城镇五个镇区及农村的污水处理设施。

②特许经营期：30 年（含建设期）。

③项目规模：27700 吨 / 日。

④污水出水水质标准：镇级污水设施出水执行《城镇污水处理厂污染物排放标准》一级 A 标准及广东省地方标准《水污染物排放限值》较严值，农村污水处理设施执行《城镇污水处理厂污染物排放标准》一级 B 标准。

⑤污泥处置：污泥处理处置应满足国家、省环保部门相关标准要求，此项目污水处理厂污泥的脱水、堆置、装卸、运输、处置由各自所属的项目公司负责，并承担相关费用。

（3）由首创股份与揭阳市空港经济区城乡建设局签署《空港区污水处理设施整区打包 PPP 项目合同》。

①特许经营范围：空港区地都镇镇区及农村生活污水处理设施。

②特许经营期：30 年（含建设期）。

③项目规模：11910 吨 / 日。

④污水出水水质标准：镇级污水设施出水执行《城镇污水处理厂污染物排放标准》一级 A 标准及广东省地方标准《水污染物排放限值》较严值，农村污水处理设施执行《城镇污水处理厂污染物排放标准》一级 B 标准。

⑤污泥处置：污泥处理处置应满足国家、省环保部门相关标准要求，此项目污水处理厂污泥的脱水、堆置、装卸、运输、处置由各自所属的项目公司负责，并承担相关费用。

3. 对上市公司的影响

此次投资符合首创股份的战略发展，上市公司可利用已有运营管理经验，在未来不断提升项目运营水平，降低成本，提高项目收益；同时，此项目的获取有利于公司在揭阳地区及周边城市的投资拓展工作。公司取得此项目后，不会产生关联交易及同业竞争的情况。

4. 项目风险分析

此项目正式运营后，存在是否能按协议足额收取污水处理服务费的风险。首创股份应加强与政府的关系协调，并将此纳入地方财政预算和项目公司运营考核指标。

第十一章

ABS融资管理方法

ABS 融资管理方法又称为资产支持证券化方法，英文名称为 Asset Backed Securitization，简称 ABS。这种融资模式是以项目所属的资产为支撑的证券化融资管理方式，即以项目所拥有的资产为基础，以项目资产可以带来的预期收益为保证，通过在资本市场发行债券来募集资金的一种项目融资管理方式。ABS 是国际资本市场上流行的一种项目融资管理方式。

ABS 融资管理方法的主要内容和特点：

1. 成本较低

ABS 融资模式的最大优势是通过在金融市场上发行债券筹集资金，债券利率一般较低，从而降低了筹资成本。

2. 发行债券

通过证券市场发行债券筹集资金，是 ABS 不同于其他项目融资方式的一个显著特点。

3. 分散风险

ABS 融资模式隔断了项目原始权益人自身的风险，使其清偿债券本息的资金，仅与项目资产的未来现金收入有关，此外在金融市场上发行的债券是由众多的投资者购买，从而分散了投资风险。

4. 资产质量

ABS 融资模式是通过 SPV 发行债券筹集资金，这种负债不反映在原始权益人自身的资产负债表上，从而避免了原始权益人资产质量的限制。

5. 利于融资

作为证券化项目融资方式的 ABS，由于采取利用 SPV 增加信用等级的措施，从而容易受到金融市场的青睐，能够发行那些易于销售、转让以及贴现能力强的债券，利于融资尽快成功。

6. 信用评级

资产支持型证券与其他债务工具类似，也是在其按期偿还利息与本金能力的基础之上，进行价值评估与评级的，但是与大多数公司债券不同的是，资产支持型证券得到担保物品的保护，并且由其内在结构特征，通过外部保护措施，使其得到信用增级，从而进一步保证了债务责任得到实现。

7. 多样组合

资产支持型证券市场是一个在结构、收益、到期日以及担保方式上都高度多样化的市场。用以支持型证券的资产涵盖了不同的业务领域，从信用卡应收账款到汽车、轮船和休闲设施贷款，以及从设备租赁到房地产和银行贷款。另外，资产支持型证券向投资者提供了便利条件，使投资者能够将传统上集中于政府债券、货币市场债券或公司债券的固定收益证券进行多样化组合。

8. 避免追索

利用 ABS 融资，筹资者仅以项目资产承担有限责任，可以避免筹资者的其他资产受到追索。

9. 融资种类

（1）汽车消费贷款、学生贷款证券化；

（2）商用、农用、医用房产抵押贷款证券化；

（3）信用卡应收款证券化；

（4）贸易应收款证券化；

（5）设备租赁费证券化；

（6）基础设施收费证券化；

（7）门票收入证券化；

（8）俱乐部会费收入证券化；

（9）保费收入证券化；

（10）中小企业贷款支撑证券化；

（11）知识产权证券化等。

10. 相关机构

（1）发起人。也称原始权益人，是证券化基础资产的原始所有者，通常是金融机构或大型工商企业。

（2）特定目的机构或特定目的受托人（SPV）。是指接受发起人转让的资产，或受发起人委托持有资产，并以该资产为基础发行证券化产品的机构。选择特定目的机构或受托人时，通常要求满足所谓破产隔离条件，即发起人破产对其不产生影响。

（3）资金和资产存管机构。为保证资金和基础资产的安全，特定目的机构通常聘请信誉良好的金融机构，进行资金和资产的托管。

（4）信用增级机构。此类机构负责提升证券化产品的信用等级，为此要向特定目的机构收取相应费用，并在证券违约时承担赔偿责任。有些证券化交易中，并不需要外部增级机构，而是采用超额抵押等方法进行内部增级。

（5）信用评级机构。如果发行的证券化产品属于债券，发行前必须经过评级机构信用评级。

（6）承销人。承销人是指负责证券设计和发行承销的投资银行。如果证券化交易涉及金额较大，可能会组成承销团。

（7）证券化产品投资者，即证券化产品发行后的持有人。

（8）除上述当事人外，证券化交易还可能需要金融机构充当服务人，服务人负责对资产池中的现金流进行日常管理，通常可由发起人兼任。

11. 资产流动

资产证券化提供了将相对缺乏流动性的资产转变成流动性高的、可在资本市场上交易的金融商品的手段。通过资产证券化，借款者能够补充资金，用来进行另外的投资。

12. 主要流程

（1）构建基础资产池。资产证券化的发起人将未来能够产生现金流的资产进行剥离、整合，形成资产池。

（2）组建 SPV，即特殊目的机构，然后将基础债权资产转移或者是出售给特殊目的载体（SPV），SPV 将基础资产进行重新组合配置。

(3）发售并支付，即 SPV 在中介机构（一般为投资银行或证券公司）的帮助下发行债券，向债券投资者进行融资活动。

(4）对资产池实施续存期间的管理和到期清偿结算工作。资产证券化成功之后，SPV 聘请专业机构对资产池进行管理，主要工作包括收取资产池的现金流、账户之间的资金划拨以及相关税务和行政事务。

案例1 华夏幸福

华夏幸福基业股份有限公司（简称“华夏幸福”）于2017年9月28日发布公告称，华夏幸福下属间接全资子公司九通投资，拟以其持有的固安工业园区新型城镇化项目的项目公司三浦威特园区建设发展有限公司的股权带来的现金流为支撑，通过合格证券公司或基金子公司设立资产支持专项计划，发行资产支持证券进行融资，即采用ABS的方式融资，融资发行规模不超过40亿元。

华夏幸福是上海证券交易所主板上市公司，成立于1993年5月，2003年12月上市，截至2018年6月9日总市值816.7亿元。公司始终致力于产业新城的投资、开发、建设与运营，已成长为中国领先的产业新城运营商。2017年，华夏幸福实现销售额1522亿元，缴纳税款超110亿元。截至2017年年底，公司资产规模近3800亿元，拥有员工近28000名。其主要核心竞争优势分析如下：

1. 选址能力

卓越的选址能力成为华夏幸福运营产业新城的护城河，公司作为河北成长起来的、深耕京津冀地区的企业，在京津冀地区的区位优势明显。在不断夯实巩固京津冀布局优势的同时，公司还围绕国家战略，积极布局国家级城市群及优势区域，包括长三角、珠三角、中原城市群、成渝城市群及长江中游城市群等区域。凭借在京津冀积累了10余年的产业新城运营经验，公司开始加速落地产业新城的异地复制。

2. 产业能力

产业是经济增长的动力之源，更是产业新城的立根之本。公司坚持以“产业优先”作为核心策略，通过龙头引领产业集聚、创新与资本双轮驱动的创新产业发展方式，从产业研究规划、产业落地谋划、全球资源匹配、承载平台建设到全程服务运营，为所在区域提供产业升级的全流程综合解决方案。公司产业发展能力作为产业新城业务的重要组成部分，有效推动公司整体业务强劲发展。

3.PPP 模式

华夏幸福秉持“以产兴城、以城带产、产城融合、城乡一体”的系统化发展理念，通过创新升级“政府主导、企业运作、合作共赢”的 PPP 市场化运作模式，在国内率先采用 PPP 模式与地方政府就产业新城开发项目形成合作，打造“产业高度聚集、城市功能完善、生态环境优美”的产业新城、“产业鲜明、绿色生态、美丽宜居”的产业小镇，在规划设计、土地整理、基础设施建设、公共配套建设、产业发展、城市运营六大领域，为所在区域提供可持续发展的全流程综合解决方案，为政府与企业合作开展 PPP 模式开发产业新城提供了优秀范例。

4. 融资渠道

华夏幸福与国内多家银行及其他金融机构建立了长期、稳定的战略合作伙伴关系，授信额度充足、贷款利率稳定。同时，公司积极开拓利用公司债券、中期票据、超短期融资券、PPP 资产证券化等多渠道、多种类融资工具，2017 年度，公司及子公司成功发行 16 亿元非公开发行公司债券、19 亿元中期票据、60 亿元超短期融资券、10 亿元短期融资券及 10 亿美元境外债。2017 年 5 月，大公国际资信评估有限公司上调公司的企业主体信用级别至 AAA 级，上调公司债券的信用级别至 AAA 级。多元化融资渠道及融资能力，为公司业务的健康持续稳定发展提供了坚实保障。

固安工业园区新型城镇化项目总体情况：

1. 项目概况

固安工业园区地处河北省廊坊市固安县，与北京大兴区隔永定河相望，园区总面积 34.68 平方千米，是省级工业园区。2002 年固安县政府决定采用市场机制引入战略合作者，投资、开发、建设、运营固安工业园区。2002 年 6 月，通过公开竞标，固安县人民政府与华夏幸福签订协议，正式确立了政府和社会资本（PPP）合作模式，双方合作范围已逐步拓展至固安新兴产业示范区和温泉休闲商务产业园区等。

2.模式特点

(1)政企合作。固安县政府与华夏幸福签订排他性的特许经营协议，设立三浦威特园区建设发展有限公司（简称“三浦威特”），作为双方合作的项目公司（SPV），华夏幸福向项目公司投入注册资本金与项目开发资金。项目公司作为投资及开发主体，负责固安工业园区的设计、投资、建设、运营、维护一体化市场运作，着力打造区域品牌；固安工业园区管委会履行政府职能，负责决策重大事项、制定规范标准、提供政策支持，以及基础设施及公共服务价格和质量的监管等，以保证公共利益最大化。

(2)特许经营。通过特许协议，固安县政府将特许经营权授予三浦威特，双方形成了长期稳定的合作关系。三浦威特作为华夏幸福的全资公司，负责固安工业园区的项目融资，并通过资本市场运作等方式筹集、垫付初期投入资金。此外，三浦威特与多家金融机构建立融资协调机制，进一步拓宽了融资渠道。

(3)产品服务。基于政府的特许经营权，华夏幸福为固安工业园区投资、建设、开发、运营提供一揽子公共产品和服务，包括土地整理、基础设施建设、公共设施建设、产业发展服务，以及咨询、运营服务等。截至2014年华夏幸福在固安工业园区内累计投资超过160亿元，其中，基础设施和公共服务设施投资占到近40%。

(4)收益回报。双方合作的收益回报模式是使用者付费和政府付费相结合。固安县政府对华夏幸福的基础设施建设和土地开发投资按成本加成方式给予110%补偿；对于提供的外包服务，按约定比例支付相应费用。两项费用作为企业回报，上限不高于园区财政收入增量的企业分享部分。若财政收入不增加，则企业无利润回报，不形成政府债务。

(5)风险分担。社会资本利润回报以固安工业园区增量财政收入为基础，固安县政府不承担债务和经营风险。华夏幸福通过市场化融资，以固安工业园区整体经营效果回收成本，获取企业盈利，同时承担政策、经营和债务等风险。

（6）效果明显。受益于固安工业园区新型城镇化，经过十多年的建设发展，固安县从一个经济发展水平相对落后的县，成为各项指标在全省领先的县。政企合作十多年，固安县人均 GDP 增长了 4 倍，财政收入增长了 24 倍，成功跻身“2014 中国县域成长竞争力排行榜”50 强，位列“中国十佳开发竞争力县”第二位。2014 年完成固定资产投资 149.6 亿元，实现工业总产值 224.5 亿元，完成财政收入 23.3 亿元。传统的单一 PPP 项目对于一些没有收益或收益较低的项目，社会资本参与意愿不强，项目建设主要依靠政府投入，而采用这种区域整体开发 PPP 模式，有利于实现公益性与经营性项目的统筹平衡。固安工业园区新型城镇化采用综合开发模式，对整个区域进行整体规划，统筹考虑基础设施和公共服务设施建设，统筹建设民生项目、商业项目和产业项目，既防止纯公益项目不被社会资本看好，也克服了盈利项目被社会资本过度追逐的弊端，从而推动区域经济社会实现可持续发展。因为项目运作模式较好，所以有利于项目整体滚动开发的融资，此次 ABS 模式的实施运作成功，也表明投资者对该项目的认可。

项目融资的总体情况：

为进一步拓宽华夏幸福融资渠道，满足公司经营发展需要，经公司第六届董事会第二十四次会议审议通过，公司下属子公司九通投资拟根据《关于规范开展政府和社会资本合作项目资产证券化有关事宜的通知》（财金 [2017]55 号）的相关规定，通过合格证券公司或基金子公司设立资产支持专项计划，开展固安工业园区新型城镇化项目资产证券化项目，此次专项计划的实施不构成重大资产重组。

1. 专项计划概述

（1）原始权益人：九通投资。

（2）基础资产：九通投资将底层资产委托给信托受托人设立财产权信托计划，并以基于信托计划形成的信托受益权作为基础资产转让给专项计划。底层资产包括但不限于九通投资持有的能够产生现金流的三浦威特股权相关权益等

（基础资产和底层资产以公司与各服务机构最终确定的产品发行方案为准）。

（3）发行规模：发行总规模不超过40亿元（含）（具体发行规模、优先级资产支持证券和次级资产支持证券占比，以及认购安排可根据监管机构要求或市场情况，在前述授权范围予以调整）。

（4）发行期限：资产支持证券期限不超过10年，可以为单一期限品种，也可以是多种期限的混合品种，具体将根据公司资金需求情况和发行时市场情况确定。

（5）发行利率：资产支持证券的票面利率将根据发行时市场状况确定。

（6）发行对象：资产支持证券将面向合格投资者发行，发行对象不超过200人。次级资产支持证券由华夏幸福和/或华夏幸福体系内其他子公司认购。

（7）拟挂牌转让场所：上海证券交易所。

（8）增信方式：包括但不限于①资产支持证券优先级及次级分层；②正常情况下，每年归集的底层资产产生的现金流为当期优先级资产支持证券本息提供超额覆盖；③华夏幸福将向信托及专项计划管理人出具《差额支付承诺函》，并按照《差额支付承诺函》的约定，为专项计划基础资产及优先级资产支持证券持有人本金及预期收益的差额部分承担补足义务；④九通投资以其持有的部分标的股权向信托公司（代表财产权信托）和/或专项计划管理人（代表专项计划）提供质押担保；⑤华夏幸福将为九通投资赎回优先级资产支持证券及赎回投资者回售的优先级资产支持证券的资金支付义务提供连带保证责任担保等；⑥其他公司与各服务机构认定的必要增信措施。上述增信措施为目前预计可能采取的措施，具体将根据监管机构要求或市场情况选择其中的一种或几种方式实施。

2.授权事项

华夏幸福董事会提请股东大会授权董事长在股东大会审议通过的发行方案基础上，依法合规全权办理各专项计划资产支持证券发行工作的全部事项，包括但不限于：确定分期发行事宜，具体发行规模、增信措施及优先级资产支持证券和次级资产支持证券占比、期限；根据国家法律法规及监管部门的要求，签署、修改与此次发行资产支持证券有关的一切必要的文件；决定聘请中介机构，协助公司办理与此次发行资产支持证券有关的事宜；如监管部门、交易场所对此次发行资产支持证券的政策发生变化或市场条件发生变化，除涉及有关法律、法规及公司章程规定须由股东大会重新表决的事项外，对此次发行资产支持证券的相关事项进行相应调整，或根据实际情况决定是否继续实施此次发行。授权期限为股东大会决议通过之日至专项计划结束之日。

3. 对上市公司的影响

此次发行资产支持证券有利于开拓华夏幸福融资渠道，盘活 PPP 项目存量资产，提高资产的流动性，增强现金流的稳定性，提高公司资产使用效率。

4. 审批程序

此次发行资产支持证券已经华夏幸福第六届董事会第二十四次会议审议通过，尚需通过公司 2017 年第十二次临时股东大会批准，并取得上海证券交易所无异议函后方可实施。

5. 项目进展

2017 年 10 月 17 日华夏幸福召开 2017 年第十二次临时股东大会，审议通过了《关于下属公司拟开展固安工业园区新型城镇化项目资产证券化项目的议案》，并于 2017 年 11 月 27 日取得上海证券交易所 2017 年 11 月 23 日出具的《关于对华夏幸福固安工业园区新型城镇化 PPP 项目资产支持证券挂牌转让无异议的函》，函中载明，由中信证券股份有限公司报送的华夏幸福固安工业园区新型城镇化 PPP 项目资产支持专项计划资产支持证券，符合上海证券交易所的挂牌转让条件，上海证券交易所对其挂牌转让无异议。函中规定无异议函自出具之日起 6 个月内有效。为此华夏幸福已安排九通投资将按照有关法律法规、无异议函及公司股东大会的授权，在无异议函规定的有效期内，办理此次发行事宜。2017 年 12 月 19 日华夏幸福关于固安工业园区新型城镇化 PPP 项目资产支持专项计划发行成功并成立。

6. 发行情况

华夏幸福固安工业园区新型城镇化 PPP 项目资产支持专项计划管理人为中

信证券股份有限公司，原始权益人为九通基业投资有限公司。2017 年 12 月 13 日通过簿记建档，此专项计划项下的优先级证券已经得到全额认购，次级资产支持证券全部由九通基业投资有限公司认购。截至 2017 年 12 月 18 日，此专项计划实际收到认购资金 32 亿元，由中喜会计师事务所（特殊普通合伙）对专项计划认购资金进行验证，并出具中喜验字 [2017] 第 0227 号验资报告。现认购资金已达到此专项计划募集规模，此专项计划于 2017 年 12 月 19 日成立。具体发行情况如下表如示：

证券简称	信用级别	发行规模（亿元）	预期年收益（%）	兑付日
17 华夏 A1	AAA	5	6.00	2018.06.30
17 华夏 A2	AAA	5	6.20	2018.06.30
17 华夏 A3	AAA	5	6.60	2020.06.30
17 华夏 A4	AAA	5	6.60	2021.06.30
17 华夏 A5	AAA	5	6.60	2022.06.30
17 华夏 A6	AAA	5	6.60	2023.06.30
17 华夏次	–	2	–	2023.06.30

注：预期年收益率并不是管理人向客户保证其投资本金不受损失或取得最低收益的承诺。

案例2 三一重工

三一重工股份有限公司（简称“三一重工”）于 2016 年 7 月 23 日发布公告称，三一重工拟设立应收账款资产支持专项计划，即采用 ABS 方式进行融资，资产支持证券规模预计不超过 15 亿元，期限预计不超过 3 年。

三一重工是上海证券交易所主板上市公司，成立于 1994 年 11 月，2003 年 7 月上市，截至 2018 年 6 月 9 日总市值 628.9 亿元。2011 年 7 月，三一重工以 215.84 亿美元的市值，入围 FT 全球 500 强，是唯一上榜的中国工程机械企业。2012 年，三一重工并购混凝土机械全球第一品牌德国普茨迈斯特，改变了行业竞争格局。目前三一重工是全球装备制造业领先企业之一，公司产品包括混凝土机械、挖掘机械、起重机械、桩工机械、筑路机械、建筑装配式预制结构构件，其中泵车、拖泵、挖掘机、履带起重机、旋挖钻机、路面成套设备等主导产品已成为中国第一品牌，混凝土输送泵车、混凝土输送泵和全液压压路机市场占有率居国内首位，泵车产量居世界首位。凭借技术创新实力，三一重工先后三次荣获“国家科技进步奖”，两次荣获“国家技术发明奖”，成为建国以来工程机械行业获得的国家级最高荣誉。截至 2017 年 6 月 30 日，公司累计申请专利 7880 项，授权 5338 项，申请及授权数居国内行业第一。通过自主创新，三一重工混凝土泵车三次刷新长臂架泵车世界纪录，三一重工高压力混凝土输送泵多次创造世界单泵垂直泵送世界新高。同时，还成功研制出世界第一台全液压平地机、世界第一台三级配混凝土输送泵、世界第一台无泡沥青砂浆车、亚洲首台 1000 吨级全路面起重机，全球最大 3600 吨级履带起重机，中国首台混合动力挖掘机、全球首款移动成套设备 A8 砂浆大师等，不断推动“中国制造”走向世界一流。凭借一流的产品品质，三一设备广泛参建全球重点工程，其中包括迪拜塔、北京奥运场馆、伦敦奥运场馆、巴西世界杯场馆、上海中心、香港环球金融中心、天津高银金融 117 大厦等重大项目的施工建设。目前，三一重工 6S 中心已遍布全国主要大中城市，在全球拥有近 200 家销售分公司、2000 多个服务中心、近万名名技术服务工程师。近年，三一重工相继在印度、美国、德国、巴西投资建设研发和制造基地。

融资项目总体情况：

1. 专项计划概述

三一重工为盘活存量资产、加速资金周转、拓宽融资渠道，拟开展应收账款资产证券化业务，即通过三一重工聘请上海光大证券资产管理有限公司（简称“光证资管”）设立应收账款资产支持专项计划（简称“专项计划”），并通过专项计划发行资产支持证券进行融资。此次专项计划拟发行的资产支持证券规模预计不超过15亿元，期限预计不超过3年，拟发行的资产支持证券化分为优先级资产支持证券和次级资产支持证券，优先级资产支持证券和次级资产支持证券的规模、期限等项目相关要素可能因监管机构要求或市场需求进行调整。项目所募集的资金主要用于补充公司营运资金等。

2.专项计划基本情况

（1）基础资产。

此次专项计划的基础资产来源于公司子公司上海三一重机股份有限公司、三一重机有限公司在经营活动中形成的对经销商享有的应收账款及附属权益。该部分基础资产能够产生稳定的可预测现金流，整体风险较小。

（2）交易结构。

光证资管通过向投资者发行资产支持证券的方式募集资金并设立专项计划，向三一重工购买基础资产，并向公司一次性支付购买款项。在专项计划存续期间，基础资产回收资金产生的现金流将按约定划入指定账户，由专项计划托管人根据管理人的分配指令对现金流进行分配。若出现专项计划资金不足以支付优先级资产支持证券的预期收益和本金的情形，三一集团有限公司作为支付承诺人将承担补足差额义务。

（3）拟发行的资产支持证券情况。

此次资产支持专项计划向资本市场发行的证券将分为优先级资产支持证券和次级资产支持证券，总发售规模预计不超过15亿元，其中优先级资产支持证券支付固定利率，向符合规定条件的合格投资者发售，目标发售规模占总发售规模的90%；次级资产支持证券无票面利率、无期间收益，目标发售规模占总发售规模的10%，优先级资产支持证券和次级资产支持证券的规模、期限等项目相关要素可能因监管机构要求或市场需求进行调整

（4）专项计划管理人情况介绍。

光证资管成立于2012年2月21日，类型为有限责任公司（法人独资），注册资本2亿元。经营范围：证券资产管理业务（依法须经批准的项目，经相关部门批准后方可开展经营活动）。光证资管已于2012年4月25日取得中国

证监会核发的经营证券业务许可证，获得资产管理业务资格。

3. 专项计划对上市公司的影响

此计划的实施有利于拓宽融资渠道，资产证券化是股权融资、债券融资之外的另一种融资形式，可成为公司现有融资方式的有益补充；有利于盘活存量资产、加速资金周转、提高资金使用效率；有利于降低融资成本，专项计划是受银行信贷政策影响较低的创新融资模式；有利于优化资产结构，促进上市公司更好地开展业务。

4. 影响专项计划的因素

此次专项计划发行的资产支持证券拟申请在证券交易所挂牌，并根据市场情况进行发行，对应资产支持证券的规模、期限等项目相关要素可能因监管要求或市场需求进行调整；此次专项计划存在因宏观环境、市场条件、监管要求终止设立的风险。

5. 项目进展

2016 年 7 月 22 日，三一重工第六届董事会第二次会议审议通过了《关于三一重工股份有限公司拟设立应收账款资产支持专项计划的议案》。作为专项计划管理人，上海光大证券资产管理有限公司已向客户要约发行三一重工－中泰光大 2016 年 1 期应收账款资产支持专项计划项下的优先级资产支持证券。通过簿记建档，专项计划的优先级证券已经得到全额认购。专项计划于 2016 年 11 月 10 日正式设立。三一重工－中泰光大 2016 年 1 期应收账款资产支持专项计划基本情况，如下表如示：

产品	预期期限	预期收益率（%）	发行规模（万元）	面值（元）	还本付息方式	信用级别	占总规模比例（%）
优先A级	自专项计划设立日（含该日）起至2017年6月26日	3.6	92000	100	存续期内季度付息、过手摊还本金	AAA	69.96
优先B级	自专项计划设立日（含该日）起至2018年3月26日	4.5	26400	100	存续期内季度付息、过手摊还本金	AA+	20.08
次级	自专项计划设立日（含该日）起至2018年3月26日	无预期收益率	13100	100	在支付完毕优先级产品的本息后、剩余资金及其他专项计划剩余资产分配给次级持有人	未评级	9.96

此次专项计划的基础资产来源于三一重工子公司在业务经营活动中形成的应收账款。此次专项计划资产支持证券分为优先级资产支持证券和次级资产支持证券，总发售规模为131500万元。三一集团有限公司全额认购次级资产支持证券。此次专项计划设立后，将根据相关规定和/或相关监管机构的要求进行备案，优先级资产支持证券将在上海证券交易所固定收益证券综合电子平台上市流通，这是中国工程机械行业首单上海证券交易所挂牌的资产支持证券，实现了中国工程机械行业的融资模式的创新。

案例3 金风科技

新疆金风科技股份有限公司（简称“金风科技”）于2016年7月6日发布公告称，金风科技将发行农银穗盈·金风科技风电收费收益权绿色资产支持专项计划，即采用ABS的方式进行融资，资产支持证券规模不超过12.75亿元，期限不超过 5 年。

金风科技是深圳证券交易所中小板上市公司，成立于 2001 年 3 月，2007 年 12 月上市，截至 2018 年 6 月 9 日市值 543.7 亿元。公司拥有风机制造、风电服务、风电场投资与开发三大主要业务以及水务等其他业务，金风科技凭借在研发、制造风机及建设风电场所取得的丰富经验，不仅能为客户提供高质量的风机，还开发出包括风电服务及风电场开发的整体解决方案，能满足客户在风电行业价值链多个环节的需要。公司机组采用直驱永磁技术，拥有 1.5MW、2.XMW、2.5MW、3.0MW（S）和 6.XMW 系列化机组，可适用于高温、低温、高海拔、低风速、沿海等不同运行环境。在市场拓展方面，公司在巩固国内市场的同时积极拓展全球风电市场，发展足迹已遍布全球六大洲。公司在全球范围拥有七大研发中心，承担了国家重点科研项目近 30 项，掌握专利技术超过 2800 项，获得超过 33 种机型的设计与型式认证。其主要核心竞争优势分析如下：

1. 领先地位

金风科技是国内最早进入风力发电设备制造领域的企业之一，经过十余年发展逐步成长为国内领军和全球领先的风电整体解决方案提供商。公司拥有自主知识产权的 1.5MW、2.XMW、2.5MW、3.0MW（S）和 6.XMW 永磁直驱系列化机组，代表着全球风力发电领域最具前景的技术路线。金风科技在国内风电设备制造商中连续七年排名第一，在全球风电市场连续三年名列前三，在行业内多年保持领先地位。

2. 产品技术

金风科技所生产的直驱永磁发电机组具有发电效率高、维护与运行成本低、并网性能良好、可利用率高等优越性能。公司拥有国内外七大研发中心、两千余名具有丰富行业经验的研发技术人员，为公司新产品研制、技术创新做出了积极的贡献。从产品结构来看，公司针对不同地形、气候条件进行了差异化、系列化设计，满足客户多元化需求，并为海上风电储备了 6MW 直驱永磁机组。系列化产品的推广及开发，保证了公司市场覆盖率。

3. 品牌口碑

金风科技得益于产品先进的技术、优异的质量、较高的发电效率和良好的售后服务，经过多年的行业沉淀，建立了较好的口碑，并具备一定的行业影响力，得到政府、客户、合作伙伴和投资者多方的高度认可。

4. 多元模式

依托公司先进的技术、产品及多年的风电开发、建设、运行维护的经验优势，公司一直致力于并已成为优秀的风电整体解决方案提供商，除风电机组销售外，公司积极开拓风电场开发、风电服务业务等盈利模式，通过多年的发展已成为公司盈利的重要补充，并成功通过了市场的验证，同时也提升了公司的综合竞争实力及特色竞争优势。在节能环保领域，公司快速积累水务环保资产，培育智慧水务整体解决方案，致力于成为国际化的清洁能源和节能环保整体解决方案的领跑者。

融资项目总体情况：

1. 项目概述

2016 年 7 月 5 日，金风科技第六届董事会第一次会议审议通过《关于申请发行农银穗盈 · 金风科技风电收费收益权绿色资产支持专项计划的议案》，同意公司通过农银汇理（上海）资产管理有限公司（简称“农银汇理”）设立“农银穗盈 · 金风科技风电收费收益权绿色资产支持专项计划”，并通过专项计划发行资产支持证券进行融资。此次专项计划拟发行的资产支持证券规模不超过 12.75 亿元，其中优先级不超过 12.1 亿元，期限不超过 5 年。根据金风科技 2015 年度股东大会审议通过的《关于申请在境内或境外发行债务融资工具的议案》，同意公司发行总额不超过 50 亿元的债务融资工具，并授权公司董事会办理相关发行具体事宜。此次专项计划在上述股东大会审批额度及授权范围之内，因此无需提交股东大会审议。

2. 发行方案

此次专项计划拟发行的资产支持证券分为优先级资产支持证券和次级资产支持证券，优先级资产支持证券和次级资产支持证券的规模、期限以及具体各档证券类别等项目相关要素，可能因监管机构要求或市场需求进行调整。优先级资产支持证券的发行利率将根据发行时的市场利率水平通过询价方式确定，优先级资产支持证券支付固定利率。次级资产支持证券无票面利率、无期限收益，专项计划终止时，优先级资产支持证券持有人完成分配后的剩余资产由次级资产支持证券持有人享有，次级资产支持证券由公司或其指定方认购。专项计划具体情况如下：

（1）基础资产。

基础资产为项目公司基于其对特定风电场的所有权，在特定期间（自起始日至截止日）运营特定风电场，并向电力公司提供上网电力，而享有的收取上网电费的收益权，基础资产的收益稳定、整体风险较低。此次专项计划基础资产涉及的公司及项目，如下表所示：

序号	项目公司名称	项目名称	装机容量（MW）
1	哈密天润新能源有限公司	哈密天润十三间房风电场一期项目	49.5
2	哈密天润新能源有限公司	哈密天润十三间房风电场二期项目	49.5
3	哈密天润新能源有限公司	哈密天润十三间房风电场三期项目	49.5
4	平陆天润风电有限公司	平陆张店镇风电场项目	49.5
5	乌鲁木齐金风天翼风电有限公司	达坂城金风试验风电场项目	49.5

（2）交易结构。

农银汇理通过向投资者发行资产支持证券的方式，募集资金并设立专项计划，向金风科技购买其持有的风电收费收益权。在专项计划存续期间，基础资产回收资金产生的现金流将按约定划入指定账户，由专项计划托管人根据管理人的分配指令对现金流进行分配。在专项计划存续期内，如果出现专项账户内的资金不足以支付优先级资产支持证券本息的情形，则由金风科技补足相应差额。

（3）发行规模。

优先级资产支持证券和次级资产支持证券合计不超过12.75亿元，其中优先级不超过12.1亿元。

（4）发行期限。

不超过5年。每期的预期存续期限将根据相关规定、资金需求、基础资产情况和市场情况确定。

（5）预期收益率。

优先级资产支持证券为固定利率，具体的收益率及其支付方式，根据发行市场情况以及资产证券化业务相关管理规定确定。

（6）资金用途。

偿还项目公司的待偿还银行借款以及补充金风科技或项目公司的流动资金。

3. 授权事项

授权金风科技董事长完成本次专项计划发行的相关事项，包括但不限于：

（1）根据金风科技需要以及市场条件，决定此次专项计划发行的具体方案、具体条款和条件以及相关事宜，包括但不限于确定具体发行时机、发行额度、发行利率等。

（2）在监管政策或市场条件发生变化时，除涉及有关法律、法规及公司章程规定必须由公司股东大会重新表决的事项外，可依据监管部门的意见，对此次发行的具体方案等相关事项进行相应调整。

（3）签署此次发行专项计划所涉及的所有必要的法律文件，并可授权公司其他人员在此次发行专项计划的过程中签署必要的法律文件，包括但不限于发行申请文件、中介服务协议、基础资产买卖协议及根据适用的监管规则，进行相关的信息披露文件等。

（4）决定聘请发行专项计划的必要的中介机构。

（5）决定其他与发行专项计划相关的事宜。

4. 专项计划对上市公司的影响

金风科技利用风电收费收益权进行资产证券化，可成为公司现有融资方式的有益补充，有利于拓宽融资渠道、降低融资成本；此专项计划的实施，能够提高公司资金使用效率、优化资产结构等。

5. 项目进展

金风科技第六届董事会第一次会议审议通过《关于申请发行农银穗盈·金风科技风电收费收益权绿色资产支持专项计划的议案》，公司于 2016 年 7 月 26 日收到专项计划管理人农银汇理（上海）资产管理有限公司转发的上海证券交易所出具的编号为“上证函 [2016]1400 号”的《关于对农银穗盈·金风科技风电收费收益权绿色资产支持证券挂牌转让无异议的函》，载明农银穗盈·金风科技风电收费收益权绿色资产支持专项计划资产支持证券符合上交所的挂牌转让条件，上海证券交易所对其挂牌转让无异议。无异议函自出具之日起 6 个月内有效。金风科技表示将按照有关法律法规、无异议函及公司股东大会的授权，在无异议函规定的有效期内，办理此次发行事宜。

此专项计划于 2016 年 8 月 3 日正式成立，农银穗盈·金风科技风电收费收益权绿色资产支持专项计划的优先级资产支持证券和次级资产支持证券已得到全额认购。经过安永华明会计师事务所验资，此专项计划实际收到的参与资金为 12.75 亿元，已经达到《农银穗盈·金风科技风电收费收益权绿色资产支持专项计划说明书》约定的专项计划资金规模。

2016 年 8 月 26 日，此专项计划在上海证券交易所正式挂牌交易，上海证券交易所将在固定收益证券综合电子平台为此专项计划提供转让服务。

第十二章

MTN融资管理方法

MTN 融资管理方法又称为发行中期票据方法，英文名称为 Medium Term Notes，简称 MTN，主要是指具有法人资格的非金融企业，在银行间债券市场按照计划分期发行的，约定在一定期限还本付息的债务融资工具。公司发行中期票据，通常会采用比较灵活的发行机制，通过单一发行计划，多次发行期限可以不同的票据，以符合公司的实际融资需求。

MTN 招商引资方法的主要特点：

1. 票据用途

中期票据可用于中长期流动资金、置换银行借款、项目建设等。

2. 发行期限

中期票据的发行期限在 1 年以上。

3. 注册额度

中期票据最大注册额度为企业净资产的 40%。

4. 信用发行

中期票据主要是信用发行，接受担保增信。

5. 分次发行

发行体制比较市场化，发行审核方式为注册制，一次注册通过，在两年内可分次发行。

6. 定价市场

发行定价比较市场化，中期票据发行利率的确定为当期市场利率水平。

7. 选择机动

企业既可选择发行固定利率中期票据，也可选择发行浮动利率中期票据。

8. 成本优势

与同期贷款利率相比，具有一定的成本优势。

9. 适用条件

第一，发行企业的主体评级原则上不受限制，只要债项评级被市场认可，交易商协会对企业性质、发行规模均不设门槛限制；第二，企业应通过中国货币网和中国债券信息网公布当期发行文件，发行文件至少应包括发行公告、募集说明书、信用评级报告和跟踪评级安排、法律意见书、企业最近三年经审计的财务报告和最近一期会计报表等；第三，在债务融资工具存续期内，企业须按要求持续披露年度报告、审计报告以及季度报告，并按交易商协会的要求进行其他信息的披露。

10. 各方职责

（1）发行人职责：任命主要参加人（承销商、交易商、支付代理人/受托人、审计师、发行人律师）；与承销商和律师商讨发行条款；与承销商和律师讨论适当的发行人保证条款；向董事会申请，并取得董事会同意此次发行的决议。

（2）承销商职责：根据发行结构和发行方式与发行人协商，以最好地满足发行人的需求，同时适应市场惯例；建立 MTN 发行方式的过程；协助起草有关协议文本；将交易商的意见加入到有关协议中；通知发行人有关市场信息和注册程序；负责募债说明书的年度资料更新。

（3）律师职责：负责发行人和承销商有关法律诉讼方面的咨询；起草和讨论有关协议；通知发行人和承销商协议谈判的进程；提供律师意见书，起草和审阅有关规定文件。

（4）交易商职责：提出对协议文本的修改意见；向发行人提供最新市场信息和发行机会预测；交易和销售票据；作为最主要的票据交易人和销售人，最大限度地支持二级市场交易。

（5）受托人职责：代表票据持有人的利益；规定票据的付款（还本付息）方式；规定票据的结算方式（资金交割和票据保管）；支付票据的本金和利息。

（6）审计师职责：审计发行文件中所有的财务信息；提供审计合格意见书。

案例1 张江高科

上海张江高科技园区开发股份有限公司（简称“张江高科”）于 2014 年 10 月 31 日发布公告称，张江高科在具备发行条件的情况下将申请发行中期票据，规模不超过 20 亿元，票据期限不超过 5 年，即采用 MTN 方式进行融资。

张江高科于1996年4月在上海证券交易所上市，截至2018年6月11日总市值200.6亿元。张江高科作为张江园区运营服务主体中唯一的上市公司，从成立以来即是张江高科技园区开发、运营、服务的主力军。张江高科除了致力于园区的自主创新事业推进、业绩的可持续成长之外，同时也努力承担社会责任，获得了多方面的认可和荣誉。上海市张江高科技园区于1992年7月开园，面积约25平方千米。1999年，上海市委、市政府实施“聚焦张江”战略。2006年，上海高新技术产业开发区更名为上海张江高新技术产业开发区，上海市张江高科技园区成为核心园。2011年11 月，上海市政府批准在张江高科技园区的基础上扩大范围，总面积扩大为75.9平方千米，主要包括上海市张江高科技园区北区和中区、张江南区、康桥工业区、上海国际医学园区、合庆工业园区、张江光电子产业园和银行卡产业园。经过20多年的开发，张江高科技园区构筑了生物医药创新链和集成电路产业链的框架。目前，园区建有国家上海生物医药科技产业基地、国家信息产业基地、国家集成电路产业基地、国家半导体照明产业基地、国家863信息安全成果产业化（东部）基地、国家软件产业基地、国家软件出口基地、国家文化产业示范基地、国家网游动漫产业发展基地等多个国家级基地。在科技创新方面，园区拥有多模式、多类型的孵化器，建有国家火炬创业园、国家留学人员创业园，一批新经济企业实现了大踏步的飞跃。其主要核心竞争优势分析如下：

1. 政策优势

2005年6月，国务院常务委员会批准上海浦东进行综合配套改革试点。同年，国家发改委在浦东综合配套改革十项任务中特别指出要“聚焦张江”、提高张江品牌影响力、引导各类科研机构向张江集聚，并推动张江成为国家自主创新示范区、科技成果产业化重要基地和具有国际竞争力的高新技术产业开发区。自上海市政府制定“聚焦张江”战略以来，园区固定资产投资规模进一步加大，各项指标呈较快的增长趋势，园区进入高速发展阶段。张江园区作为上海市政府“聚焦张江”战略的载体，得到了各级政府的支持，政策优势明显。政府的高度关注及政策扶植为发行人业务发展提供了良好的机遇和制度保证，有利于大型科技项目落户张江，同时也有利于高技术业务、高密度资本、高端人才向张江聚焦，从而推动张江园区成为国家自主创新示范区、科技成果产业化重要基地和具有国际竞争力的高新技术产业开发区。

2. 地理优势

张江园区位于浦东新区中部，西北紧邻陆家嘴，东南面为浦东机场和迪士尼乐园。园区北面的龙东大道是连接内环线和浦东国际机场的重要通道，西面的罗南大道是连接内环线和外环线的主干道路。园区轨道交通十分便捷，地铁二号线从虹桥机场途经张江园区到浦东国际机场。园区内有轨电车已正式运营，由2号线张江地铁站至张江集电港，共设15座车站，全长约9.8千米，覆盖了张江功能区的主要产业基地、科研院所、医院和生活区域。

3. 企业资源优势

张江高科技园区是上海贯彻落实创新型国家战略的核心基地。作为国家级高新技术产业园区，张江高科技园区具有与其他同类产业园区更丰富的资源优势和更高层次的发展定位。大量知名企业的落户已构筑起张江高科技园区的品牌效应和示范效应，这将吸引更多高新技术产业领导者和创业者的加盟，进一步提高园区企业的整体科技水平和竞争能力，这使得张江高科技园区在产业链发展、研发创新、平台建设等方面都形成了其他园区不可比拟的优势，也为园区的物业租售提供了持续稳定的市场需求。作为企业、产业核心价值和竞争优势的直接体现，张江园区规模以上工业企业单位产值利润率达46.87%。

4. 产业培育与集聚优势

2013年，张江园区全年实现营业收入2669亿元，同比增长17.44%，实现工业总产值620亿元，同比增长9.9%，其中实现高技术产值413亿元，产值率66.8%，在重点开发区中名列前茅。截至2013年年末，张江园区共有跨国公司地区总部45家，其中投资性总部18家、管理性总部27家，占上海市（439家）10%，浦东新区（209家）21%。张江的产业培育及集聚力不但使具有先发优势的生物医药及集成电路、软件等产业继续成为产业创新高地，更让文化创意、低碳与新能源等新型产业在园区内形成产业链，得以快速发展。

5. 产品设计与开发优势

张江高科经过多年的开发经验积累，对于各类产业用房的设计与开发能力不断提升，以具有前瞻性的规划、设计能力应对产业发展趋势。在有效控制成本的前提下，充分运用环保材料，建设“绿色科技园区”。建设中的“张江中区”重点发展高端商务办公及商业中心，进一步加强城市化功能，公司尤其注重产品的前期定位策划，加强客户需求调研，以产业为导向，前瞻性地设计更多符合产业发展的产品，提升各类产品的差异化以容纳更多不同类型的产业客户。

6. 企业运营管理优势

在全球经济融合发展背景下，城市化与产业升级早已成为推动园区转型的两大重要方面，企业管理也须与园区发展相匹配。张江高科已拥有一支专门从事区域规划、开发、经营管理的专业人才队伍，为公司的经营发展提供了强大的人力资源保障。此外，公司早已取得 ISO9001 和 ISO14001 认证，并通过持续改进，进一步增强了公司在细化管理与优化服务上的优势，对公司的健康高效发展起到了积极的推动作用。

融资项目总体情况：

1. 发行背景

张江高科于 2009 年 12 月发行的 20 亿 5 年期公司债“09 沪张江”将于 2014 年 12 月 9 日到期，公司债到期兑付后公司将新增 20 亿元注册债务融资工具额度。为了满足公司日常经营的资金需求，改善公司融资结构，根据中国人民银行发布的《银行间债券市场非金融企业债务融资工具管理办法》《银行间债券市场非金融企业中期票据业务指引》的有关规定，经张江高科第六届第七次董事会审议通过，在具备发行条件的前提下，公司拟申请发行不超过 20 亿元中期票据。

2. 发行方案

（1）公司拟申请发行不超过 20 亿元的中期票据，可分期发行。

（2）票据期限不超过5年。

（3）发行利率根据发行时市场供求情况和公司资信评级情况由公司与承办机构协商确定。

3.授权事项

为顺利开展相关工作，提请授权公司董事长在公司具备发行条件情况下，在发行中期票据方案的规定范围内，决定此次发行中期票据的具体条款以及办理相关事宜，包括但不限于：

（1）在法律、法规允许的范围内，根据市场条件和公司需求，制订发行中期票据的具体发行方案以及修订、调整此次发行中期票据的发行条款，包括发行期限、分期发行额度、发行利率等与发行条款有关的所有事宜。

（2）聘请中介机构，办理此次中期票据发行申报事宜。

（3）签署与此次发行中期票据有关的合同、协议和相关的法律文件。

（4）及时履行信息披露义务。

（5）办理与此次发行中期票据有关的其他事项。

（6）此授权自股东大会审议通过之日起至上述授权事项办理完毕之日止。

（7）此事项尚需提交公司股东大会审议。

4.工作进展

张江高科2014年11月18日召开的2014年度第二次临时股东大会审议通过了《关于公司在具备发行条件情况下申请发行中期票据的议案》，同意公司在具备发行条件的前提下，申请发行不超过20亿元的中期票据。2015年5月28日，张江高科收到中国银行间市场交易商协会发出的《接受注册通知书》（中市协注[2015]MTN149号），中国银行间市场交易商协会决定接受张江高科中期票据注册。公司此次中期票据注册金额为20亿元，注册额度自此通知书发出之日起2年内有效，由中国工商银行股份有限公司和中国民生银行股份有限公司联席主承销。公司在注册有效期内可分期发行中期票据，首次发行应在注册后2个月内完成，后续发行应提前2个工作日向交易商协会备案。公司于2015年7月14日成功发行2015年中期票据（简称“15张江高科 MTN001”），此次募集资金已于2015年7月10日划入公司指定账户。此次中期票据发行额为20亿元，期限为3年，发行利率为4.29%。此次中期票据募集资金主要用于偿还公司本部及合并范围下属子公司银行借款。

5. 发行主要条款

名称：上海张江高科技园区开发股份有限公司2015年度第一期中期票据

发行人：上海张江高科技园区开发股份有限公司。

待偿还债务融资工具余额：截至此募集说明书签署日，发行人及合并范围下属子公司，待偿还债务融资工具余额为18亿元。

注册发行总额：20亿元。

此期发行总额：20亿元。

期限：3年。

计息年度天数：非闰年为365天，闰年为366天。

面值：100元。

发行价格：本期中期票据采用面值发行。

发行利率：此期中期票据采用固定利率方式，根据簿记建档结果最终确定。

发行对象：全国银行间债券市场的机构投资者（国家法律、法规禁止的购买者除外）。

承销方式：余额包销。

发行方式：采用簿记建档、集中配售的方式发行。

中期票据形式：此期中期票据采用实名制记账方式，在上海清算所进行统一托管。

发行日：2015年7月9日。

起息日（缴款日）：2015年7月10日。

上市流通日：2015年7月13日。

付息日：2016年7月10日、2017年7月10日、2018年7月10日（如遇法定节假日或休息日，则顺延至其后的第1个工作日）。

兑付日：2018 年 7 月 10 日（如遇法定节假日或休息日，则顺延至其后的第 1 个工作日）。

兑付价格：按中期票据面值兑付。

担保方式：无担保。

登记托管：上海清算所为此期中期票据的登记和托管机构。

信用等级：经上海新世纪资信评估投资服务有限公司综合评定，张江高科的主体信用级别为 AA+ 级，此期中期票据的信用级别为 AA+ 级。

税务提示：根据国家有关税收法律、法规的规定，投资者投资此期中期票据所应缴纳的税款由投资者承担。

兑付办法：此期中期票据到期日前 5 个工作日，由发行人按有关规定在主管部门指定的信息媒体上刊登“兑付公告”。此期中期票据的兑付，按照上海清算所的规定，由上海清算所代理完成。相关事宜将在“兑付公告”中详细披露。

6. 发行安排

（1）簿记建档安排。

此期中期票据簿记建档日暨发行日上午 9:00—11:00 为簿记建档时间。簿记建档管理人在规定时间内收集承销团成员申购要约传真件，并据此进行簿记建档，簿记建档完成后将盖章的《上海张江高科技园区开发股份有限公司 2015 年度第一期中期票据配售确认及缴款通知书》传真通知获得配售的承销团成员。

（2）承销与分销安排。

此期中期票据由中国工商银行股份有限公司担任主承销商，中国民生银行股份有限公司担任联席主承销商，负责组建中期票据承销团，由承销团进行承销，未售出部分由主承销商、联席主承销商进行余额包销。

①分销方式：承销团成员在此期中期票据分销期内将所承销的中期票据进行分销，所分销的中期票据按上海清算所的相关规定办理托管。

②分销对象：银行间市场机构投资者（国家法律、法规禁止的投资者

除外)。

③分销价格：承销团成员与分销对象协商确定此期中期票据的分销价格。

(3)缴款和结算安排。

① 2015 年 7 月 1 日发布发行公告、募集说明书等。

② 2015 年 7 月 9 日 9:00—11:00 为簿记建档时间，承销商将加盖公章的申购要约传真给簿记管理人，簿记管理人据此统计有效申购量；14:00—16:00 由簿记管理人向获得配售的承销商传真《上海张江高科技园区开发股份有限公司 2015 年度第一期中期票据配售确认及缴款通知书》。

③ 2015 年 7 月 9 日至 7 月 10 日，承销商进行分销。

④ 2015 年 7 月 10 日上午 11：00 前，承销团成员将所承销此期中期票据额度的募集款项足额划付至中国工商银行股份有限公司指定账户。

⑤上海清算所为此期中期票据的法定债权登记人，在发行结束后负责对此期中期票据进行债权管理、权益监护和代理兑付，并负责向投资人提供有关信息服务。

⑥认购此期中期票据的机构投资者应在上海清算所开立 A 类或 B 类持有人账户，或通过全国银行间市场的结算代理人在上海清算所开立 C 类持有人账户。此期中期票据发行结束后，中期票据认购人可按照有关主管机构的规定进行中期票据的转让、质押。

案例2 长江电力

中国长江电力股份有限公司(简称“长江电力”)于 2016 年 1 月 15 日发布公告称，2016 年 1 月 13 日，公司完成 2016 年第一期中期票据的发行，发行总额为 30 亿元，期限为 5 年，发行对象为全国银行间债券市场机构投资者(国家法律、法规禁止的投资者除外)，募集资金主要用于偿还到期债务，以改善公司债务结构。

长江电力于 2003 年 11 月在上海证券交易所上市，截至 2018 年 6 月 11

日总市值 3740 亿元。长江电力是全球最大的水电上市公司，拥有总装机容量 4549.5 万千瓦，占全国水电装机的比例为 13.33%，2017 年发电量 2108.93 亿千瓦时，占全国水电发电量的 17.66%。公司以大型水电运营为主要业务，运行管理三峡、葛洲坝、溪洛渡、向家坝等 4 座巨型电站，为社会提供优质、稳定、可靠的清洁能源，在发挥梯级电站综合效益、促进节能减排方面发挥了重要作用。其主要核心竞争优势分析如下：

1. 流域梯级联合调度能力

长江电力大力推进流域主导型、市场导向型、决策智慧型、管理创新型“四型”调度能力建设，夯实梯级枢纽科学调度管理基础。进一步扩展信息共享平台，水雨情站网覆盖范围进一步扩展，水情预报精度和发电计划准确率继续保持较高水平。2017 年流域梯级电站水情 24 小时预报精度达 97.81%，发电计划日均准确率达 99.77%。科学开展四库联调，梯级电站综合效益显著。公司密切围绕国家战略，充分发挥流域梯级枢纽防洪、抗旱、补水、航运、生态等社会综合效益，主动服务于长江经济带建设，为国民经济运行提供清洁能源保障。2017 年，溪洛渡、向家坝、三峡首次开展三库联合生态调度试验；积极实施联合防洪调度，成功应对长江 1 号洪水，三峡水库 175 米试验性蓄水创造了蓄水历时最短、蓄水到位时间最早的纪录；四座电站年发电量全部超设计值。

2. 大型水电站运行管理能力

长江电力科学组织电力生产，电站运行管理精简高效。公司目前拥有 4 座世界知名的大型水电站，58 台 700MW 级巨型水轮发电机组，占全球同类机组的 58%。按照“精干高效、科学分工、先进合理”的原则，依托高素质的人才队伍、先进的技术装备、卓越的管理理念，科学组织电力生产，经济技术指标优越，运营效率突出。三峡电站总装机及人均管理装机容量居世界首位，其他电站居世界前列。深入掌握机组运行规律，设备可靠性水平居世界领先地位。经过多年的电力生产管理实践，公司掌握了流域梯级巨型电站群在多条件下安全稳定运行规律，提升了电站“大负荷、长周期、不间断”运行控制能力，设备始终处于可控和在控状态，梯级电站全年未因设备原因导致弃水。编制本质安全型水电站评价标准，达到国际领先水平。

3. 大型水电站检修维护能力

长江电力拥有全国最大的水电枢纽检修专业团队，掌握了700MW级巨型机组核心检修技术，建立了与人员、设备、技术相匹配的全流域检修模式。公司实施流域检修项目化管理，构建了以技术委员会为核心的专业决策支撑体系，推动先进技术在生产中的应用，形成“掌握核心技术、精干高效机动、统筹协调合作、项目管理为主”的流域梯级电站检修管理体系，为流域梯级电站设备长期安全运行提供了保障。公司运用电站运行大数据理念，建立了流域梯级电站设备远程诊断分析平台，实行基于诊断与评估的精益维修策略。2017年，公司编制出版《葛洲坝电站水轮发电机组改造增容技术》等技术专著，积累和固化水电行业运行检修管理经验；通过与国内主要设备厂商联动，推动行业国产装备技术进步，设备全年运行安全良好。

4. 跨大区的水电营销能力

长江电力所属水电站是国家实施西部大开发和国家能源战略的重点工程，发电量巨大，优先使用专用配套线路跨大区远距离外送。公司一直是改革的尝试者、引领者，电站规划阶段即按照市场化思路提前谋划电能营销，结合我国资源分布特性、经济发展状况、电网拓扑结构，大范围优化配置资源，主动寻找消纳市场。公司与各地提前协商确定消纳方向，同步规划建设配套外送线路等，逐渐形成了较为科学、完善的大水电跨省跨区消纳机制，确保了公司电站电能合理有序消纳。

5. 融资和资产并购整合能力

长江电力在国内国际资本市场信誉良好，拥有国内AAA级和国际主权级信用优势，多年来专注于电力行业和资本市场，拥有较强的投资并购和融资能力。2017年，公司发挥信用优势，发行4期债券，筹集低成本资金115亿元，各期债券成本均处于市场同期较低水平；积极开展资本运作，对外投资规模和投资收益均创历史新高。

融资项目总体情况：

1. 项目概述

长江电力股份2015年第一次临时股东大会于2015年5月6日审议通过《关于发行银行间市场债务融资工具有关事项的议案》，2015年8月20日，公司接到中国银行间市场交易商协会《接受注册通知书》（中市协注（2015）MTN358号），接受公司中期票据注册，注册金额为60亿元，自该通知书发出之日起2年内有效。2016年1月13日，公司完成2016年第一期中期票据的发行。此期中票发行总额为30亿元，发行利率为3.04%，期限为5年，单位面值100元，发行对象为全国银行间债券市场机构投资者（国家法律、法规禁止的投资者除外），募集资金主要用于偿还到期债务，以改善公司债务结构，进一步增强公司实力。此期中票由中国建设银行股份有限公司作为主承销商，中国工商银行股份有限公司作为联席主承销商组织承销团，通过簿记建档集中配售的方式在全国银行间债券市场以附息方式公开发行。此期中票发行结束后，公司待偿还中期票据总额为60亿元。公司此期发行中期票据募集资金用途符合国家产业政策规定。

2. 主要发行条款

债务融资工具名称：中国长江电力股份有限公司2016年度第一期中期票据。

发行人：中国长江电力股份有限公司。

发行人及下属子公司待偿还债务融资工具余额：截至募集说明书签署之日，发行人待偿还短期融资券30亿元，中期票据30亿元，公司债75亿元，企业债110亿元，总计245亿元。

注册金额：60亿元。

此期发行金额：30亿元。

中期票据期限：5年。

计息年度天数：平年365天，闰年366天。

中期票据面值：100元。

发行利率：面值发行，发行利率由集中簿记建档结果确定。

发行对象：银行间市场的机构投资者（国家法律法规禁止购买者除外）。

承销方式：主承销商、联席主承销商以余额包销的方式承销此期中期票据。

发行方式：此期中期票据由主承销商、联席主承销商组织承销团，通过集中簿记建档、集中配售的方式在银行间市场公开发行。

公告日：2016 年 1 月 8 日。

集中簿记建档日：2016 年 1 月 13 日。

发行日：2016 年 1 月 13 日。

缴款日：2016 年 1 月 14 日。

起息日：2016 年 1 月 14 日。

债权债务登记日：2016 年 1 月 14 日。

上市流通日：2016 年 1 月 15 日。

付息日：在债券存续期内，每年的 1 月 14 日。

兑付日：2021 年 1 月 14 日（如遇法定节假日，则顺延至其后的一个工作日）。

还本付息方式：每年付息一次，于兑付日一次性兑付本金及最后一期利息。

兑付公告：此期中期票据兑付日前 5 个工作日，由发行人按有关规定在主管部门指定的信息媒体上刊登“兑付公告”；此期中期票据的兑付，按照上海清算所的规定，由上海清算所代理完成付息兑付工作；相关事宜将在“兑付公告”中详细披露。

兑付价格：按面值兑付。

信用评级机构及评级结果：中诚信国际信用评级有限责任公司给予发行人的主体信用级别为 AAA，此期中期票据的信用级别为 AAA。

托管人：上海清算所。

集中簿记建档系统技术支持机构：北京金融资产交易所有限公司。

主承销商兼簿记管理人：中国建设银行。

联席主承销商：中国工商银行。

3. 发行安排

（1）集中簿记建档安排。

①此期中期票据簿记管理人为中国建设银行股份有限公司，此期中期票据承销团成员须在发行日上午 9:00—11:00 整，通过集中簿记建档系统向簿记管理人提交加盖公章的书面《中国长江电力股份有限公司 2016 年度第一期中期票据申购要约》(简称“《申购要约》”)，申购时间以在集中簿记建档系统中将《申购要约》提交至簿记管理人的时间为准。

②每一承销团成员申购金额的下限为 1000 万元（含 1000 万元），申购金额超过 1000 万元的必须是 1000 万元的整数倍。

（2）分销安排。

①认购此期中期票据的投资者为境内合格机构投资者（国家法律、法规及部门规章等另有规定的除外）。

②上述投资者应在上海清算所开立 A 类或 B 类托管账户，或通过全国银行间债券市场中的债券结算代理人开立 C 类持有人账户；其他机构投资者可通过债券承销商或全国银行间债券市场中的债券结算代理人在上海清算所开立 C 类持有人账户。

（3）缴款和结算安排。

①缴款时间：2016 年 1 月 14 日 11:00 前。

②簿记管理人将在发行日下午 17:00 前通过集中簿记建档系统发送《中国长江电力股份有限公司 2016 年度第一期中期票据配售确认及缴款通知书》(简称“《缴款通知书》”)，通知每个承销团成员的获配中期票据面额和需缴纳的认购款金额、付款日期、划款账户等。

③承销商应于缴款日 11:00 前，将按簿记管理人的《缴款通知书》中明确的承销额对应的募集款项划至中国建设银行股份有限公司指定账户。如承销商不能按期足额缴款，则按照中国银行间市场交易商协会的有关规定和《承销

协议》及《承销团协议》的有关条款办理。

④此期中期票据发行结束后，中期票据认购人可按照有关主管机构的规定进行中期票据的转让、质押。

（4）登记托管安排。

此期中期票据以实名记账方式发行，在上海清算所进行登记托管。上海清算所为此期中期票据的法定债权登记人，在发行结束后负责对此期中期票据进行债权管理、权益监护和代理兑付，并负责向投资者提供有关信息服务。

（5）上市流通安排。

此期中期票据在债权登记日的下一个工作日 2016 年 1 月 15 日，即可在全国银行间债券市场流通转让。按照全国银行间同业拆借中心颁布的相关规定进行。

案例3　中海地产

2018 年 1 月 31 日，中国海外发展发布公告称，中海地产集团有限公司（简称“中海地产”）将于全国银行间债券市场发行境内人民币中期票据，即采用 MTN 方式进行融资，2018 年度第一期发行规模为 30 亿元，期限 3 年。

中海地产隶属于中国建筑集团有限公司，1979 年创立于香港，1992 年在香港联交所上市（股票代码 00688.HK，简称“中国海外发展”），2007 年入选恒生指数成份股。公司拥有 39 年房地产开发与不动产运营管理经验，业务遍布纽约、伦敦、悉尼、港澳及内地 60 余个城市，累计开发项目超过 500 个，截至 2017 年底，公司总资产达港币 6454 亿元，净资产达港币 2657 亿元。2017 年，三大国际评级机构给予公司的信用评级分别是：穆迪 Baa1、标准普尔 BBB+、惠誉 A-，信用评级保持行业领先。中海地产定位于成为卓越的国际化不动产开发运营集团。历经 40 年的发展，中海地产已建立了“住宅开发”“城市运营”“创意设计及现代服务”三大产业群。在住宅开发方面，公司于 1984 年在香港进军住宅开发业务，30 多年来，以“过程精品、楼楼精品”

为开发理念，研发推出五代住宅精品，累计开发项目超过500个，完成开发建造面积超过1.3亿平方米；公司旗下项目荣获“詹天佑大奖优秀住宅小区奖”累计达57项（金奖34项、单项奖23项），中国建筑工程“鲁班奖”7项，国际地产奖18项；公司连续14年入选“中国蓝筹地产”企业，连续14年当选“中国房地产行业领导品牌”；顺应装配式建筑及住宅产业化的发展趋势，公司积极推进装配式住宅建造及住宅产业化实践，与兄弟企业中海海龙在港澳和内地合作开发建设了逾百万平方米的装配式住宅项目；公司积极布局房地产上游产业链建材门业的生产制造，旗下拥有天山门业，主营“门博士”系列高级防火门、入户门，在铸铝门生产制造领域拥有26项设计专利，确立了行业竞争优势。在城市运营方面，公司构建了业态多元、产业多样的城市运营产业群，涵盖写字楼、购物中心、星级酒店、地铁上盖、城市更新、旅游度假、物流等产业，已累计运营商业物业366万平方米，其中中海系甲级写字楼38栋，是中国内地最大的单一业权写字楼发展商之一，并在伦敦金融城持有并运营四座百年标杆性商厦；创立Officezip联合办公品牌，打造“中海云商”，引领商业资产管理与商务资源整合；在北京、上海、济南、南京、佛山、成都、长沙、珠海等地投资运营环宇城、环宇荟、富华里等12家综合性购物中心；公司旗下拥有11家星级酒店，分布于北京、深圳、珠海、海南、澳门等地；在海南万宁、江西九江、安徽黄山等知名风景名胜区投资发展旅游休闲度假产业；与中建三局、中建设计、中建基金联合竞得“雄安第一标”，投资建设并将运营雄安市民服务中心项目；2017年11月，公司中标位于成都市天府新区秦皇寺板块的299亩地块，该宗土地出让方案明确其建筑制高点为677米，有望成为中国第一、世界第二高楼；公司在北京石景山区投资建设的北京西长安街沿线最大的棚改项目“北辛安项目”，项目总建筑面积320万平方米；在济南投资建设的华山珑城项目，总建筑面积约1020万平方米，是中国北方地区最大的城市综合生态居住区项目之一；在香港、北京、上海、广州、深圳、天津等地开发建设数十个地铁上盖物业；在天津滨海新区运营管理规模超50万平方米的仓储物流基地，携手中海物流在全国重点枢纽城市布局物流产业。

在创意设计及现代服务方面，创立于 1986 年的中海物业是中国首批一级资质物业管理企业，在港澳及内地管理服务的住宅、商用物业、政务公务楼宇的总面积超过 1.2 亿平方米，物业服务水平、物业管理规模、国家优秀示范小区创建数量均为行业领先；公司旗下的华艺设计，持有“建筑工程”“城乡规划”双甲级资质，为国家级高新技术企业，中国百强设计院之一。

融资项目总体情况：

1. 发行方式的决策过程及依据

此期债务融资工具拟采取集中簿记建档的发行方式。选择集中簿记发行的主要原因为：

（1）簿记建档是一种市场化的发行方式，也是国外比较成熟的证券发行方式，其在各国债券市场中广泛使用。从国内的实践看，大型企业债、公司债和非金融企业债务融资工具绝大多数都采取簿记建档的方式发行。

（2）簿记建档定价市场化，符合发行人的要求。簿记建档过程中直接接收投资人的申购订单，其最终发行利率根据投资人的投标结果而定，投资人在簿记投标过程中体现出的竞争和博弈能有效提高定价效率，尤其是在市场比较稳定或者市场向好，投资者需求强烈的情况下，更容易获得较为有利的发行利率。

（3）集中簿记建档属于簿记建档发行方式的一种，是由主承销商作为簿记管理人在集中簿记建档系统实现簿记建档集中处理，汇总承销团成员 / 投资人认购债务融资工具利率（价格）及数量意愿，按约定的定价和配售方式确定最终发行利率（价格）并进行配售。通过集中簿记建档系统发行，有利于保证发行过程的合规性，提高市场效率。

鉴于上述原因，此期债务融资工具采用集中簿记建档方式发行。发行人和主承销商各自分别承诺，严格按照主管部门对集中簿记建档的相关要求，公开、公正开展债券发行工作。但主承销商与发行人之间的义务各自独立，其均不对对方的行为做出承诺与保证。

此外，为提高公开决策的透明度，防范集中簿记建档过程中可能涉及的道德风险和操作风险，簿记管理人拟采取以下措施：

（1）集体会商决策制度。实行债券簿记配售集体会商讨论制度，并形成集中簿记建档工作备忘录。

（2）风险监控制度。集中簿记建档当日，风险管理等部门派人参与集中簿记建档工作过程，并与业务部门一同签署集中簿记建档工作备忘录。

（3）三级审批制度。债券簿记配售结果实行三级签审制度，经办人员签字后，报处室主管、部门分管领导审批。

2. 集中簿记建档的相关安排

（1）发行时间安排。

此期债券发行时间安排以《中海地产集团有限公司2018年度第一期中期票据募集说明书》披露时间为准。

（2）定价原则。

①足额或超募的定价。申购时间截止后，簿记管理人将全部合规申购单按申购利率由低到高逐一排列，取募满集中簿记建档总额对应的申购利率作为最终发行利率。

②认购不足的定价。集中簿记建档中，如出现全部合规申购额小于集中簿记建档总额的情况，则采取以下措施：提高利率区间再次簿记，并在规定时间内完成；缩减发行总额。

（3）配售。

①配售原则。簿记管理人通过簿记配售集体决策会议，根据债务融资工具申购情况，遵守“价格优先”的原则对全部有效申购进行配售。承销团成员的获配金额不得超过其有效申购中相应的申购金额。

②配售方式。簿记管理人通过债券簿记配售集体决策会议，原则上采用如下方式安排配售：如簿记区间内的合规申购总金额低于或等于集中簿记建档总额，原则上应对全部合规申购进行全额配售；如簿记区间内的合规申购总金额超过集中簿记建档总额，原则上应对发行利率以下的全部合规申购进行全额配售；对等于发行利率的合规申购，应在参考边际倍率的基础上，结合簿记管理

人的“核心客户、重点客户优先，投资性机构优先”原则配售。

③配售调整情况。簿记管理人应当对配售情况进行核查。对有下列情形之一的，经簿记配售集体决策会议议定，簿记管理人可对配售结果进行适当调整：对主承销商和承销团成员设有基本承销额的，须满足对基本承销额的配售；对合规申购总金额超过集中簿记建档总额的，若按比例配售导致出现某配售对象边际上的获配量小于1000万元的情况，经与其协商，可整量配售或不配售。如有以上情形，簿记管理人将做好说明和记录，并妥善保存。

④不予配售情况。簿记管理人应当对拟配售对象的情况进行核查。对有下列情形之一的，经簿记管理人集体决策会议议定，可不予配售：拟配售对象的名称、账户资料与其登记的不一致的；拟配售对象有违法违规或者违反诚信原则历史的。如有以上情形，簿记管理人将做好说明和记录，并妥善保存。

（4）集中簿记出现极端情况下的应对原则。

此期债券集中簿记建档期间若市场出现剧烈波动，可能出现此期债券投资人认购不足或者投资人获得配售后无法按时缴款的风险，簿记管理人根据以往项目经验及本期债券相关协议，通过集体决策会议确定了相关情况的应对原则：

①投资人认购不足的应对原则。若主承销商在集中簿记建档发行过程中，遇到宏观政策或市场环境发生剧变，未能全额募集此期债券计划发行量，确实需要履行包销程序的情况下，主承销商将按照承销协议相关约定，启动余额包销流程，保证全额募集款项的缴付。若按照承销协议相关约定，主承销商和发行人未能按照协商一致的发行利率完成余额包销流程，则主承销商将在与发行人、投资人充分协商后，合理调整发行安排并及时向市场公告。

②投资人无法按时缴款的应对原则。若通过集中簿记确定了定价配售之后，距离缴款日期债市波动加剧，造成获配投资者未能筹足应缴资金，缴款日最终缴款不足的极端情况，主承销商将按照承销协议相关约定启动余额包销流程，保证全额募集款项的缴付。此外，未按照相关协议约定进行缴款的投资者构成违约，主承销商将按照发行相关的协议文件约定，向违约方进行追索，要

求违约方承担违约责任，以主张和维护自身合法权利。

3.风险与对策

此期债务融资工具的发行人、主承销商、联席主承销商、簿记管理人等面临多种风险。其各自分别承诺已知悉此次簿记发行可能涉及的风险并已采取相应措施。

（1）违约风险。

此期债务融资工具发行中涉及的所有法律文件，签署各方均应严格遵守，如出现任何一方单方面违约，其余各方将面临交易对手的违约风险。

应对措施：此期债务融资工具发行相关的协议文本中规定了相关主体的违约责任，一旦发生相关主体的违约行为，守约方可按照协议约定主张自身合法权利。同时，在此期债务融资工具发行过程中，实行相关主体之间最大限度的信息披露机制。

（2）操作风险。

如参与机构任何一方出具的文件、协议内容有重大实质性要素错误，集中簿记现场设备故障或相关人员操作失误，未收到或未统计部分认购要约等情况，导致发行延时或失败及其他操作风险。

应对措施：簿记管理人将完善内控制度，引入复核复查程序，强化内部风险控制，制定详细的操作规程，并加强对相关人员的专业培训，减少操作失误。

（3）包销风险。

主承销商在集中簿记建档发行过程中，未能全额募集债券公告发行量，按照相关协议要求，主承销商等机构对余券履行余额包销义务，存在包销风险。

应对措施：主承销商在此期债务融资工具发行前向潜在机构投资者进行了积极推介和充分询价，并充分评估发行时点的市场情况，在此基础上制定本期债务融资工具发行的集中簿记建档区间，在宏观政策、市场走势不发生剧烈变化的情况下，可最大限度降低本期债务融资工具的包销风险。同时，主承销商将提前做好包销预案，在遇到宏观政策或市场环境发生剧变、确实需要履行包销程序的情况下，按照承销协议相关约定启动余额包销流程，保证全额募集款项的缴付。

（4）分销系统风险。

此期集中簿记建档配售结果通过托管机构进行分销、缴款，如分销系统发生故障，可能面临操作系统风险。

应对措施：簿记建档管理人安排专人负责本期债务融资工具的分销工作，并按时向托管机构提交分销所需的材料，尽量督促托管机构及时完成确权，并尽量督促分销机构在规定时限内完成分销工作。对于分销系统故障等不可抗力造成未按时完成分销工作的，需制订系统故障情况下本期债务融资工具发行工作的妥善处理方案，尽力维护投资人、发行人等相关机构的合法权利。

（5）推迟发行风险。

此期债务融资工具集中簿记建档期间，如发生货币政策调整等重大不利事件，可能出现簿记结果超出发行人预期而推迟发行或调整利率区间的风险。

应对措施：主承销商在债券发行前尽力对货币政策及市场走势进行评估，尽量避开货币政策敏感期；如发行人确定在货币政策敏感期发行，簿记建档管理人将在确定集中簿记区间时综合考虑货币政策可能变动的因素，尽量避免市场实际利率超出既定簿记区间的情况出现；如因货币政策调整造成发行利率与发行人预期偏离过大而推迟发行的，簿记管理人、发行人等相关机构应将货币政策变动、相关各方意见及最终决策做好记录以备后查。

发行人承诺：在此期债券发行结束前对企业是否发生重大事项，或发生非重大但可能对投资价值及投资决策判断有影响的事项进行排查；如有上述事项发生，承诺按照《银行间债券市场非金融企业债务融资工具注册工作规程》《银行间债券市场非金融企业债务融资工具信息披露规则》等相关规则指引要求及时处理并通告协会。

4.主要发行条款

债务融资工具名称：中海地产集团有限公司2018年度第一期中期票据。

发行人：中海地产集团有限公司。

发行人所在类别：二类企业。

主承销商兼簿记管理人：中国建设银行股份有限公司。

联席主承销商：中国农业银行股份有限公司。

注册通知书文号：中市协注[2016]MTN476号。

接受注册时间：2016年10月26日。

完成备案时间：2018年1月23日。

发行人及下属子公司待偿还债务融资工具余额：截至此募集说明书签署日，待偿还的公司债余额为140亿元，包括发行人于2015年11月19日发行的6年期70亿元公司债（15中海01）及7年期10亿公司债（15中海02），发行人于2016年8月23日发行的10年期60亿公司债（16中海01）。

注册金额：60亿元。

此期发行金额：30亿元。

中期票据期限：3年。

中期票据面值：100元。

发行利率：面值发行，发行利率通过集中簿记建档、集中配售方式最终确定。

发行对象：银行间市场的机构投资者（国家法律法规禁止购买者除外）。

承销方式：主承销商、联席主承销商以余额包销的方式承销此期中期票据。

发行方式：此期中期票据由主承销商、联席主承销商组织承销团，通过集中簿记建档、集中配售的方式在银行间市场公开发行。

簿记建档日：2018年2月5日9:00—11:00。

发行日：2018年2月5日。

缴款日：2018年2月6日。

起息日：2018年2月6日。

债权债务登记日：2018年2月6日。

上市流通日：2018年2月7日。

利息兑付日：在债券存续期内，每年的2月6日。

本金兑付日：2021年2月6日（如遇法定节假日，则顺延至其后的一个工作日）。

还本付息方式：每年付息一次，于兑付日一次性兑付本金及最后一期利息。

兑付公告：此期中期票据兑付日前5个工作日，由发行人按有关规定在主管部门指定的信息媒体上刊登“兑付公告”；此期中期票据的兑付，按照上海清算所的规定，由上海清算所代理完成兑付工作；相关事宜将在“兑付公告”中详细披露。

兑付价格：按面值兑付。

信用评级机构及评级结果：联合资信评估有限公司给予发行人的主体信用级别为AAA，此期中期票据的信用级别为AAA。

此期中期票据的托管人：上海清算所。

集中簿记建档系统技术支持机构：北京金融资产交易所有限公司。

5.发行安排

（1）集中簿记建档安排。

①此期中期票据簿记管理人为中国建设银行股份有限公司，此期中期票据承销团成员须在发行日上午9:00—11:00整，通过集中簿记建档系统向簿记管理人提交提交加盖公章的书面《中海地产集团有限公司2018年度第一期中期票据申购要约》（简称“《申购要约》”），申购时间以在集中簿记建档系统中将《申购要约》提交至簿记管理人的时间为准。

②每一承销团成员申购金额的下限为1000万元（含1000万元），申购金额超过1000万元的必须是1000万元的整数倍。

（2）分销安排。

①认购此期中期票据的投资者为境内合格机构投资者（国家法律、法规及部门规章等另有规定的除外）。

②上述投资者应在上海清算所开立A类或B类托管账户，或通过全国银行

间债券市场中的债券结算代理人开立C类持有人账户；其他机构投资者可通过债券承销商或全国银行间债券市场中的债券结算代理人在上海清算所开立C类持有人账户。

（3）缴款和结算安排。

①缴款时间：2018年2月6日11:00前。

②簿记管理人将在发行日下午17:00前通过集中簿记建档系统发送《中海地产集团有限公司2018年度第一期中期票据配售确认及缴款通知书》（简称“《缴款通知书》”），通知每个承销团成员的获配中期票据面额和需缴纳的认购款金额、付款日期、划款账户等。

③承销商应于缴款日11:00前，将按簿记管理人的《缴款通知书》中明确的承销额对应的募集款项划至中国建设银行股份有限公司指定账户。如承销商不能按期足额缴款，则按照中国银行间市场交易商协会的有关规定和《承销协议》及《承销团协议》的有关条款办理。

④此期中期票据发行结束后，中期票据认购人可按照有关主管机构的规定进行中期票据的转让、质押。

（4）登记托管安排。

此期中期票据以实名记账方式发行，在上海清算所进行登记托管。上海清算所为此期中期票据的法定债权登记人，在发行结束后负责对此期中期票据进行债权管理、权益监护和代理兑付，并负责向投资者提供有关信息服务。

（5）上市流通安排。

此期中期票据在债权登记日的下一个工作日2018年2月7日，即可在全国银行间债券市场流通转让。按照全国银行间同业拆借中心颁布的相关规定进行。

第十三章

CMBS融资管理方法

CMBS 融资管理方法又称为商业房地产抵押贷款支持证券方法，英文名称为 Commercial Mortgage Backed Securities，简称 CMBS。这是一种不动产证券化的融资管理方式，即将多种商业不动产的抵押贷款重新包装，通过证券化过程，以债券形式向投资者发行。CMBS 具有发行价格低、流动性强、充分利用不动产价值等优点，是传统银行贷款之外，地产开发商筹资的创新选择。

CMBS 融资管理方法的主要内容和特点：

1. 方法起源

CMBS 诞生于 1983 年。当时，美国 Fidelity Mutual 人寿保险公司将价值 6000 万美元的商业地产抵押贷款，以证券的方式出售给另外三家人寿保险公司，从此开始出现了商用房产抵押贷款证券化这一崭新的证券化形式，这一交易被评为 AAA 级，之后多家商业银行、储贷机构和投资银行纷纷仿效这一交易方式。20 世纪 80 年代末期，美国不动产市场严重衰退，再加上其他因素，造成商业性不动产抵押贷款违约不断，拖累了专门从事不动产抵押贷款的储贷机构。为了处理倒闭银行与它们手上的不良债权，美国国会立法成立清算信托公司（Resolution Trust Corporation，RTC）。20 世纪 90 年代中期，商业性不动产不良债权的清理已有相当好的成效，RTC 因此逐渐淡出 CMBS 市场，同时金融机构渐渐将 RTC 处理商业性不良债权证券化的技巧，普遍应用到商业性不动产抵押贷款中，大大推动了 CMBS 的发展，CMBS 逐渐成为一种比较成熟和相对稳定的融资手段和技术。美国是目前全球最大的 CMBS 交易市场之一。

2. 成本较低

CMBS 通过提供融资选择，为发起人提供更加有效、成本相对更低的融资来源，使发起人的融资来源更加多元化，融资成本有可能低于银行贷款利率，采取竞价体制与分级这种形式，使得定价相对更有竞争实力。与传统银行根据内部审批标准进行定价不同，CMBS 的发行通常采用簿记建档的竞价模式，这一比价系统的设计可以合理降低结构性产品的配资成本，因此 CMBS 也通常被设计为结构化产品，通过债券分级，从而实现每个等级的定价，优化加权平均成本。

3. 资产流动

发起人可以将相对不流动的金融资产变成流动的、可交易的金融资产，补充其资金来源，用于再融资活动。CMBS 作为资产证券化产品，可以在交易所挂牌转让，相对于单个债权，从产品属性上就具有更好的市场流动特性，因为 CMBS 收益较为适中、风险控制机制相对比较稳健，有利于投资人将其作为资产配置的一个方向，而且通过结构化安排，有利于满足不同风险偏好和风险承受能力的投资人。

4. 运用资本

发行人可以比较容易地将资产从其资产负债表中转移，有助于发起人提高各种财务比率，从而更有效地运用资本。

5. 收益较高

CMBS 可以为投资人提供比同等期限的政府债券相对较高的收益，而信用、期限和支付结构的多样性和灵活性，有利于满足不同投资者的个性化投资需要。

6. 无追索权

CMBS 对母公司无追索权。

7. 价值发挥

通过 CMBS，商业地产的价值得到了比较充分的发挥利用，有利于增加商业地产的发展潜力。

9. 重要渠道

CMBS 是商业地产重要的融资渠道之一，传统的经营性物业抵押贷款，在抵押率、贷款期限、资金用途、本金摊还、融资人股权结构等方面均有比较严格的标准，不利于满足商业地产经营期间的内在需要，但是在同等成本的条件下，通过 CMBS 形式进行融资，则融资规模将比经营性抵押贷款有适度放大，通常可贷比例能达到资产评估值的 60%—70%，而且在资金使用上 CMBS 更具灵活性，适用物业范围相对更广，可以形成对传统银行贷款形式的较好补充和优化。

10. 价值增值

因为 CMBS 不涉及产权转移，所以物业持有人能比较充分地享有未来资产的价值增值成果。CMBS作为资产证券化融资工具，通常不要求产权拆分或转移，保留了融资人对资产所有权的完整性，有利于融资人享有未来资产成长后带来的价值增加。

11. 能力提升

由于CMBS的主要偿付来源为其底层物业资产的租金收益，而不同时期的产品发行，也需要通过底层资产物业的收益率进行评估评级，这也能够在一定程度上激励商业地产管理者尽可能地采取更为有效的资产运营策略，以利于形成更为持续稳定的项目现金流，即租金收入等，从而增加资产的价值，促进商业地产的运作规范，提升整体运营能力。

案例1 云南城投

云南城投置业股份有限公司（简称“云南城投”）于2017年11月16日发布公告称，云南城投拟以下属控股子公司成都银城置业有限公司（简称“成都银城”）物业作为底层资产，采用资产证券化的方式，向上海证券交易所申请发行商业房地产抵押贷款支持证券，即采用CMBS的方式融资，发行规模不超过35亿元。

云南城投是经云南省城市建设投资有限公司收购重组云南红河光明股份有限公司，于2007年11月30日在上海证券交易所复牌的国有控股上市公司，截至2018年6月13日总市值78.84亿元。公司经营范围涵盖房地产开发与经营、商品房销售、房屋租赁、基础设施建设投资、土地开发、项目投资与管理，注册资本为10.7亿元，具备房地产开发企业一级资质。公司作为以房地产投资与开发为主营业务的上市公司，经过多年的稳步发展，公司的产品体系、商业模式、收入水平、融资能力都得到了大幅提升，业务区域也拓展至成都、重庆、西安、北京等西南中心城市和一线城市，实现了从“立足昆明、布局云南”到“以云南为中心向西南和全国扩展”的区域发展战略。2010年1月，公司被调入“沪深300指数”样本股，并在中国房地产评测中心的《2010年中国房地产上市公司评测研究报告》中位列中国房地产上市公司排行第49位、中国房地产上市公司成长能力第1位；2012年，公司“梦云南”系列荣获“2012中国旅游地产项目品牌价值TOP10”；2013年，公司建设的昆明市环湖东路（云南城投段）工程荣获“云南省2013年度优秀工程一等奖”；2014年，公司被评为“云南房企销售金额前三强”，同年12月获“2014中国价值地产总评榜年度最具价值地产上市公司”称号，并被云南广播电视台授予“2014年度特别责任企业大奖”；2015年，荣获“2015年年度品牌企业”称号；2016年，荣获“2016年度最具影响力企业”称号；2017年，荣获搜狐焦点“2017年最具品牌影响力企业”，云南城投龙江房地产开发有限公司获“云南省优质工程二等奖”。

融资项目总体情况：

1.初步发行方案

（1）云南城投将委托重庆国际信托股份有限公司（简称“重庆信托”）设立单一资金信托，指令重庆信托将信托资金用于向成都银城发放贷款，最终信托名称、具体交付信托资金金额、信托其他相关费用、信托要素等，以最终签署的单一资金信托合同为准。

（2）云南城投将持有的全部信托受益权转让给开源证券股份有限公司（简称“开源证券”）拟发起设立的资产支持专项计划，以开展资产证券化融资相关事宜，具体转让价格及转让交易要素，以最终签署的单一资金信托受益权转让协议为准。

（3）云南城投为专项计划及/或信托及/或信托债权提供流动性支持、贷款差额补足/贷款连带责任保证、专项计划差额补足、评级下调事件增信、特别终止事件增信、成都银城运营收入不足事件增信、抵押保证金及维护成都银城如实履约等增信措施，并承担专项计划的托管费用、信托的信托报酬等费用，具体以最终签署的相关协议/函件的约定为准。

（4）云南城投在特定条件下享有按照相关协议约定的价格优先收购专项资产支持证券/信托受益权/信托债权的权利，并向专项计划支付优先收购权权利维持费，具体以最终签署的相关协议的约定为准。

（5）CMBS 要素。

原始权益人 / 信托委托人 / 信托受益权转让人 / 增信主体 / 优先购买权人：云南城投。

信托受托人 / 信托贷款人 / 抵押权人：重庆信托。

信托借款人 / 目标资产持有人 / 抵押人：成都银城。

专项计划管理人 / 信托受益权受让人：开源证券。

基础资产：云南城投对成都银城发放的信托贷款受益权及其附属权益。

目标资产：成都银城持有的成都银泰 in99 购物中心、成都华尔道夫酒店及车位的建筑面积约 293983.17 平方米的房屋及其占有范围内的国有土地使用权。

优先收购权：云南城投享有优先收购全部资产支持证券或全部信托受益权或全部信托债权的权利，并向专项计划支付权利维持费。

（6）增信措施。

资产抵押：成都华尔道夫酒店、in99 购物中心及部分车位抵押。

现金流超额覆盖：目标资产现金流对当期优先级 A 类证券本息及税费的覆盖倍数最低为 1.2 倍。

结构分层：根据实际发行安排设置分为优先级 A 类证券、优先级 B 类证券、C 类证券。

回售安排：云南城投为优先级 A 类证券、优先级 B 类证券、C 类证券回售提供流动性支持。

差额补足：云南城投对专项计划资产支持证券本息兑付提供差额补足义务。

物业运营支持：云南城投为成都银城承担 in99 购物中心的物业运营和管理支出 / 费用及目标资产房产税及土地使用税提供资金支持。在出现评级下调事件或营业收入不足事件或特别终止事件时，云南城投和成都银城应协商选择申请贷款提前到期或要求行使优先收购权。

连带责任保证担保：云南城投对成都银城还款义务提供连带责任保证担保；云南省城投集团对云南城投的支付义务提供连带责任保证担保。

（7）专项计划发行规模不超过 35 亿元，以上海证券交易所最终注册金额为准。

（8）专项计划发行期限为 18 年，每 3 个自然年度为一个周期，投资者享有回售权，经与优先收购权人协商，开源证券作为专项计划的管理人，有权调整资产支持证券的票面利率。

（9）票面利率形式为固定利率，按照簿记建档结果确定。

2. 发行进展情况

根据云南城投 2017 年第六次临时股东大会授权，同意云南城投以下属控股子公司成都银城物业作为底层资产，采用资产证券化的方式，向上海证券交易所申请发行商业房地产抵押贷款支持证券。截至 2017 年 12 月 14 日，此次商业房地产抵押贷款支持证券已完成发行，共募集资金 35 亿元。具体情况如下表所示：

证券产品类型	证券简称	证券代码	发行规模（亿元）	期限（年）	预期到期日	发行面值（元）	票面利率（%）	评级
优先 A 类	17 云城 A	146901	16.50	18	2036.02.14	100	6.15	AAA
优先 B 类	17 云城 B	146906	18.00	18	2036.02.14	100	7.50	AAA
C 类	17 云城 C	146907	0.50	18	2036.02.14	100	7.60	AAA

案例2 光明地产

光明房地产集团股份有限公司（简称“光明地产”）于 2017 年 11 月 7 日发布公告称，光明地产将申请发行商业不动产抵押贷款资产支持证券，即采用 CMBS 方式进行融资，规模不超过 9 亿元。

光明地产是上海证券交易所上市公司，是由原上海海博股份有限公司于2015年7月与农工商房地产（集团）股份有限公司通过重大资产重组形成，截至2018年6月13日总市值103.9亿元。公司目前是以房地产综合开发经营、物流产业链两大板块为主业，集房产开发、施工、物业、冷链物流及产业链等为一体的大型国有综合房地产集团型公司。目前，公司拥有下属企业100多家，其中房地产产业链企业60多家，从业人员4000多人。在房产开发经营中，公司始终坚持“立足精耕上海，深耕城市能级高、发展潜力大的省会城市，积极拓展符合企业实际情况的房地产新业务、新市场，坚持房地产业下的多元化发展之路”的发展战略。公司开发足迹遍布江苏、浙江、安徽、广西、河南、山东、湖南、湖北、上海等八省一市。集团公司自成立以来，累计开发各类住宅面积近3000万平方米。2014年获中国房地产最具影响力品牌企业，2015年荣获上海市重点工程实事立功竞赛优秀公司称号，2014年、2016年获上海市五星级诚信创建企业称号。公司下属农工商房产集团近10余年来连续进入中国房地产50强、上海房地产10强企业行列，连续进入中国房地产开发企业稳健经营10强。公司开发的房地产项目曾获得中国土木工程最高奖项——詹天佑土木工程奖、中国建筑工程最高奖——鲁班奖、上海市建筑工程最高奖——白玉兰奖。公司商业地产业务主要包括商业街区、写字楼和酒店等业态的开发和运营。目前公司旗下在上海区域拥有光明地产大厦、金山都乐汇、西郊乐缤纷等集中型商业物业。华都集团作为公司旗下独立运作的商业地产投资、开发及运营管理业务平台，已初步形成了开发建设、策划定位、招商招租、销售代理、房产置换、物业管理的产业链经营模式。

融资项目总体情况：

1.发行情况概述

为更好地满足光明地产经营发展实际需要，进一步优化公司债务结构，降低财务费用，拓宽直接融资渠道，同时盘活商办资产，促进公司转型发展，提升资本市场创新形象，根据《公司法》《证券公司及基金管理公司子公司资产证券化业务管理规定》《资产证券化业务风险控制指引》《资产证券化业务基础资产负面清单指引》等法律法规的规定，光明地产拟采用 CMBS 模式，以下属全资子公司上海北茂置业发展有限公司（简称“北茂置业”）所持有的上海市静安区西藏北路 199 号写字楼和商业作为资产支持、以标的资产产生的现金流作为支撑，通过设立信托计划，并以相应信托受益权作为基础资产，发起设立不超过 9 亿元的资产支持专项计划

2. 发行情况说明

（1）标的资产概况。

上海市静安区西藏北路 199 号写字楼和商业，地处上海城市中心的人民广场核心商圈，比邻大悦城商业综合体以及多条轨道交通线路，交通便捷。标的资产包括底层商业和写字楼部分，由资产持有人北茂置业负责运营管理，由公司下属子公司上海华仕物业管理公司进行物业管理。其中，办公区域 15411 平方米，地面及地下商铺等 5244.28 平方米，均接近满租状态。

（2）发行目的。

①进一步优化公司债务结构。光明地产拟通过发行此类中长期证券产品，优化公司债务结构。

②盘活商办资产，拓宽直接融资渠道。通过 CMBS 模式进行商业资产盘活，拓宽直接融资渠道，有助于提升光明地产自身持有运营管理物业的经验和优势。

③进一步降低融资成本，改善综合融资条件。通过结构化增信，公司可进一步降低综合融资成本，综合融资条件得以改善。

3. 发行方案

（1）证券发行类型：此次光明地产拟采用 CMBS 模式，通过结构化设计，向机构投资者发行企业资产支持证券。此次资产支持专项计划将在中国证券投资基金业协会申请备案，在上海证券交易所申请挂牌上市。

（2）发行规模及发行安排：光明地产作为此次资产专项计划的原始权益人，拟申请发行总额不超过 9 亿元的 CMBS，具体发行规模将以公司在上海证券交易所申请并获批的金额为准，并将根据光明地产年报披露时间、市场环

境、监管政策趋向等因素申请发行。

（3）证券期限：此次申请发行CMBS的期限为约21年或18年，每3年末附票面利率调整权、投资者回售权、优先收购权人优先收购权。

（4）发行利率：发行利率将根据光明地产信用评级情况及发行时的市场利率情况确定。

（5）资金用途：主要用于符合国家法律法规及政策要求的资金用途。

（6）承销方式：采用计划管理人和销售机构余额包销的承销方式。

（7）发行时间：在取得上海证券交易所无异议函后6个月内，光明地产将择机发行。

（8）优先收购权安排：光明地产拟与计划管理人（代表专项计划）及信托公司签署《优先收购权协议》，按照协议的约定享有对优先收购标的（即全部资产支持证券或全部信托受益权或全部信托贷款债权）的优先收购权。

（9）发行证券增信措施：此次发行由光明地产作为增信方，拟承担专项计划层面差额补足义务，提供流动性支持，支付专项计划保证金，并承担评级下调回购以及运营收入不足回购等义务。为担保信托贷款的偿还，光明地产拟与信托公司签署《保证合同》，对信托贷款的偿还提供不可撤销的连带责任保证担保。同时北茂置业将与信托公司签署《抵押合同》，将其所持有的标的资产为贷款的偿还提供抵押担保。

4. 授权事宜

为了保证上述资产支持证券发行事宜的顺利进行，经光明地产董事会审议通过，同意授权公司经营管理层全权办理与此次商业不动产抵押贷款资产支持证券发行相关的具体事宜，包括但不限于：制订并实施本次发行的具体方案，决定产品结构；决定并聘请参与此次发行的中介机构；就前述事项与专项计划各参与方进行谈判和协商；修改及签署所有交易文件；执行未完成事项所需的相关审批、登记及/或交割手续等。

5. 工作进展情况

光明地产于2017年11月15日分别召开第八届董事会第80次会议、第八届监事会第 22 次会议，审议通过《关于申请发行商业不动产抵押贷款资产支持证券的议案》，同意公司采用 CMBS 模式融资，以下属全资子公司北茂置业所持有的上海市静安区西藏北路 199 号写字楼和商业作为资产支持、以标的资产产生的现金流作为支撑，通过设立信托计划，并以相应信托受益权作为基础资产发起设立资产支持专项计划。2017 年 12 月，公司收到专项计划管理人开源证券股份有限公司（简称“开源证券“）转发的上海证券交易所出具的编号为“上证函（2017）1365 号”的《关于对光明地产大厦资产支持专项计划资产支持证券挂牌转让无异议的函》，载明由开源证券报送的《光明地产大厦资产支持专项计划资产支持证券挂牌转让申请书》及相关材料已经收悉，根据有关规定，光明地产大厦资产支持专项计划资产支持证券符合上海证券交易所的挂牌转让条件，上海证券交易所对其挂牌转让无异议。此次公司 CMBS 项目的发行规模为 8.8 亿元，产品期限为 21 年。2018 年 2 月 14 日，公司收到此次专项计划管理人和销售机构开源证券出具的《光明地产大厦资产支持专项计划成立公告》，文中载明自 2017 年 12 月 12 日起，开源证券已向合格投资者推广“光明地产大厦资产支持专项计划”，经瑞华会计师事务所验资，此专项计划实际收到认购资金 8.8 亿元，此专项计划募集资金专户中的认购资金已经达到《光明地产大厦资产支持专项计划说明书》约定的专项计划目标募集规模，并已具备成立条件，此专项计划于 2018 年 2 月 14 日正式成立。具体情况如下表所示：

产品类型	证券简称	证券代码	发行份数（份）	期限（年）	预期到期日	发行面值（元）	票面利率	评级	发行规模（亿元）
优先 A 类	18 光明 A	149237	3620000	21	2039.02.14	100	5.99%	AAA	3.62
优先 B 类	18 光明 B	149238	4980000	21	2039.02.14	100	6.48%	AA+	4.98
优先 C 类	18 光明 C	149239	200000	21	2039.02.14	100	6.99%	AA+	0.20

第十四章

ABN融资管理方法

ABN 融资管理方法又称为资产支持票据方法，英文名称为 Asset-backed Notes，简称 ABN。是一种非金融企业为实现融资目的，采用结构化方式，通过发行载体发行的、由基础资产所产生的现金流作为收益支持的、按约定以还本付息等方式支付收益的证券化融资工具。ABN 是凭借基础资产未来获取现金流的能力获取融资，与传统信用融资方式主要依托发行体本身的信用水平获得融资不同，基础资产本身的偿付能力与发行主体的信用水平分离，有助于自身信用水平不高的企业拓宽融资渠道。资产支持票据由银行间市场交易商协会推出，是属于资产证券化的范畴，2012 年 8 月银行间交易商协会正式颁布了《银行间债券市场非金融企业资产支持票据指引》，相关的产品试点同步推出。

ABN 融资管理方法的主要内容和特点：

1. 主要条款

（1）发行期限：通常 3—5 年；特殊情况 1—2 年也可以发行。

（2）发行规模：不受企业净资产规模 40% 的限制。

（3）发行利率：银行间交易商协会不做利率指导，发行利率由主承销商、发行人和投资者商定。

（4）募集资金用途：未做严格限定，符合法律法规和国家政策要求。

（5）发行方式：可选择公开发行或非公开定向发行。

（6）信用评级：由发行人和投资者协商确定是否进行信用评级；公开发行则需进行双评。

（7）注册机构：在银行间交易商协会注册。

（8）投资保护：投资者保护包括但不限于①债项评级下降的应对措施，②基础资产现金流恶化或其他可能影响投资者利益等情况的应对措施，③资产支持票据发生违约后的债权保障及清偿安排，④发生基础资产权属争议时的解决机制等。

（9）资产要求：融资方拥有的已建成的、有稳定现金流的项目，或者项目收益权，只要其现金流能够涵盖资产支持票据的本息支付要求，均可进入筛选范围，基础资产的价值取决于其产生稳定现金流的能力。

（10）还款来源：基础资产生成的现金流，作为资产支持票据偿债资金第一还款来源，在基础资产现金流不足的情况下，由融资方以自身经营收入作为第二还款来源。

（11）增信措施：主要采用内部信用增级方式，不强制要求外部担保，设立基础资产现金监管专户，通过签署协议的方式，实现对基础资产保护性隔离，明确规定进场资产未来的现金流，直接进入资金监管专户，优先用于偿还资产支持票据规模和期限。

2. 注册流程

（1）董事会通过发行议案。

（2）股东大会通过发行议案（如果需要）。

（3）选聘主承销商。

（4）主承销商将材料报送至交易商协会。

（5）银行间交易商协会对注册材料进行形式完备性核对。

（6）银行间交易商协会通过主承销商告知发行人予以补正。

（7）主承销商协助发行人在 10 个工作日内补正材料。

（8）银行间交易商协会办理注册手续。

（9）产品发行。

3. 交易流程

（1）主承销商受发行人委托，在银行间债券市场向特定投资者发行资产支持票据。

（2）发行人负责管理运营基础资产，并负责保障其正常运营，以产生预期的现金流。

（3）发行人与资金监管银行签订《资金监管协议》，发行人在资金监管银行处开立专户，并将该专户指定为资金监管账户，归集基础资产生成的现金流。

（4）资金监管银行按照《资金监管协议》等约定，划转相应的现金流以用于资产支持票据的本息兑付。

（5）债券登记结算机构将收到的资金用于向投资者支付本息。

（6）债权代理人受投资者委托，代理投资者享有基础资产的抵质押权。

4. 基础资产

可以是企业应收账款、租赁债权、信托收益权等财产权利，以及基础设施、商业物权等不动产或相关财产权利等。

5. 抵质要求

在信息披露充分、风险防范措施到位的前提下，允许企业在发行前解除资产抵质押，或将 ABN 募集资金用于解除抵质押权。

6. 评级要求

公开发行强制债项评级，采用分层结构的，其最低档次票据可不进行信用评级。

7. 交易结构

引入特定目的的载体，即特定目的的信托、特定目的的公司或交易商协会认可的其他载体，也可以为发起机构，从而使资产出表和破产隔离成为可能。通常发行人为信托公司，发行载体是特定目的的信托，管理机构为信托公司。

8. 拓宽渠道

ABN 方式能够拓宽企业融资渠道，盘活存量资产，对于主体信用级别相对较低，但又具有一定优势资产的企业，或者寻求规避债券发行相关限制条件的企业，以及希望避免企业整体信息过多披露的企业，可以将应收账款类资产作为还款来源支持发行 ABN，资产支持票据对这类企业具有较大的吸引力。

9. 丰富品种

ABN 有利于丰富债券品种，随着债务融资工具市场的快速发展，进一步丰富金融产品成为市场发展的内在要求，ABN 的推出将为市场引入结构化产品，有利于进一步发挥场外金融市场优势，满足发行人和投资人的个性化需求，推进银行间债券市场功能提升。

10. 扩大主体

ABN 有利于扩大发行主体范围，目前银行间债券市场信用级别低于 AA 的企业发行较为困难，但这类企业拥有一部分有稳定现金流的资产，可以用证券化技术剥离出来、加以盘活，使原来难以发行的信用债转化为债项评级相对较高的证券化产品，相对缓解低信用评级企业的融资状况。

11.ABN 与 ABS 的区别

（1）发行管理部门不同。ABN 由中国银行间市场交易商协会负责，ABS

由上海证券交易所、深圳证券交易所负责。

（2）发行场所不同。ABN 以银行间债券市场为发行场所，ABS 以证券交易所、全国中小企业股份转让系统、机构间私募产品报价与服务系统、证券公司柜台市场、中国证监会认可的其他证券交易所等为发行场所。

（3）发起机构不同。ABN 可以为非金融企业，ABS 可以为企业。

（4）基础资产不同。ABN 基础资产指符合法律法规规定、权属明确，可以依法转让，能够产生持续稳定、独立、可预测的现金流，并且可特定化的财产、财产权利或财产和财产权利的组合，形成基础资产的交易基础应当真实，交易对价应当公允。ABS 基础资产指符合法律法规规定、权属明确、可预测的现金流，并且可特定化的财产或财产权利，也可以是多项财产权利和财产构成的资产组合。

（5）SPV 类型不同。ABN 为特定目的的信托、特定目的公司或交易商协会认可的其他载体，也可以为发起机构，ABN 为资产支持专项计划。

（6）投资主体不同。ABN 为银行间债券市场投资者，ABS 为《私募投资基金监督管理办法》所规定的合格投资人。

（7）发行方式不同。ABN 既可以公募又可以定向（私募），ABS 为私募。

（8）依据不同。ABN 的依据为《非金融企业资产支持票据指引（修订稿）》等，ABS 的依据为《证券公司及基金管理公司子公司资产证券化业务管理规定》等。

（9）审批制度不同。ABN 为注册制，ABS 为备案制。

（10）发行流程不同。ABN 是向交易商协会提交资产支持票据注册文件，注册有效期为 2 年，首期发行应在注册后 6 个月内完成，后续发行应向交易商协会备案。ABS 是发行前项目报交易所取得无异议函，专项计划成立日起 5 个工作日内将设立情况报基金业协会备案。

12. 资产支持票据与传统信用融资的区别

在《非金融企业资产支持票据指引》的要求下，资产支持票据表现出不同于传统应用融资的特点：第一，与传统信用融资方式主要依托发行主体本身的信用水平获得融资不同，资产支持票据是凭借支持资产的未来能力获得融资，支持资产本身的偿付能力与发行主体的信用水平分离；第二，资产支持票据以资产证券化的操作手段，通过账户和现金流控制措施，更有效地对偿还现金流进行监控，实现风险隔离，甚至可以实现资产的隔离；第三，融资方可在融资的同时实现对资产负债表的灵活管理。资产支持票据融资的基础资产通常分为两个类型，第一类为资产表上的资产，如应收账款等；第二类即为财产权利，代表着未来收益，如基础设施的收益权等。这两类基础资产通常流动性较低，而且收益在未来，通过资产支持票据一方面可以盘活企业资产，另一方面可以实现未来收益的现时兑现，在融资的同时也实现了对企业资产负债表的调整，体现出提升管理水平的思想。

13. 资产支持票据与资产支持商业票据的区别

资产支持商业票据是指具有法人资格的非金融企业在银行间债券市场发行的，由特定资产所产生的可预测现金流作为还款支持的，约定在一定期限内还本付息的债务融资工具。资产支持票据必须以基础资产为还款支持，资产支持票据与资产支持商业票据结构基本一致，前者的期限比后者相对长一些。

14. 资产支持票据与短期融资券等其他债权融资方式的区别

资产支持票据与短期融资券以及企业债券等其他债权融资方式相比，具有审批周期较短、产品期限灵活、融资成本相对较低等优点。短期融资债券通常称为商业票据，在美国商业票据的期限一般在 1—270 天，商业票据是一种贴现工具，流动性比较低，因为商业票据一般都是根据投资者特定需求定制的。公司债券时间一般较长，通常多数公司运用 20—30 年期债券来募集资金。资产支持票据作为一种直接融资的渠道，具有以下主要特点：第一，发行人担任票据发行人，基础资产通过特定目的信托隔离；第二，双重追索权，即首先由基础资产现金流作为依据，提供中期票据偿付，其次当特定事件发生后，由发行人整体信用进行偿付；第三，通过交易结构设计，实现票据持有人对于基础资产享有优先于发行人的其他债权人的受偿权利；第四，发行人表内融资，即基础资产，留在发行人报表内；第五，设置交易管理人，定期监测基础资产现金流量及其超额抵押率，以保证正常情况下基础资产规模可以涵盖中期票据未偿本息余额。

15. 资产支持票据和中期票据的区别

中期票据是介于商业票据和公司债券之间的一种融资方式，通常期限最短9个月最长30年，和公司债券相比，中期票据常以较小额度持续性或周期性地销售。公司债券一般是在市场利率比较低的时候发售，那样企业融资成本低，在市场利率比较高的时候，企业一般发行商业票据中期票据进行融资。资产支持票据发行期限是3—5年，特殊情况1—2年也可以发行。在基础资产方面，资产支持票据需要符合法律规定、权属明确，能够产生可预测现金流的资产，中期票据需要依靠企业的整体现金流。在发行方式方面，资产支持票据可以是公开发行，也可以是非公开发行，中期票据则需要公开发行。在发行额度方面，资产支持票据无特别具体的要求，中期票据则需不超过净资产的40%。在发行人方面，资产支持票据与中期票据均为非金融企业。

案例1 金科股份

金科地产集团股份有限公司（简称“金科股份”）于2017年10月31日发布公告称，金科股份拟开展委托贷款债权的资产证券化工作，即通过中信信托有限责任公司（简称“中信信托”）设立金科股份2017年度第一期资产支持票据信托，并通过信托计划发行资产支持票据进行融资，发行总规模不超过16亿元，即采用ABN方式进行融资。

金科股份是深圳证券交易所主板上市公司，于1998年5月21日成立，截至2018年6月14日公司总市值270.7亿元。经过20多年的发展，公司已跻身“中国企业500强”“中国民营企业500强”“中国地产品牌价值10强”之列。公司总部设在重庆，是一家以房地产开发为主，社区生活服务、酒店经营管理、园林、装饰和新能源发电等相关多元化产业经营为辅的大型企业集团。公司拥有房地产开发一级资质，下属公司具有物业管理一级资质、园林景观规划设计甲级资质、建筑装修装饰工程专业承包一级资质。房地产业务板块主要为住宅开发，辅以商业地产开发、产业地产开发与运营。房地产业务布局长三角、京津冀、珠三角、成渝、中原、长江中游、北部湾、山东半岛等城市群，已进驻全国22个省（市），开发项目主要分布在重庆、北京、成都、苏州、南京、合肥等一二线城市。社区生活服务为公司重要业务，公司将传统的物业管理升级为“社区生活服务商”，通过打造智慧生活社区，为业主提供全方位的人性化服务，业务覆盖重庆、北京、四川、江苏、湖南等24个省（市）。其主要核心竞争优势分析如下：

1. 开发能力

金科股份作为渝派房企的代表，在重庆区域较低的房价和激烈的竞争环境练就了公司卓越的设计能力、扎实的成本控制能力、强大的开发管控能力及出色的营销能力。公司立足重庆，走向全国，截至2017年末，公司累计开发项目147个，开发面积超4500万平方米，开发能力为公司可持续健康发展奠定了坚实基础。

2. 管理团队

历经20多年的发展积淀，公司已拥有一支成熟稳定的核心管理团队，董事会成员及高级管理人员皆拥有较强的专业能力和丰富的管理经验；同时经过多年培养，公司已拥有一支忠诚奉献、勤奋务实、拼搏进取且年富力强的中层管理团队，为公司的持续健康发展以及战略实现奠定了坚实的基础。

3. 战略规划

金科股份作为一家战略驱动型上市企业，拥有明确清晰的战略目标，并且根据外部环境变化进行动态调整。2017年上半年，公司制定了《发展战略规划纲要（2017—2020）》，明确了2017—2020年各年度战略目标，制定了详细的战略实施策略。未来，公司将大力发展以重庆为核心的成渝城市群、以郑州为核心的中原城市群和以武汉为核心的长江中游城市群；重点发展以上海为核心的长三角城市群、以广深为核心的珠三角城市群和以北京为核心的京津冀城市群；积极发展山东半岛城市群、北部湾城市群等。主要以城市群内的中心城市为主，区域副中心城市和节点型城市为辅的实施策略，在战略规划指引下，公司已基本完成八大城市群的战略布局。

4. 创新能力

金科股份秉承“以人为本”的产品设计理念，持续进行产品创新升级。从第一代产品为业主提供一座好房子、一个居住空间，以洋房产品为代表领先产品创新力，拥有“原创中国洋房”“空中院馆”“X+1 夹层住宅”“别墅级洋房”四项专利及三项实用新型专利和一项外观设计专利，在重庆素有“洋房之父”的美誉，再到第二代产品努力为业主提供好的建筑、好的户型、好的景观绿化和好的生活配套。目前，第三代产品拥有“五大产品主张”，用产品充分演绎成长更好、健康更好、便利更好、居家更好、邻里更好，升级打造极具影响力的琼华、博翠和集美系列产品，并通过“地产＋服务”为用户提供优质居住体验，同时创新商业模式，引入商业、产业、文旅等主题产品线，打造“X+住宅”开发模式。

5. 品牌美誉

金科股份以产品和服务为纽带，持续为客户提供优质的服务，在全国树立了较高的品牌美誉度。公司先后取得“中国房地产诚信企业”“中国企业 500 强”“中国地产品牌 10 强”“2017 中国房地产上市公司 A 股 10 强”“2015 重庆企业 100 强”“2017 中国物业服务百强企业规模 TOP10”“2017 中国物业服务百强企业综合实力 TOP10”等荣誉，业主满意度已连续五年超过 90%，位居全国前列。

6. 融资能力。

金科股份作为资金密集型企业，不断提高自身的融资能力，并且积极创新使用各种金融工具，已具备较强的经验和能力。公司自借壳上市以来，充分使用各种资本市场融资工具，率先使用物业收入以及应收房款资产支持证券化，创新使用物业资产支持票据，先后完成 2 次非公开发行股票、2 次公开发行公司债、8 次非公开发行公司债和 2 次中期票据等融资。公司的资信情况良好，与多家大型金融机构建立了诚信、互利的长期战略合作关系，获得主流评级机构 AA+ 的主体信用评级。公司多元化创新融资模式、融资能力和通畅的融资渠道，为公司发展提供了良好保证。

融资项目总体情况：

1. 信托计划概述

此次信托计划的实施不构成重大资产重组；此次信托计划的实施不存在重大法律障碍；此次信托计划已经公司第十届董事会第十次会议审议通过，并同意公司经营管理层根据此次信托计划的设立进度与相关主体签署所需的必要文件，包括但不限于有关发放委托贷款的协议、债权转让协议、差额支付承诺函等，同意公司经营管理层依据监管机构的要求调整此次信托计划产品的交易结构以及相关交易细节；此信托计划作为创新型资产运作模式，其顺利实施还将受到政策环境和市场利率水平等多重因素的影响，可能存在一定的不确定性。

（1）发起机构：金科地产集团股份有限公司。

（2）基础资产：由发起机构在信托成立日转让给受托人的、发起机构享有的对金科物业服务集团有限公司（简称“金科物业”）的委托贷款债权。

（3）发行规模：发行总规模不超过 16 亿元，其中优先级票据规模不超过 15 亿元，信用等级为 AAA 级；次级票据规模不超过 1 亿元，无评级，由金科股份所属符合合格投资者标准的子公司全额认购。

（4）发行期限：3+3 年，具体期限根据基础资产特定期间及发行时间最终确定。

（5）发行利率：根据发行时债券市场的市场状况，通过簿记建档确定。

（6）发行对象：向合格投资者发行，发行对象不超过 200 人。

（7）资金用途：拟用于偿还公司有息负债及补充商贸、园林及门窗等辅业产业公司运营资金。

（8）受托人：中信信托有限责任公司。

（9）还款来源：金科物业以旗下运营管理的金科天宸、金科世界城等 90 个物业对应的《物业合同》项下享有的特定期间的物业服务费收入质押给信托计划，并承诺以《物业合同》项下特定期间的物业服务费收入作为委托贷款的还款来源。

2.信托计划具体情况

（1）基础资产。

资产证券化的基础是存在能够产生可预测现金流的基础资产，此次信托计划的基础资产来源于发起机构在信托成立日转让给受托人的、发起机构享有的对金科物业的委托贷款债权。基础资产的收益稳定，整体风险较低。

（2）交易结构。

①发起机构、委托贷款银行与金科物业共同签署《委托贷款借款合同》，由发起机构金科股份将货币资金委托给委托贷款银行，发起机构金科股份享有该委托贷款债权。该委托贷款的贷款总额为16亿元。

②委托贷款银行向金科物业发放委托贷款。金科物业及其分公司以旗下运营管理的《物业合同》项下的特定期间物业服务费收入，作为委托贷款的还款来源。由金科物业与受托人签订《物业费应收账款质押合同》，将上述物业服务费收入质押给受托人。

③受托人设立金科股份2017年度第一期资产支持票据信托，以募集资金购买金科股份持有的前述委托贷款债权。资产支持票据投资者认购信托计划的信托单元，将认购资金以信托受益权份额方式委托受托人管理，取得资产支持票据，成为资产支持票据持有人。

④信托计划设立后，受托人根据与金科股份签订的《债权转让合同》，以信托计划资金向金科股份支付对价款，以受让其持有的委托贷款债权。交易完成后，信托计划承接金科股份、委托贷款银行的合同关系，获得委托贷款债权。

⑤委托贷款债权转让后，金科物业以旗下运营管理的《物业合同》项下的特定期间对应收账款债务人享有的应收账款质押给受托人（代表信托计划）。在信托计划存续期内，如果出现信托账户内的资金不足以支付优先级资产支持证券本息的情形，则由金科股份补足相应差额。

⑥信托计划存续期间，金科物业授权监管银行于委托贷款还款日将交易文

件中所示的还款金额从资金归集账户划转至信托计划账户，用于清偿当期委托贷款本息。

⑦信托计划存续期间，受托人在信托计划账户自信托成立日起每满半年收到金科物业支付的委托贷款本息后（不含该日），将当期收到金科物业偿还的委托贷款本息扣除当期必要的费用后，根据《募集说明书》及相关文件的约定，向托管银行发出分配指令，托管银行根据分配指令，将相应资金划拨至登记托管机构的指定账户，用于支付资产支持票据本金和预期收益。

（3）拟发行的资产支持票据情况。

此次资产支持信托计划向资本市场发行的证券，将分为优先级资产支持票据和次级资产支持票据，总体发售规模不超过 16 亿元，其中优先级资产支持票据向符合规定条件的合格投资者发售，占比约为 93.75%；次级资产支持票据全部由金科股份所属符合合格投资者标准的子公司认购，占比约 6.25%，优先级资产支持票据和次级资产支持票据的规模、期限等项目相关要素，可能因监管机构要求或市场需求进行调整。

（4）信托计划对上市公司的影响。

金科股份利用委托贷款债权进行资产证券化，有利于开拓融资渠道，提高资产的流动性，增强现金流的稳定性。此信托计划的实施，能够提高公司资金使用效率、优化资产结构、改善公司资产负债率等。

（5）影响信托计划的因素。

信托计划的市场利率将随宏观经济环境的变化而波动，因此存在市场利率波动较大而影响融资成本，进而影响项目发行窗口选择的因素。

3. 工作进展

金科股份于 2017 年 10 月 30 日召开第十届董事会第十次会议审议，通过了关于公司发行资产支持票据产品的相关议案，同意公司向中国银行间市场交易商协会申请注册发行总额不超过 16 亿元的资产支持票据。公司于 2018 年 3 月 22 日收到交易商协会出具的《接受注册通知书》（中市协注 [2018]ABN15 号），同意接受公司资产支持票据注册金额为 16 亿元，注册额度自通知书落款之日起2年内有效。2018年5月30日至31日，公司2018年度第一期资产支持票据在银行间债券市场簿记发行，此期票据发行总额为16亿元，其中优先级发行总额为15亿元，次级发行总额为1亿元。2018年6月5日，此期票据发行所募集资金已到达公司账户。发行结果如下表所示：

票据类型	证券简称	证券代码	期限（年）	发行价格（元）	发行总额（亿元）
优先级	18金科地产ABN001优先	081800057	6（3+3）	100	15
次级	18金科地产ABN001次	081800058	6	100	1

案例2 中远海发

中远海运发展股份有限公司（简称“中远海发”）于2017年9月29日发布公告称，中远海发下属全资子公司中远海运租赁有限公司（简称“中远海运租赁”）拟通过向中国银行间市场交易商协会申请注册资产支持票据进行融资。此次拟发行的资产支持票据以中远海运租赁为设立信托而根据《信托合同》信托予华能贵诚信托有限公司的、其依据与各承租人分别签订的《融资租赁合同》对承租人享有的债权及担保权益为基础资产，发行规模不超过298534.00万元，即采用ABN模式进行融资。

中远海发是上海证券交易所主板上市公司，成立于2004年3月，2007年12月上市，截至2018年6月16日总市值321.3亿元。公司总部设在上海，是一家在香港、上海两地上市的公司。公司于2016年2月1日通过重组交易，实现战略转型，由集装箱班轮运营商转型成为以航运金融为特色的综合性金融服务平台。公司船舶租赁业务船队运力规模和集装箱租赁业务箱队规模都位居世界前列，截至2017年年底，公司集装箱船队规模达93艘，总运力达66.2万TEU；6.4万吨级散货船4艘、液化天然气船、重吊船等各类型船舶70余艘；集装箱保有量约为366万TEU；在产业租赁方面，公司致力于发展医疗、教育、新能源、建设和工业装备等多个领域的融资租赁业务。集装箱制造业务方面，中远海发下属上海寰宇物流装备有限公司年产能达 50 万 TEU。

融资项目总体情况：

1. 项目概述：

中远海发下属全资子公司中远海运租赁为进一步拓宽公司融资渠道，满足公司经营发展需要，优化公司债务结构，降低资金成本，经中远海发第五届董事会第三十三次会议审议通过，公司拟向中国银行间市场交易商协会申请注册发行资产支持票据，发行规模将不超过 298534.00 万元。此次资产支持票据的实施不构成关联交易，不构成重大资产重组。

2. 交易对方基本情况

华能贵诚信托有限公司，经营范围：资金信托；动产信托；不动产信托；有价证券信托；其他财产或财产权信托；作为投资基金或者基金管理公司的发起人从事投资基金业务；经营企业资产的重组、购并及项目融资、公司理财、财务顾问等业务；受托经营国务院有关部门批准的证券承销业务；办理居间、咨询、资信调查等业务；代保管及保管箱业务；以存放同业、拆放同业、贷款、租赁、投资方式运用固有财产；以固有财产为他人提供担保；从事同业拆借；法律法规规定或中国银保监会批准的其他业务。公司与中远海发不存在关联关系。

3. 交易主要内容

发起机构：中远海运租赁有限公司。

基础资产：中远海运租赁为设立财产信托而根据《信托合同》信托予信托公司的、其依据与各承租人分别签订的《融资租赁合同》对承租人享有的债权及担保权益。

发行结构：分为优先级、次级，优先级产品为评级 AAA。

发行规模：不超过 298534.00 万元，其中优先级资产支持票据和次级资产支持票据分别为 23.95 亿和 5.9 亿元，占发行规模的比例分别为 80.23% 和 19.77%。

发行期限：不超过4年。

发行利率：此次发行利率按照市场情况确定。

簿记建档管理人：中信建投证券股份有限公司。

主承销商：中信建投证券股份有限公司。

联席主承销商：中国银行股份有限公司。

资金保管机构：中国银行股份有限公司。

登记机构：银行间市场清算所股份有限公司。

募集资金用途：拟用于中远海运租赁业务发展及归还到期借款。

发行对象：优先级资产支持票据面向合格投资者发行，次级资产支持票据由中远海运租赁认购。优先级资产支持票据的利率类型为固定利率，按季还本付息，次级资产支持票据不分配期间收益。

决议有效期：此次发行资产支持票据事宜经中远海发董事会审议通过后，相关决议在此次发行资产支持票据的注册及存续有效期内持续有效。

增信方式：

①中远海运租赁对项目提供差额支付承诺。中远海运租赁对信托资金不足以支付相应的税收、信托费用及优先级资产支持票据的各期预期收益和未偿本金余额的差额部分承担补足义务。

②中远海运租赁将对底层违约资产进行回购。在信托期限内，一旦出现违约资产，则中远海运租赁应按照《信托合同》的约定赎回当期全部的违约资产。

③中远海发对资产支持票据计划提供一般流动性支持。一般流动性支持仅限于缓解流动性压力，中远海发已提供的流动性支持，会从信托计划中列支进行归还。

4.此次资产支持票据授权事宜

中远海发董事会授权公司管理层全权办理此次资产支持票据发行具体事宜：

（1）依据国家法律法规、监管部门的有关规定和政策及董事会决议，制订和实施此次资产支持票据发行的具体方案。

（2）如国家、监管部门对于资产支持票据发行有新的规定和政策，根据新规定和政策对此次资产支持票据发行方案进行相应调整。

（3）聘请此次资产支持票据发行的相关中介机构，包括但不限于承销机构、发行载体管理机构/受托机构、审计机构、律师事务所及托管银行等。

（4）签署与此次资产支持票据发行相关的各项文件、合同等，包括但不限于发行申请文件、募集说明书、承销协议及根据适用的监管规则进行相关信息披露的文件等。

（5）办理此次资产支持票据发行过程中涉及的各项注册备案手续，完成其他为此次资产支持票据发行所必需的手续和工作。

5. 对上市公司的影响

此次发行资产支持票据有利于开拓上市公司融资渠道，盘活中远海运租赁存量融资租赁资产，提高资产的流动性，增强现金流的稳定性，提高上市公司资产使用效率。

6. 其他

（1）此次发行资产支持票据尚需取得银行间市场交易商协会的《接受注册通知书》后方可实施。

（2）此次资产支持票据的实施无需股东大会审议通过。

7. 工作进展

中远海发于 2017 年 9 月 28 日召开公司第五届董事会第三十三次会议，审议通过了《关于中远海运租赁有限公司发行 ABN 的议案》，并已取得银行间市场交易商协会出具的编号为“中市协注 ABN31 号”的《接受注册通知书》。此次资产支持票据发起机构为中远海运租赁有限公司，资产受托人为华能贵诚信托有限公司。2017 年 12 月 5 日通过簿记建档，此次资产支持票据项下的优先级资产支持票据已经得到全额认购，次级资产支持票据全部由中远海运租赁认购。发行结果如下表所示：

证券简称	信用级别	发行规模（亿元）	预期年收益率（%）	预期到期日
17 中远海运租赁 ABN001	优先 A1	9.62	5.6	2018.12.18
17 中远海运租赁 ABN001	优先 A2	9.67	5.8	2020.06.16
17 中远海运租赁 ABN001	优先 A3	4.66	6.5	2021.06.16
17 中远海运租赁 ABN001	次级	5.90	N/A	N/A

案例3　中信海直

中信海洋直升机股份有限公司（简称“中信海直”）于2016年10月25日发布公告称，为优化中信海直债务结构、降低融资成本、增加公司竞争力，根据公司经营实际情况，公司拟通过中信信托有限责任公司（简称“中信信托”）发行应收账款信托资产支持票据，即采用ABN方式进行融资。

中信海直前身是中国海洋直升机专业公司，是为促进海洋石油开发和通用航空发展，经国务院常务会议决定，由原国家经委、计委批准，于1983年3月成立的全国性通用航空公司。公司在1999年2月改制为股份公司，2000年7月发行股票并在深圳证券交易所挂牌上市，系中信集团旗下目前中国通用航空业首家及唯一的上市公司。中信海直目前是中国规模最大的通用航空企业，具有通用航空全业务运营资质和能力，经营范围：陆上石油服务、海洋石油服务、直升机机外载荷飞行、人工降水、医疗救护、航空探矿、空中游览、公务飞行、私用飞行驾驶执照培训、直升机引航作业、航空器代管业务、通用航空包机飞行、出租飞行、航空摄影、空中广告、海洋监测、渔业飞行、气象探测、科学实验、城市消防、空中巡查、航空护林。中信海直总部设在深圳市，在深圳、天津、湛江、海南东方建有直升机场；在北京、上海、浙江、福建等地设有作业基地；下辖海直通用航空有限责任公司、中信海直通用航空维修工程有限公司两个子公司和上海、天津、湛江、浙江、海南等五个分公司。业务遍布中国三大海域和全国主要城市，是国内通用航空业务涉及地域最多、保障能力最强的通用航空企业。中信海直拥有亚洲最大的民用直升机队，拥有15种当今世界最先进机型的70余架直升机，还拥有2架达索猎鹰公务机。中信海直现拥有一支技术精湛、训练有素、经验丰富的飞行员、机务人员和保障人员队伍，飞行员中有一批持有英国民航局的JAA、美国民航局的FAA等国际飞行执照，另聘用部分持有JAA执照外籍飞行员，机长平均飞行小时在6000以上；机务人员有一批获得了欧洲航空安全局（EASA）颁发的机务维护执照，具有多年的使用机型维护经验和直升机维修资质；航务保障人员具有通信、气象、航管等资质及保障能力。截至2017年年底，中信海直拥有飞行员204名，其中19名获功勋奖章、36名获金质奖章、36名获银质奖章、52名获铜质奖章，多名获中国民航安全飞行奖章；维修人员共364名，其中持有CAAC颁发的机务维修执照255名，同时持有EASA颁发的机务维修执照25名。中信海直在国内最早拥有完备的通用航空管理体系，率先通过英国标准协会的ISO国际质量体系认证，全面实施标准化、规范化、程序化管理，三度获得中国民航最高荣誉奖项“金鸥杯”，连续多年获得民航安全责任优胜单位称号。公司累计安全飞行时间逾30万小时，年飞行量3万小时，约占国内通用航空飞行总量的22%、工业飞行总量的35%、海洋石油直升机服务50%以上的市场份额，经营规模与经济效益居国内前列。

融资项目总体情况：

1. 项目概述

（1）应收账款信托资产支持票据是指非金融企业（下称“发起机构”）为实现融资目的，以自身合法持有的应收账款作为基础资产，通过发行载体（信托）发行，由基础资产所产生的现金流作为收益支持，按约定以还本付息等方式支付收益的证券化融资工具。此次信托资产支持票据的总发行规模预计不超过4.5亿元，期限预计不超过4 年，由中信海直以对中国海洋石油总公司（简称“中海油”）各分公司的应收账款作为基础资产发行。此次信托资产支持票据分为优先级和次级，其中优先级资产支持票据设定预期收益率，在银行间市场发行；次级资产支持票据不设预期收益率，由公司认购，其中，公司对次级信托资产支持票据的认购份额不超过总发行规模的20%。

（2）中信信托与中信海直属于同一实际控制人中国中信集团有限公司控制的企业，因此此事项构成关联交易。

（3）中信海直第五届董事会第二十四次会议审议通过了此事项。

（4）此事项不构成《上市公司重大资产重组管理办法》规定的重大资产重组。此次信托资产支持票据的发行，尚需在中国银行间市场交易商协会进行产品注册。

（5）此项关联交易尚需提交中信海直2016年第一次临时股东大会审议，关联股东将在股东大会上回避表决。

2. 关联方中信信托基本情况

中信信托主营业务：资金信托；动产信托；不动产信托；有价证券信托；其他财产或财产权信托；法律法规规定或中国银行保险监督管理委员会批准的其他业务。中信信托最近一个会计年度主要财务数据：2015年度营业收入1026300万元；净利润315409万元；净资产1799692万元。

3. 信托资产支持票据基本情况

（1）基础资产。

此事项的基础资产是中信海直对中海油各分公司的应收账款。

（2）交易结构。

①公司作为发起机构将合法持有的应收账款作为初始基础资产委托给受托人中信信托设立“中信海直2016年第一期资产支持票据信托”（下称“ABN信托”）。

② ABN信托成立后，中信海直将依据《信托合同》的约定，将其所有的基础资产定期转让给ABN信托。

③此期资产支持票据由承销商组织承销团，通过集中簿记建档、集中配售的方式在银行间市场公开发行。

④资产支持票据发行成功后，由主承销商将募集资金划转至中信信托开立的发行收入缴款账户，由发行人根据《信托合同》将募集资金划付至公司

账户。

⑤作为此项目的外部增信措施，中信海直需作为差额补足方，出具《差额补足承诺函》，约定对 ABN 信托预期信托利益的支付所需的资金承担差额补足义务。

（3）拟发行的信托资产支持票据情况。

此次信托资产支持票据的总发行规模预计不超过 4.5 亿元，期限预计不超过 4 年，分为优先级和次级，其中优先级资产支持票据资产支持票据设定预期收益率，在银行间市场发行；次级资产支持票据不设预期收益率，由公司认购，其中，公司对次级信托资产支持票据的认购份额不超过总发行规模的 20%。信托资产支持票据相关要素可能因监管机构要求或市场需求进行调整。

4. 关联交易内容及定价依据

中信海直拟发行的信托资产支持票据优先级投资者收益率将根据集中簿记建档的结果确定。预计优先级投资者收益率及发行费率合计，不超过银行同期贷款基准利率水平（1—5 年贷款基准利率 4.75%）。中信信托将作为交易安排人及特定目的载体管理机构，以优先级信托受益权的规模为基础向公司收取信托手续费，并将作为此项目的销售机构，为此项目提供项目路演及销售服务，并收取销售服务费（合并以信托手续费形式收取），预计各项费用的费率合计最高不超过 0.5%/ 年，同行业就同等业务范围的报价预计在 0.5%—1.1% 之间，其中信托手续费根据发行规模的不同在 0.15%—0.5% 之间，销售服务费率根据项目的销售规模一般在 0.3%—0.5% 之间，信托业保障基金的垫付成本的行业水平约在 0.05%—0.1% 之间，中信信托的打包报价水平较同行业平均水平具有明显优势。除上述信托手续费外，中信海直将向中信信托支付其为公司垫付的各中介机构的费用，包括但不限于律师服务机构、会计服务机构、评级机构的服务费等。在此项目成立后，公司将以资产支持票据的发行收入向中信信托偿付前期代垫中介机构前期费用及届时应付未付的各中介机构的前期费用，预计支付的费用总额不超过 70 万元；在此项目存续期间，中信信托将以 ABN 信托的信托财产支付期间中介机构费用，预计不超过 20 万元 / 年。如此次信托资产支持票据发行未成功，则中信海直将以财务顾问费的形式向中信信托偿付代垫费用。

5. 对上市公司的影响

中信信托作为中国最大的信托公司，在资产管理规模、业务创新能力方面走在业界前列。中信信托的业务团队在资产证券化领域拥有丰富的项目经验，对信托资产支持票据的发行政策及发行程序有较为深入的理解和把握。此次由中信信托作为此项目的交易安排人及特定目的载体管理机构，充分体现出中信集团内部各子公司的协同优势，有利于提高此项目的沟通效率，降低相关的操作和沟通成本，为未来中信海直进一步拓展资本市场融资途径奠定良好基础。中信海直此次拟通过发行信托资产支持票据的方式进行融资，有利于盘活公司的应收账款、拓展公司的融资渠道、降低公司整体融资成本、改善公司的整体债务结构、解决公司发展中的资金需求问题。

6. 工作进展

中信海直第五届董事会第二十四次会议及公司2016年第一次临时股东大会审议通过《关于发行应收账款信托资产支持票据暨关联交易的议案》，同意中信海直向中国银行间市场交易商协会申请注册总发行规模不超过4.5亿元的应收账款信托资产支持票据。2016年12月9日公司收到交易商协会出具的《接受注册通知书》（中市协注[2016]ABN8号），主要内容如下：

（1）交易商协会同意接受公司资产支持票据注册金额为3.52亿元，注册额度自《接受注册通知书》落款之日起2年内有效。由光大证券股份有限公司和浙商银行股份有限公司联席主承销。

（2）公司在注册有效期内可分期发行资产支持票据，首期发行应在注册后6个月内完成，后续发行应提前向交易商协会备案。发行完成后，应通过交易商协会认可的途径披露发行结果。

（3）公司应按照《非金融企业债务融资工具集中簿记建档业务操作规程》进行集中簿记建档发行。

2017年5月4日，公司2017年第一期信托资产支持票据优先级和次级在中国银行间债券市场发行，此期票据发行总额为 3.52 亿元，其中优先级发行总额为 3.15 亿元，次级发行总额为 0.37 亿元。2017 年 5 月 9 日此期票据发行所募集资金已到达中信海直账户，发行结果如下：

项目名称：公司 2017 年第一期信托资产支持票据。

项目规模：3.52 亿元，其中优先级 3.15 亿元。

项目评级：优先级 AAA。

发起机构：中信海直。

受托机构：中信信托有限责任公司。

信用评级机构：联合资信评估有限责任公司。

簿记建档日：2017 年 5 月 4 日。

项目到期日：2020 年 3 月 31 日。

发行利率：5.18%。

票据起息日：2017 年 5 月 8 日。

票据付息日：固定每年的 4 月 30 日，本息兑付日为 2020 年 3 月 31 日。

第十五章

EPC融资管理方法

EPC 融资管理方法又称为工程总承包方法或设计采购施工方法，英文名称为 Engineering Procurement Construction，简称 EPC。主要是指公司受业主委托，按照合同约定对工程建设项目的设计、采购、施工、试运行等实行全过程或若干阶段的承包。通常公司在总价合同条件下，对其所承包工程的质量、安全、费用和进度进行负责。在 EPC 模式中，Engineering 不仅包括具体的设计工作，而且可能包括整个建设工程内容的总体策划，以及整个建设工程实施组织管理的策划和具体工作；Procurement 也不是一般意义上的建筑设备材料采购，而更多的是指专业设备、材料的采购；Construction 也可译为“建设”，其内容包括施工、安装、试测、技术培训等，此外还应包括交付前做无负荷试运行或带负荷联动试运行、试生产，直至达产达标正常生产为止。

EPC 融资管理方法的主要内容和特点：

1. 设计主导

EPC 注重强调和发挥设计在整个工程建设过程中的主导作用，这有利于工程项目建设整体方案的不断优化。

2. 合理衔接

EPC 能有效克服设计、采购、施工相互制约和相互脱节的矛盾，有利于设计、采购、施工各阶段工作的合理衔接，能有效地实现建设项目的进度、成本和质量控制符合建设工程承包合同约定，有利于获得较好的投资效益。

3. 主体明确

EPC 建设工程质量责任主体明确，有利于追究工程质量责任和确定工程质量责任的承担人。

4. 管控适度

在 EPC 总承包模式下，发包人即业主不应过于严格地控制总承包人，而应该给总承包人在建设工程项目建设中较大的工作自由。比如，发包人通常不应该审核大部分的施工图纸、不应该检查每一个施工工序。发包人需要做的是了解工程进度、了解工程质量是否达到合同要求，建设结果是否能够最终满足合同规定的建设工程的功能标准。

5. 管理模式

发包人对 EPC 总承包项目的管理通常采取两种方式，即过程控制模式和事后监督模式。过程控制模式是指发包人聘请监理工程师监督总承包商“设计、采购、施工”的各个环节，并且签发支付证书，发包人通过监理工程师各个环节的监督，介入对项目实施过程的管理。事后监督模式是指发包人一般不介入对项目实施过程的管理，但在竣工验收环节较为严格，通过严格的竣工验收，对项目实施总过程进行事后监督。

6. 承担总责

EPC 总承包项目的总承包人对建设工程的“设计、采购、施工”整个过程负总责、对建设工程的质量及建设工程的所有专业分包人履约行为负总责，总承包人是 EPC 总承包项目的第一责任人。

7. 合同形式

在 EPC 总承包模式下，总承包商对整个建设项目负责，但并不要求总承包商必须亲自完成整个建设工程项目，除法律明确规定应当由总承包商必须完成的工作外，其余工作总承包商可以采取专业分包的方式进行。在工作实践中，总承包商往往会根据其丰富的项目管理经验以及工程项目的不同规模、类型和业主要求，将设备采购或制造、施工及安装等工作，采用分包的形式分包给专业分包商。所以，在 EPC 总承包模式下，其合同结构通常表现为几种形式：交钥匙总承包；设计—采购总承包（EP）；采购—施工总承包（PC）；设计—施工总承包（DB）；建设—转让（BT）等。交钥匙总承包、设计—施工总承包、建设—转让等模式是最为常见的合同形式。交钥匙总承包是指设计、采购、施工总承包，总承包商最终要向业主提交一个满足使用功能、具备使用条件的工程项目，该种模式是典型的 EPC 总承包模式。设计—施工总承包是指工程总承包企业按照合同约定，承担工程项目设计和施工，并对承包工程的质量、安全、工期、造价全面负责，在此种模式下，建设工程涉及的建筑材料、建筑设备等采购工作由发包人来完成。建设—转让总承包是指有投融资能力的工程总承包商受业主委托，按照合同约定对工程项目的勘查、设计、采购、施工、试运行实现全过程总承包，同时工程总承包商自行承担工程的全部投资，在工程竣工验收合格并交付使用后，业主向工程总承包商支付总承包价款。

8. 文件依据

为加强与国际惯例接轨，克服传统的“设计—采购—施工”相分离承包模式，进一步推进项目总承包制，中国现行《建筑法》第二十四条规定：“提倡对建筑工程实行总承包，禁止将建筑工程肢解发包。建筑工程的发包单位可以将建筑工程的勘察、设计、施工、设备采购一并发包给一个工程总承包单位，也可以将建筑工程勘察、设计、施工、设备采购的一项或者多项发包给一个工程总承包单位；但是，不得将应当由一个承包单位完成的建筑工程肢解成若干部分发包给几个承包单位。”《建筑法》的这一规定，在法律层面为 EPC 项目总承包模式在中国建筑市场的推行发展提供了具体法律依据。为进一步贯彻《建筑法》第二十四条的相关规定，2003 年 2 月 13 日，国家建设部颁布了（2003）30 号《关于培育发展工程总承包和工程项目管理企业的指导意见》，在该规章中，明确将 EPC 总承包模式作为一种主要的工程总承包模式予以政策推广。

9. 造价控制

EPC 总承包模式中，工程造价的合理确定与有效控制十分重要。在项目实施阶段，总承包单位应派有经验的造价工程师到施工现场进行费用控制，根据初步设计概算，对各专业进行分解，制定各部分控制目标。施工图设计与初步设计在一些材料设备的选用上可能还有些出入，造价工程师都应该及早发现解决，通过设计修改把造价控制在概算范围内。具体措施包括：

（1）通过招投标确定施工单位。项目招投标制度是总承包单位控制工程造价的有效手段，通过招投标可以提高项目的经济效益，保证建设工程的质量，缩短建设投资的回报周期，总承包单位可以充分利用招投标这一有效手段进行工程造价控制。

（2）通过有效的合同管理控制造价。施工合同是施工阶段造价控制的依据，采用合同评审制度，可使总承包单位各个部门明确责任，签订严密的施工承包合同，可合理地将总承包风险转移，同时在施工中加强合同管理，才能保证合同造价的合理性，减少履行合同中甲乙双方的纠纷，维护合同双方利益，有效地控制工程造价。菲迪克（FIDIC）合同条款具有一定的科学性、合理性、公平性，是合同管理和控制造价的有利武器，可供借鉴参考。

（3）严格控制设计变更和现场签证。由于设计图纸的遗漏和现场情况的千变万化，设计变更和现场签证是不可避免的，总承包单位通过严格设计变更签证审批程序，加强对设计变更工程量及内容的审核监督，改变过去先施工后结算的程序，由造价工程师先确认变更价格后再进行施工，这样才能在施工过程中对合同价格的变化做到心中有数。在施工过程中，造价工程师应深入现场对照图纸察看施工情况，了解收集工程有关情况，及时掌握施工动态，不断调整控制目标，为最终的工程总结算提供依据，做好必要的准备工作。如果是业主原因造成的设计变更，还应该及时向业主提出索赔。

（4）采购控制。由于设备、材料费在整个项目造价中所占的比重很大，因此搞好采购工作对降低整个工程项目的造价有重要作用。材料设备采购控制是 EPC 项目成败的重要因素之一，不仅要对货物本身的价格进行选择，还要综合分析一系列与价格有关的其他方面问题，比如：根据市场价格浮动的趋势和工程项目施工计划，选择合适的进货时间和批量；根据周转资金的有效利用和汇率、利率等情况，选择合理的付款方式和付款货币；根据对供货厂商的资金和信誉的调查，选择可靠的供货厂商。总之，要千方百计化解风险，减少损失，增加效益，以降低整个工程项目的造价。

（5）EPC 项目竣工阶段的造价控制。项目完工后，总承包单位要及时编制竣工结算，报业主批准，同时在审核分包结算时要坚持按合同办事，对工程预算外的费用严格控制，对于未按图纸要求完成的工作量以及未按规定执行的施工签证，一律核减费用；凡合同条款明确包含的费用但未按合同条款履行的违约等，一律核减费用，严格把好审核关。并且要收集、积累工程造价资料，为下一次投标报价做好准备。每完成一个项目都要对该项目进行分析比较，分析设计概算与施工图预算在工程量上的差别。

10. 资源管理

EPC 项目的资源投入包括项目人力、设备、材料、机具、技术、资金等资源的投入，其中既有自有的内部资源，也有通过采购或其他方式从社会和市场中获取的资源。在一定的时期内，由于某些客观因素的影响，能够获取的资源数量往往有限，这就存在一个如何合理对资源进行规划和利用这些有限资源的问题。如果资源安排不合理，就可能在工期内的某些时段出现资源需求的“高峰”，而在另一时段出现资源需求的“低谷”。当“高峰”与“低谷”相差很大时，如果某些时段内资源需求量超出最大可供应量，则会造成供不应求，导致工期延误。而当出现资源需求“低谷”时，则可能造成资源的大量积压，这种资源消耗的失衡，甚至极端时候的资源缺失，必然会影响项目目标的实现。因此，在项目前期，应根据项目的目标要求，对实现项目目标所需的资源类型和资源需求量进行分析，同时对自有资源和社会资源进行详细全面的调查，编制项目的资源需求计划。资源计划应服务于工作进度计划，什么时候需要何种资源是围绕工作进度计划的需要而确定的。因此在制订资源计划之前必须要有科学的进度计划，而制订进度计划的依据则是工作结构分解，工作划分得越细、越具体，所需资源种类和数量越容易估计。在制订了进度计划之后，就可以根据进度计划的要求配置资源。通常项目的资源计划包括了人力资源计划、物料设备供应计划、资金计划等。

11. 总结评价

在项目竣工后，对该项目进行总结评价，对以后类似项目的策划与实施具有非常重要的意义，这一点往往容易被一些单位忽视。总结评价一般在项目竣工以后项目运作阶段和项目结束之间进行，它的内容主要包括项目竣工验收、项目效益后评价和项目管理后评价。项目竣工验收和项目管理后评价，主要针对的是项目过程的评价，而项目效益后评价，则主要是对应于项目前期策划的。通过对项目的目的、执行过程、效益、作用和影响进行全面系统的分析和研究，总结正反两方面的经验教训，使项目的决策者、管理者和建设者都能学习到更加科学合理的方法和策略，提高决策、管理和建设水平。项目评价是全面提高项目决策和项目管理水平的必要和有效的手段。

案例1 和顺电气

苏州工业园区和顺电气股份有限公司（简称“和顺电气”）于 2018 年 3 月 27 日发布公告称，和顺电气控股子公司江苏中导电力有限公司（简称“中导电力”）在近日与济南三锐电力科技有限公司（简称“济南三锐”）签署了

《济南三锐长清20兆瓦山地光伏电站项目EPC总承包合同》，合同总价款暂定为11300万元；与枣庄乐叶绿晓电力科技有限公司（简称“枣庄乐叶绿晓”）签署了《枣庄乐叶绿晓20兆瓦山地光伏扶贫项目EPC总承包合同》，合同总价款暂定为11500万元。和顺电气及中导电力与济南三锐、枣庄乐叶绿晓之间不存在关联关系，此次合同的签订不涉及关联交易。根据有关法律法规和有关制度的规定，该《EPC总承包合同》为日常经营类合同，无需提交公司董事会和股东大会审议。

和顺电气是深圳证券交易所创业板上市公司，成立于1998年12月，2010年11月上市，截至2018年6月18日总市值22.3亿元。公司主营业务为新能源汽车充电桩、电力成套设备、电力电子设备、智能配电、光伏应用及为用户提供综合性电力应用解决方案等。新能源汽车充电桩是一种专为电动汽车动力电池充电的设备，通常分为交流桩和直流桩，作为国内较早进入充电桩领域的公司之一，经过多年技术积累，公司已经成功研发并规模化生产多种规格的交、直流充电设备，能够满足不同用户和不同规格、功率、场合下的充电需求，尤其在大功率快充、动态功率分配模式领域，公司已经具备了一定的竞争优势。目前公司主要采取直销及与公交公司合作共建及运营等多种营销模式。电力成套设备作为公司传统的主营业务，主要包括输配电设备的研发、生产、销售及服务。输配电设备市场中采购方较为集中，客户主要为国家电网公司、南方电网公司、五大发电集团及其下属企业、地方电力公司等。公司最终客户基本为各级电力公司，该类业务通常由招投标方式取得。光伏业务主要由控股子公司中导电力来负责实施和运营，专注于地面电站及分布式光伏电站的开发、设计、建设、运维服务等。和顺电气的电能质量改善产品，如DCC装置、高压SVG、VQC、MCR等，均具有清洁环保、节能降耗、提高用电效率、保障用电安全等特点，为目前国家政策导向产品。公司研发的防窃电计量装置技术在行业中处于领先地位，在国家电网公司和众多电力企业中有着比较高的地位，在行业中更具影响力和示范作用。和顺电气借助子公司中导电力切入专变线下运维领域，同时自主研发了线上用电需求侧管理平台，该平台可实现对用户高压、低压端电流、电压、温度、气体等各项指标的远程监测，同时具备对充电设备和分布式能源线上监测管理功能。其主要核心竞争优势分析如下：

1. 协同优势

和顺电气在起步阶段专注于电力成套设备的研发和设计，在此基础上又进行电能质量设备的研发和设计，APF 和 SVG 等电能质量产品及相关技术是和顺电气发展的基石；公司以电能质量设备的技术为基础，相继开发了新能源电动汽车充电桩等产品，并进一步切入光伏发电及售电领域。公司强化产业链协同，发挥核心技术及先进制造能力，形成板块相互借力、协同发展的闭环业务，增强了整体抗风险能力，提高了公司综合竞争力。

2. 技术优势

和顺电气成立以来一直专注于电力成套设备及电力电子技术的研发及制造，为国家高新技术企业，并通过相关质量管理认证，建立了完善的质量管理体系，制定了符合企业现状和发展需求的质量方针和质量目标，严格执行产品质量国家相关标准。公司具有完整的电动汽车充电站解决方案，公司的产品满足国家充电设备相关标准，符合国家电网、南方电网等国内重大客户的要求。

3. 人才优势

和顺电气通过对核心员工实施股权激励计划，全面引进拥有专业知识技能和丰富实践经验的高级管理人才，建立了一支具有较高专业技术水平的团队。

4. 经验优势

在充电桩大功率快充应用领域及光伏地面电站施工领域，和顺电气已通过多个大型项目的运作积累了经验，成为公司的无形竞争优势。

5. 品牌优势

截至 2017 年年底，和顺电气的电动汽车充电桩已经进入除西藏以外的大部分地区，并符合国家电网、南方电网等国内重大客户的要求，产品运行情况稳定，性能良好。

项目总体情况

1. 合同风险分析

（1）合同项目的推进需要各方协助，由于人员变动，可能存在项目不能如期完工的风险。

（2）可能存在因运营经验不足，或太阳能行业的技术、政策等出现重大变化而导致项目达不到预期的风险。

（3）合同总金额均为暂定总价，实际结算合同价款以最终并网的装机量计算，此合同涉及金额较大，存在因其他方原因而导致合同不能正常履行的风险，存在项目建设内容变更及违约的风险。

（4）合同履行存在受不可抗力影响造成的风险。

2. 合同当事人基本情况

（1）发包人。

①济南三锐电力科技有限公司，成立于2015年5月15日，注册资本200万元，经营范围：新能源技术推广服务；太阳能电站项目的开发、建设及运营；太阳能光伏发电技术的开发、技术咨询、技术服务；合同能源管理；中草药、蔬菜的种植；光伏发电产品的销售。

②枣庄乐叶绿晓电力科技有限公司，成立于2015年7月29日，注册资本500万元，经营范围：光伏电站项目的开发及工程施工、光伏电站系统运行维护；照明灯具、电子节能产品的销售、技术服务。

发包人最近三个会计年度与和顺电气未发生业务往来。

（2）总承包方。

江苏中导电力有限公司，成立于2006年3月3日，注册资本7360.08万元，经营范围：承装（修、试）电力设施；卫星地面接收设施安装施工、售后服务维修；变电站智能化工程及运行维护；数据中心建设及运维；通信工程；机电设备安装工程；电力及送变电工程；建筑智能化工程；市政公用工程，城市道路及照明工程；电脑网络设备销售、软件设计、开发和销售；建筑劳务分包；售电服务；通信系统及自动化控制系统开发与集成；电动汽车充电设备及充电站建设工程；电能质量产品的研发、开发、生产和销售（生产限分支机构）；电力及电气产品的研发、开发、生产和销售及咨询服务（生产限分支机构）；有线电视和数字电视工程设计、施工；无人机及多功能飞行器的技术研发、技术咨询、技术安装与服务；软件、信息、采集终端设备、电子产品、无人机及其设备与配件的销售及租赁；新能源技术推广服务及技术咨询；光伏发电项目的开发、建设、维护、经营管理及技术咨询；风力发电项目的开发、建设、维护及技术咨询。

中导电力为和顺电气控股子公司，和顺电气持有其 84.519% 的股权。

（3）履约能力分析。

据了解，济南三锐、枣庄乐叶绿晓主要从事太阳能光伏电站的开发、建设和运营以及太阳能光伏发电技术的研发、技术咨询和服务，两家公司已取得项目批文，正与有关机构洽谈项目合作资金的融资方案，具备此次合同约定项目的履约能力。

3. 合同主要内容

（1）工程名称：济南三锐长清 20 兆瓦山地光伏电站项目、枣庄乐叶绿晓 20 兆瓦山地光伏扶贫项目。

（2）合同范围：系交钥匙工程，工程总承包范围包含工程设计、设备材料采购、建筑工程、安装工程、箱变及开关站中的消防系统、电源接引、监控系统、系统调试、送出线路工程、电网接入、并网验收通过、电能质量检测装置、环境监测仪、工程资料编制、运维人员培训、提供备品备件及质保服务等与此项目相关的所有工作。

（3）合同的履行期限：此项目于发包方签署各期正式开工令起四个月内并网发电。

（4）工程施工质量标准：满足合同及国家或行业质量检测评定。

（5）总承包合同价格：《济南三锐长清 20 兆瓦山地光伏电站项目 EPC 总承包合同》总价款暂定为 11300 万元，其中一期 10 兆瓦暂定总价款为 5900 万元，二期 10 兆瓦暂定总价款为 5400 万元。此合同承包形式为单价承包，实际结算合同价款以最终并网的装机量计算。《枣庄乐叶绿晓20兆瓦山地光伏扶贫项目EPC总承包合同》总价款暂定为11500万元，其中一期10兆瓦暂定总价款为6100万元，二期10兆瓦暂定总价款为5400万元。此合同承包形式为单价承包，实际结算合同价款以最终并网的装机量计算。

（6）合同价款支付：此合同取得项目一期并网验收，且一期全额并网发电后15个工作日内，发包人向承包人支付一期合同金额的90%；取得项目二期并网验收，且二期全额并网发电后15个工作日内，向承包人支付二期合同金额的90%；合同金额的10%为质保金，需于各期质保期满后7日内一次性支付，质保期限为各期并网发电之日起12个月。其中设备和材料质保金采用厂家提供的银行保函，发包人收到质量保函后五个工作日内将等额质量保证金支付给总承包方。

（7）合同生效条件：此合同经合同双方法定代表人或其授权代表签名并加盖本单位公章后生效。

（8）违约责任：因总承包方原因使竣工日期延误，每延误一天赔偿5000元。

4. 合同对上市公司的影响

（1）此次合同的签署，符合上市公司进一步开拓新能源业务的发展战略，为上市公司在太阳能及新能源业务领域的开拓和发展有重要的意义，对提高上市公司营业收入和盈利能力有积极的影响。

（2）合同生效后，和顺电气控股子公司中导电力将根据此合同项目工程的进度安排工程施工建设，上述合同总金额暂定为22800万元，合同实施后，预计将对上市公司2018年业绩产生重要的积极影响。

（3）此次合同的签署为和顺电气日常经营行为，不会影响上市公司经营的独立性，公司的主营业务不会因履行此合同而对当事人形成依赖。

案例2 厚普股份

成都华气厚普机电设备股份有限公司（简称“厚普股份”）于2017年6

月 19 日发布公告称，2017 年 6 月 16 日厚普股份全资子公司四川宏达石油天然气工程有限公司（简称“宏达公司”）与云南藏燃能源开发有限公司签订《迪庆天然气支线管道工程 EPC 合同》，合同总价为 35000 万元。迪庆天然气支线管道工程项目已取得云南省发展和改革委员会《关于同意迪庆天然气支线管道工程项目核准的批复》（云发改能源 [2017]668 号）。

厚普股份是深圳证券交易所创业板上市公司，成立于 2005 年 1 月，2015 年 6 月上市，截至 2018 年 6 月 18 日总市值 29.09 亿元。经过多年持续不断的战略升级及产业拓展，厚普股份逐步形成了六大业务板块：清洁能源应用的高端装备集成板块；新能源充装整体解决方案板块；基于互联网 +、云计算、大数据分析等技术的运营和监管平台板块；基于 CRM、PLM 系统的站点运维服务板块；能源化工工程咨询、勘察、设计、施工、安装、管理等工程业务板块；清洁能源装备关键部件研发制造板块。厚普股份作为高新技术企业，拥有一支超过 300 人的专业研发团队，厚普研究院下辖 6 个专业研究所。截至 2017 年年底，公司拥有专利 250 项，其中发明专利 26 项、实用新型专利 199 项、外观设计专利 25 项；软件著作权 62 项，软件产品登记 17 项；防爆合格证 55 项，CE 认证 12 项。公司先后参与了 15 项国家标准、规范及 4 项地方标准的起草和编制，为行业的规范、良性发展做出积极的贡献。截至目前公司共有注册商标 111 件、四川省著名商标 2 件、成都市著名商标 2 件，2017 年 3 月获得“四川省名牌产品”称号。公司 CNG 加气机通过了欧盟 ATEX 防爆体系认证，LNG 集装箱橇装通过欧盟 PED（G 模式）承压设备安全认证及 MD 机械指令认证，LNG 加气机通过欧盟 ATEX 防爆认证。公司“基于网络化管理的高安全性 CNG 加气机”获得科技部科技型中小企业技术创新基金并通过验收；LNG 加气机及 LNG 加气站成套设备通过四川省科技厅科技成果鉴定，总体上处于国内领先水平；公司 LNG/L-CNG 全橇装加气装置通过四川省科技厅科技成果鉴定，处于国际领先水平；双泵橇智能 LNG 加气站成套设备通过四川省科技厅科技成果鉴定，总体技术处于国内领先水平。

项目总体情况：

1.合同当事人介绍

（1）发包人。

云南藏燃能源开发有限公司，注册资本6000万元，经营范围：能源项目投资、开发、管理，燃气工程的建设、管理和维护，燃气设备、器具的销售与维修。发包人与厚普股份及宏达公司均不存在关联关系，最近一个会计年度与厚普股份未发生交易或业务往来。

（2）承包人。

四川宏达石油天然气工程有限公司，注册资本10000万元，经营范围（以下范围不含前置许可项目，后置许可项目凭许可证或审批文件经营）：石油化工工程；市政公用工程；建筑机电安装工程；电子与智能化工程；机电工程；消防设施工程；防水防腐保温工程；燃气生产和供应；热力生产和供应；电力生产；电气安装；管道和设备安装；环境治理；新能源技术开发；节能技术开发；天然气净化技术研发；建筑工程；工程项目管理；规划管理；安全评价；工程勘察设计；工程咨询；工程管理服务；技术推广服务；进出口业；商品批发与零售。承包人为厚普股份的全资子公司。

2.合同主要内容

（1）工程概况。

工程名称：迪庆天然气支线管道工程。

工程立项批准文号：云发改能源[2017]668号。

工程地点：云南迪庆州。

工程内容：迪庆天然气支线管道工程起于中缅天然气管道丽江支线丽江末站，途经丽江市古城区、玉龙县后，跨金沙江进入迪庆州，经香格里拉经济开发区、小中甸镇到达位于香格里拉工业园区菁口特色产业片区的香格里拉末站。线路总长170千米，设计压力6.3兆帕，管径323.9毫米，设计输气量为3.23亿立方米/年。全线新建站场4座（丽江接收站、开发区分输站、小中甸分输站、香格里拉末站），阀室6座。

（2）工程工期。

开工日期2017年7月1日，竣工日期2018年8月31日。若开工日、阀室站场征地及地方协调等无法达到入场条件或因甲方原因导致的暂停施工，竣工日期顺延。

（3）合同价款支付。

①合同签订之日起七日内，承包人向发包人缴纳工程履约保证金3500万元，同时发包人向承包人以现金方式支付定金500万元。承包人工程完工验收合格后30日内不计息一次性退还工程履约保证金。在工程完工验收合格后工程整体结算时，定金转换为工程尾款。

②进度款采用每月支付的方式由发包人支付承包人。由承包人根据建设工期，制定建设周期计划表报发包人，承包人每月月末日根据当月度实际工程量（管道以实际回填为计量标准、场站以工艺安装完毕为计量标准）和实际采购量制作《月度结算清单》并交与发包人。次月10日前，发包人根据《月度结算清单》金额的80%向承包人支付工程款。

③承包人工程完工验收合格后30日内，发包人向承包人全额支付剩余的工程款，承包人收到全部工程款后，向发包人出具工程结算总额5%的质量保证保函作为工程质量保证。若最终付清时间超出《工程质量保修书》约定期限，则承包人不再出具质量保证保函。待保修期满后，按《工程质量保修书》约定期限解除保函保证。

④合同价款以最终决算为依据，工程详勘、施工图设计及竣工图编制、采购、施工分别结算。

（4）违约责任。

此合同中关于发包人违约的具体责任如下：

①发包人应承担因其违约给承包人增加的费用和（或）延误的工期，并支付承包人合理的利润。

②因发包人未能按合同约定支付工程款，发包人应向承包人支付该次应付款项资金利息，利息计取直至付清该次应付款项日止，利率按央行中长期贷款基准利率计取。

③因发包人原因（工程款支付除外）导致工期延长的，则应顺延工期且支付承包人实际发生的窝工费及设备租赁费用。

此合同中关于承包人违约的具体责任如下：

①承包人应承担因其违约行为而增加的费用和（或）延误的工期。

②承包人未能按约定的日期完工，发包人将按合同的规定向承包人收取违约赔偿费。误期赔偿费为5000元/天，误期赔偿费最高金额不超过承包人合同价的3%，如提前完工，发包人向承包人按5000元/天给予奖励。

③如果在工程施工过程中，由于承包人违约行为导致发包人遭受损失，则发包人有权向承包人提出索赔，索赔款项可以从应支付给承包人的款项中直接扣除。

（5）争议解决。

双方约定，在履行合同过程中产生争议时首选双方协商解决，协商不成时，向项目所在地的人民法院提请裁决。

3.合同对上市公司的影响

上述合同符合上市公司发展战略，其顺利实施有助于上市公司开拓、发展、深化清洁能源全产业链领域的业绩增长点，增强上市公司盈利能力和市场竞争力，对上市公司经营业绩有积极影响。同时，此项目对保障藏族聚居区供暖、改善藏族聚居区周边环境、提升当地人民生活质量、促进当地经济社会可持续发展亦具有重要作用，有利于提升上市公司形象。上述合同的履行不影响上市公司经营的独立性，上市公司主营业务不会因宏达公司履行合同，对上述合同当事人产生依赖性。

4.合同风险分析

（1）此协议相关条款中已对付款方式、违约责任和合同争议等做出明确规定，但在履行过程中存在受不可抗力的影响造成的风险。

（2）如项目公司未能按照此协议的约定支付相关费用，厚普股份将存在无法按时收款的风险。

案例3 中油工程

中国石油集团工程股份有限公司（简称“中油工程”）于 2017 年 11 月 14 日发布公告称，2017 年 11 月 12 日，中油工程二级子公司中国石油工程建设有限公司与阿拉伯联合酋长国 ADNOC Onshore 公司签署了《巴布油田综合设施项目 EPC 总承包合同》，合同金额约 15.2 亿美元。

中油工程是上海证券交易所主板上市公司，成立于 1999 年 4 月，2000 年 12 月上市，截至 2018 年 6 月 18 日总市值 235.1 亿元。公司主要从事以油气田地面工程服务、储运工程服务、炼化工程服务、环境工程服务、项目管理服务为核心的石油工程设计、施工及总承包等相关石油工程建设业务。为国内外客户的油气田开发、油气储运、炼油化工、环境、纺织化纤等工程提供工程咨询、项目管理、勘察、设计、采购、施工、安装、试运、开车、生产服务、运营维护、无损检测以及相关工程及工艺技术研发等全产业链服务。公司主要经营模式包括设计采购施工（EPC）总承包、设计采购承包（EP）、采购施工承包（PC）、勘察设计承包（E）、施工承包（C）、项目管理承包（PMC）和监理承包等。其主要核心竞争优势分析如下：

1. 国内领先、国际一流的生产能力及成套的核心技术

（1）油气田地面工程技术方面。中油工程在陆上油气田地面工程设计、施工等方面的能力处于国内领先水平，拥有国际先进的高温、高压、高腐蚀天然气集输及处理设计技术，大型油田集输及处理设计技术以及国内先进的稠油、超稠油开发建设地面工程设计技术；具备高含硫、高含二氧化碳、高氯、高温、高压、高产以及低压、低产、低渗透气田集输及处理工程设计能力；掌握长距离混输工程设计技术、油气水三相高效分离技术及深度电脱盐 / 脱水技术；具有 2000 万吨 / 年以上原油和 300 亿立方米 / 年以上天然气产能建设能力。

（2）管道储运工程技术方面。中油工程长输管道建设能力居国际先进水平，在天然气管道关键装备国产化、X80/90 大变形管件制造、管道机械化防腐等领域处于行业领先地位；全自动焊机核心技术打破国外垄断；X80 钢级和 0.8

系数长输管道设计及施工技术达到世界先进水平，超长多管道悬索跨越技术填补国内空白；拥有国际先进的地下水封洞库、地下储气库设计技术。具备管径711毫米以上油气管道8000千米/年的施工能力；拥有15万方原油储罐、20万方LNG储罐和1万方球罐设计施工技术，具有原油储罐2600万方/年和成品油储罐1600万方/年施工能力。

（3）炼化工程技术开发方面。中油工程拥有“千万吨炼油、百万吨乙烯”成套核心技术的自主知识产权，拥有45万吨合成氨、80万吨尿素成套技术，自主研发的延迟焦化、催化烟气脱硫脱硝、聚酯和橡胶等炼化工程技术达到国内领先水平，部分达到国际先进水平；“百万吨乙烯”的成功研发打破了国外对乙烯装置核心技术的垄断，多项技术填补了国内的空白，并列入国家支撑计划。乙烯制环氧乙烷/乙二醇成套技术，占据国内60%以上的市场份额。百万吨级PTA、丙烯酸及酯工艺成套技术打破国外技术垄断，整体达到国际领先水平；高端静设备设计制造国产化取得突破，已具备大型加氢反应器的制造能力。具备同时进行两个千万吨级炼油百万吨级乙烯的EPC总承包能力。

（4）LNG工程技术方面。中油工程掌握了大、中、小型不同系列的天然气预处理、液化、储存、接收、再气化等全产业链成套技术。已建成黄冈120万吨/年LNG液化厂和唐山650万吨/年LNG接收站等项目，并掌握了单线液化能力350万吨/年多级单组分液化，以及550万吨/年双循环混合冷剂液化成套技术。

（5）煤化工和污水处理工程技术方面。中油工程研发的煤制烯烃、煤制芳烃、煤合成气制乙二醇工程设计技术成功实现工程转化。拥有成熟的油气田地面、炼油化工、纺织印染、煤化工等方面的污水处理技术。其中，自主开发的煤化工“零排放”污水处理技术已经成功应用，成为该技术的领跑者。针对PTA、聚酯、化工、印染污水开发的系列处理技术达到了国内领先水平，工程应用效果良好。

2.丰富的项目运作经验，能提供“一站式”的综合服务

中油工程具备从事油气工程建设所需的各类资质440余项，其中2家所

属企业具备工程勘察综合甲级资质，5 家所属企业具备工程设计综合甲级资质，2 家所属企业具备石油化工工程施工总承包特级资质，3 家所属企业具备工程监理综合资质，公司还拥有海洋石油工程、隧道工程、钢结构工程专业承包一级等多项高级别专业承包施工资质。能够提供工程咨询、项目管理、勘察、设计、采购、施工、安装、试运、开车、监理、生产服务、运营维护等一揽子服务。具有石油工程建设行业上中下游一体化、国内外一体化、多功能服务一体化、海陆一体化的优势。公司具有丰富的石油石化工程设计和建设的实践经验，业务拓展到中东、中亚、亚太、非洲、美洲五大区域的 60 多个国家和地区。

3. 较强的市场影响力

中油工程承担着国家能源保障任务，完成了国家多项重大建设项目，享有良好的社会声誉和影响力。曾荣获建国六十周年百项经典工程、国家建设工程鲁班奖、国家优质工程金奖（境外工程）等多项荣誉，并与国内外的大型能源化工企业建立了长期稳定合作关系，具备较强的品牌影响力。根据美国《工程新闻纪录》(ENR) 2017 年度 250 家国际最大承包商排名，公司下属子公司管道局工程公司、工程建设公司、寰球工程公司分别位列 88 位、73 位、133 位。公司未来将进一步稳固中国领先、全球先进的石油工程建设企业行业地位。

4. 人才优势

在长期的稳健经营和持续发展中，中油工程形成了管理、规划、设计、采购、施工、开车、科研等各领域的人才梯队，培养了一大批同时适应国内外两个市场的人才队伍。近年来，高级技术专家、专业带头人、高级技能专家、高级别国家注册执业资格人员、有丰富经验的高级项目管理人员数量都大幅度增加，公司高素质的人才梯队为公司业务发展和壮大提供了有力的智力支持和保障。

项目总体情况：

1. 合同标的和对方当事人情况

（1）合同标的情况

根据合同，中国石油工程建设有限公司将承担位于阿布扎比西南约 160

千米的巴布油田综合设施项目，主要包括增加处理站油处理装置以及其他配套、辅助生产设施等工作。建设工期42个月。

（2）合同对方当事人情况。

ADNOC Onshore公司成立于1971年11月，为阿布扎比国家石油公司（AbuDhabi National Oil Company，简称ADNOC）旗下子公司，2017年10月，根据ADNCO公司品牌整合战略，统一命名为ADNOC Onshore。总部位于阿布扎比，主要经营阿布扎比陆上石油和天然气资源。ADNOC Onshore公司与中油工程不存在关联关系。最近三个会计年度中油工程向ADNOC Onshore提供施工服务金额分别为16686.92万元、14949.07万元、43826.39万元，分别占中油工程该年度业务总量的0.20%、0.23%、0.87%。

2. 合同主要条款

合同金额：约15.2亿美元。

结算方式：里程碑方式结算。

合同履行地点：阿拉伯联合酋长国阿布扎比。

履行期限：建设工期42个月（取得业主签发的临时验收证书）。

争议解决方式：双方约定依据阿布扎比和阿拉伯联合酋长国法律在阿布扎比仲裁进行解决。

合同签署时间和地点：该合同于2017年11月12日在阿布扎比签署。

3. 合同履行对上市公司的影响

由于合同履行期较长，该合同实施后将对上市公司未来4年的营业收入和利润总额产生一定积极影响。此合同为日常经营合同，此合同的签订和履行不影响上市公司业务独立性，上市公司主要业务不会因履约合同而形成依赖。

4. 合同履行的风险分析

中国石油工程建设有限公司具有较为丰富的油田地面设施建设经验，现有的技术、资源能够满足该项目实施。但在合同履行过程中如果遇到市场、经济、政治等不可预计的或不可抗力等因素，有可能会影响合同正常履行。

第十六章

PRN融资管理方法

PRN 融资管理方法又称为发行项目收益票据方法，英文名称为 Project Revenue Note，简称 PRN。就是指非金融企业发行的，以与城镇化建设相关的经营性项目产生的现金流为主要偿债来源、地方政府责任清晰、期限可涵盖项目完整周期的债务融资工具。

PRN 融资管理方法的主要特点：

1. 发行主体

发行主体通常为项目公司，这样有利于保证与地方政府或其相关的城建类企业将风险分离开来，地方政府不可以直接介入相关项目的建设、运营与还款，发起人或母体公司需设立独立运营的项目公司作为 PRN 的发行主体，募集资金由项目公司封闭运作管理，专项用于项目建设与运营。

2. 偿债来源

偿债来源以项目收益为主，地方政府不直接承担债务责任。PRN 主要以与城镇化建设相关的经营性项目收益为信用基础，项目产生的现金流作为项目收益票据的主要还款来源，通常经营性市政项目的现金回流具有持续性和稳定性特点，因而能够为募集资金的偿还提供长期可靠的保障，如保障房的销售回款、物业开发或出租收入、水电燃气等公用事业的收费、收费路桥的通行费收入等。

此外，这类经营性项目的独立运作意味着地方政府不直接介入相关项目的投融资、建设、运营，不承担 PRN 的直接偿还责任，也不为票据承担隐形担保，因此，PRN 的偿债能力不依赖于地方政府偿债能力。虽然为体现市政项目的公益性，地方政府往往会通过税收优惠、贴息支持等措施降低项目成本，但这是项目本身所具有的特性，不应作为地方政府直接偿债的保证。

3. 期限设计

为使 PRN 与项目的现金回流相匹配，PRN 的期限设计往往涵盖项目建设、运营、收益整个投资周期，预计未来发行的 PRN 仍将保持较长的期限。与此同时，由于不同投资阶段的资金平衡状态不同，因而在 PRN 的整个发行周期，风险差异较大。

4. 交易结构

交易结构的设计方案通常影响偿还风险，为保障发行人及投资人双方利益，PRN 通常会对偿还期限、分期摊还、提前赎回、资金管控、抵质押担保、信用增进等交易条款进行结构化设计，这些交易结构设计为 PRN 的偿还提供不同的信用承诺，最终将影响票据的信用风险。

5. 区别比较

PRN 与 ABN、ABS 本质上都是以基础资产产生的稳定现金流作为主要还款来源，均属于非金融企业证券化的一种。不过，PRN 在基础资产、发行期限、风险分离等方面仍与 ABN、ABS 存在明显区别。

（1）基础资产。PRN 主要以在建或拟建项目作为基础资产，而 ABN 和 ABS 的基础资产既包括由已运营项目形成的未来收益权，又包括已完工 BT 项目回收款、应收账款等既有债权，但不包括在建或拟建项目。此外受项目推出目的影响，PRN 的基础资产限定为与城镇化建设相关的经营性项目，而 ABN、ABS 通常对于资产范围无硬性要求规定。

（2）用途期限。PRN 募集资金只能用于项目的建设和运营，且发行期限较长，而 ABN 和 ABS 的募集资金使用用途没有严格限制，而且受基础资产特点的影响，ABN 和 ABS 发行期限相对较短，通常均在 5 年以内。

（3）风险分离。PRN 强调项目资产的独立性，发行主体通常为项目公司，以便将项目资产的信用风险和项目发起人自身的信用水平相互分离。与 PRN 相比，ABS 具备信托计划特点，计划委托人需要将其能产生现金流的资产完全出售给计划管理人，由计划管理人作为发行主体对外发行，如果原始权益人出现破产风险，专项资产有可能出现相应的风险。相较而言，ABN 虽以一定的债权或收益权作为基础资产，但并没有明确的风险分离设置，票据发行主体即为企业主体，投资人仅对基础资产的现金流享有优先受偿权，其主要依赖的还是发行主体的偿债能力。

案例1　南京金融城

2017年6月15日，由交通银行股份有限公司江苏省分行主承销、中国民生银行股份有限公司联席承销的南京金融城建设发展股份有限公司2016年度第一期项目收益票据在银行间债券市场成功发行。该项目收益票据注册发行规模10亿元，发行期限为2年。首期发行5亿元，发行利率3.7%。这是全国范围内首批也是江苏省范围内首单成功公募发行的项目收益票据。南京金融城项目位于南京河西CBD区域，是推动南京市现代服务业转型升级和全市金融业快速发展的重点项目。金融城项目一期总建筑面积约74万平方米，10栋超高层建筑已全部结构封顶并部分交付，邮储银行江苏省分行已正式入驻。中国工商银行江苏省分行、江苏省信用再担保有限公司、紫金保险、紫金农商行、南京证券等金融机构将陆续入驻。此次融资对应的是南京金融城项目二期，该项目于2016年4月正式启动，拟建总建筑面积约80万平方米，预计总投资将超过100亿元，建设规模、投资总额、标志性和集聚效应均超过金融城一期工程。相比传统银行信贷产品，项目收益票据大幅降低了企业的融资成本。以10亿规模测算，发行人每年至少可节省700万元财务费用。

项目融资总体情况：

1.发行人基本情况

南京金融城建设发展股份有限公司，成立于2011年5月26日，注册资本15亿元，经营范围：房地产开发经营；自有房屋租赁；房地产经纪；物业管理；实业投资；停车场管理服务；提供劳务服务；会务服务；技术开发、服务、咨询；自营和代理各类商品及技术的进出口（国家限定公司经营和禁止进出口的商品及技术除外）；组织文化交流活动；酒店管理；餐饮管理；日用百货销售。

2.主要发行条款

项目收益票据名称：南京金融城建设发展股份有限公司2016年度第一期

项目收益票据。

发行人：南京金融城建设发展股份有限公司。

接受注册通知书文号：中市协注 [2016]PRN5 号。

主承销商 / 簿记管理人：交通银行股份有限公司。

联席主承销商：中国民生银行股份有限公司。

注册发行总额：10 亿元。

此期发行金额：5 亿元。

此期发行期限：2 年。

面值：100 元。

票面利率：按面值发行，票面利率由集中簿记建档结果确定。

发行对象：全国银行间债券市场的机构投资者（国家法律、法规禁止的购买者除外）。

承销方式：主承销商余额包销。

发行方式：通过集中簿记建档、集中配售的方式公开发行。

发行日期：2016 年 6 月 15 日（T 日）。

簿记建档日：2016 年 6 月 15 日（T 日）至 2016 年 6 月 16 日（T+1 日）。

起息日期：2016 年 6 月 17 日（T+2 日）。

缴款日：2016 年 6 月 17 日（T+2 日）。

债权债务登记日：2016 年 6 月 17 日（T+2 日）。

上市流通日：2016 年 6 月 20 日（T+3 日）。

兑付日期：2018 年 6 月 17 日（如遇法定节假日，则顺延至其后的第一个工作日）。

计息年度天数闰年 366 天，非闰年 365 天。

兑付价格：按面值兑付。

付息方式：此期项目收益票据每次付息日前 5 个工作日，由发行人按有关规定在指定的信息媒体上刊登“付息公告”，并在付息日按票面利率由上海清算所代理完成付息工作。

兑付方式：此期项目收益票据到期日前5个工作日，由发行人按有关规定在指定的信息媒体上刊登“兑付公告”，并在到期日按面值加最后一期利息兑付，由上海清算所完成兑付工作。

发行人信用等级：经上海新世纪资信评估投资服务有限公司综合评定，发行人主体信用级别为AA级，评级展望稳定；此期项目收益票据债项评级为AAA级，评级展望稳定。

担保人信用等级：经中诚信国际信用评级有限责任公司综合评定，担保人主体信用级别为AAA级，评级展望为稳定。

担保方式：南京紫金投资集团有限责任公司为此次项目收益票据本息等提供全额无条件不可撤销的连带责任保证。

项目收益评估机构：中兴财光华会计师事务所。

资金监管机构：交通银行股份有限公司江苏省分行。

托管人：上海清算所。

3.发行安排

（1）集中簿记建档安排。

①此期项目收益票据簿记管理人为交通银行股份有限公司，此期项目收益票据承销团成员需在2016年6月15日（T日）9:00至2016年6月16日（T+1日）11:00，通过集中簿记建档系统向簿记管理人提交《南京金融城建设发展股份有限公司2016年度第一期项目收益票据申购要约》（以下简称“《申购要约》”），申购时间以在集中簿记建档系统中将《申购要约》提交至簿记管理人的时间为准。

②每一承销团成员申购金额的下限为1000万元（含1000万元），申购金额超过1000万元的必须是1000万元的整数倍。

（2）分销安排。

①认购此期项目收益票据的投资者为境内合格机构投资者（国家法律、法规及部门规章等另有规定的除外）。

②上述投资者应在上海清算所开立A类或B类托管账户，或通过全国银行

间债券市场中的债券结算代理人开立C类持有人账户；其他机构投资者可通过债券承销商或全国银行间债券市场中的债券结算代理人在上海清算所开立C类持有人账户。

（3）缴款和结算安排。

①缴款时间：2016年6月17日（T+2日）12:00前。

②簿记管理人将在2016年6月16日（T+1日）通过集中簿记建档系统发送《南京金融城建设发展股份有限公司2016年度第一期项目收益票据配售确认及缴款通知书》（以下简称“《缴款通知书》”），通知每个承销团成员的获配项目收益票据面额和需缴纳的认购款金额、付款日期、划款账户等。

③合格的承销商应于缴款日12:00前，将按簿记管理人的《缴款通知书》中明确的承销额对应的募集款项划至交通银行股份有限公司指定账户。如合格的承销商不能按期足额缴款，则按照中国银行间市场交易商协会的有关规定和《承销协议》及《承销团协议》的有关条款办理。

④此期项目收益票据发行结束后，项目收益票据认购人可按照有关主管机构的规定进行项目收益票据的转让、质押。

（4）登记托管安排。

此期项目收益票据以实名记账方式发行，在上海清算所进行登记托管。上海清算所为此期项目收益票据的法定债权登记人，在发行结束后负责对此期项目收益票据进行债权管理、权益监护和代理兑付，并负责向投资者提供有关信息服务。

（5）上市流通安排。

此期项目收益票据在债权登记日的下一个工作日（2016年6月20日）（T+3日），即可在全国银行间债券市场流通转让。按照全国银行间同业拆借中心颁布的相关规定进行。

4.募集资金用途

此次发行人拟注册10亿元项目收益票据，使用主体为南京金融城建设发展股份有限公司，募集资金拟全部用于南京金融城项目建设；首期拟发行5亿元，期限2年，募集资金拟用于南京金融城项目建设。

（1）募投项目基本情况。

南京金融城项目位于南京河西中央商务区二期核心地段45号地块，嘉陵江东街以南，雨润大街以北，东至庐山路、西至江东中路。项目定位于打造“具有国际水准、地标性的金融企业聚集区”，项目由南京市政府整体规划、牵头协调，并配套以各项扶持政策，计划入驻企业均为央企子公司及南京市最重要的国有大中型金融机构。该项目拟建商务金融高层和超高层建10栋以及相关配套设施，其中8栋出售、2栋出租；项目用地面积79629.8平方米，总建筑面积约740874平方米（其中地上建筑面积约511588平方米，地下建筑面积约229286平方米）。募投项目计划总投资约69.07亿元，截至2016年3月末已实际投资约41.45亿元，项目自有资本金已到位20.1亿元，自有资本金足额到位；截至2016年3月末5栋写字楼主体工程结束正处于装修阶段，另5栋写字楼正在进行主体结构施工。

（2）项目定位及目标。

①战略定位及目标：募投项目为南京市重大规划项目，战略定位为建设泛长三角重要区域金融中心的标志性核心功能区，整合江苏省市金融资源推进现代金融体系和制度建设的创新平台。项目战略目标为：聚集南京都市圈以及苏、皖、赣金融企业总部和分支机构、行业协会和监管单位，形成实力雄厚、结构合理、竞争力强、支撑有力、在长三角地区向心力鲜明的金融产业高地；对接上海国际资本输出，搭建国际化融资平台，建设服务全省、面向中西部、辐射长三角北翼的多元化现代金融市场体系，提升南京市金融业辐射的广度和深度；带动省市地方法人金融机构做大做强，引导金融创新和科技金融体系的建设，打造“国家促进科技和金融结合试点”的示范区。

②功能定位及载体：募投项目基本功能定位为金融企业总部聚集区、金融交易的大市场、金融监管的集中区；特色功能定位为金融创新的孵化器和产融结合的新平台。功能载体主要为写字楼、营业厅、要素市场交易大厅、行政服务大厅、餐饮、会所等产业、咨询中心等特色载体。项目物业总体品质将达

到“标准甲级”，其中若干标志性写字楼品质将达到“国际甲级”。项目销售客户定位区分为主力客户、次主力客户和中小客户，其中主力客户主要包括企业总部或地区总部、省市直属大型金融企业、五大银行、三大保险公司（中国人寿、中国平安、中国太平洋公司）等，以整栋销售为主；次主力客户主要包括企业地区总部或业务总部、股份制银行、城市商业银行、全国性保险公司、证券公司等，以整层以上销售为主；中小客户主要包括中小企业、投资客户、基金公司、信托公司、私募基金等。项目租赁客户定位区分主力客户和品牌客户，其中主力客户主要包括大中型餐饮、本地会计师事务所、律师事务所、资产评估公司等；品牌客户主要是外资银行、外资会计师事务所、监管部门等。

（3）项目的主要优势。

①项目所在区位优势。南京金融城项目位于南京市河西新区CBD地段。南京市作为长三角经济带的主要城市，总部经济发展基础较好，根据中国总部经济研究中心的报告，南京的总部经济发展能力排名前列，仅次于北京、上海、广州等一线城市。南京市河西新区已被定位为南京重要城市中心之一，与新街口、南站地区共同构成南京的城市中心体系，目前新街口发展空间已较为有限，南站地区尚处于规划启动期，而河西新区将成为未来相当长时间内政府大力推动发展的城市中心区域。经过多年的发展，河西CBD发展势头良好，配套逐渐完善，优良的政策环境、未来城市中心的功能定位、良好的区域发展势头及发展潜力，驱动河西快速发展。

②区域金融集聚优势。南京市在全国金融业发展中占有重要地位，其位于我国两大金融城市上海与武汉之间，起到对上海国际金融中心的二级补充及作为我国中部金融发展连接关键点的双重作用，同时国家相关金融管理机构的设置，使南京成为苏、皖金融发展的辐射源。南京市作为“金融改革试验区”“南京保险创新试验区”和“江苏金融聚集区”，区域内有金融法人总部机构10余家，省级金融机构40余家。其中外资机构包括汇丰银行、韩国LIG保险公司和菲律宾首都银行。

③地方政府支持优势。南京金融城项目被列为南京市重大规划项目，南京

市政府在项目拿地、招商、政府补贴等各方面给予大力支持。拿地方面，南京金融城项目用地由发行人两大股东南京市河西新城区国有资产经营控股（集团）有限责任公司和南京市建邺区国有资产经营（控股）于2011年作为资本注入，按注资时确认的账面价值计算的楼面地价约为每平方米900元。招商方面，项目开工之前，由南京市金融办牵头召开了由在宁多家金融机构参加的预售洽谈会，金融城一期项目10幢写字楼中的7幢在开工之前与各大金融机构签订合作协议，提前锁定了未来销售对象，保证了项目的顺利推进。税收优惠方面，政府平均每年给予发行人约200万—300万元贴息补贴，降低企业财务成本，自2012年以来发行人累计收到政府各类补贴合计约为2.88亿元。此外，南京市政府设置河西CBD金融业发展专项资金，给予入驻金融企业注册金补贴、购租办公物业补贴、高级管理人员补贴等各方面的政策支持。

④建筑设计优势。募投项目由德国GMP建筑设计有限公司设计，该公司在德国建筑师事务所中排行第一，在世界百强建筑事务所中位居第五，在中国先后设计出中国国家博物馆、德意志银行总部大楼、杭州金融城等一批有影响力的作品。募投项目设计方案巧妙契合复杂的地形条件，10栋高层建筑在总平面布局上呈现旋转的风车翼叶布置，在动感中体现“外圆内方”的建筑寓意。作为项目一大设计亮点，在项目地块西北以江东中路和嘉陵江街为两边切出一块三角形，设计成近2万平方米的“森林绿地”。

（4）使用募集资金的方式。

发行人在交通银行开设票据资金专户，主要用于票据募集资金的存放、支付以及票据还本付息资金的归集、存放和支付。账户设置包括募集资金使用专户和偿债资金账户。

5. 交易结构

（1）发行人在交通银行开设募集资金使用专户和偿债资金账户，用于募集资金的划转和票据本金、利息的偿付。

（2）此期票据的募集资金将划入募集资金使用专户，该账户由监管银行交通银行监管，募集资金需按约定用途使用。

（3）此期票据还本付息的首要资金来源，为募投项目产生的收入。募投项目产生的主要经营收入，将划入发行人日常结算账户，偿债资金由日常结算账户再划转至偿债资金账户。

（4）发行人承诺募投项目产生的收入将优先偿还此期票据。

6.现金流归集与管理安排

此期票据采取簿记建档、集中配售的方式在全国银行间债券市场公开发行，此期票据的募集资金将划入项目实施主体开立的募集资金使用专户，该账户由监管银行即交通银行江苏省分行监管，资金划出必须依照约定用途。

（1）现金流账户监督。

①募集资金使用专户：用于接收此期票据募集资金的专项账户，账户资金专项用于此募集约定的项目。

②偿债资金账户：用于偿还此期项目收益票据本息，收入资金来源由项目自身收益现金流、担保人补足资金构成。同时，为偿债资金账户搭配开立日常结算账户。日常结算户用于接受项目产生的主要收入，并在指定偿还日前将此期票据应付本息由日常结算账户划转入偿债资金账户。发行人可自由支配日常结算户中的资金。在此期票据本息偿付日的前10个自然日，需保证日常结算账户中有足额资金，可划转入偿债资金账户进行票据本息的偿付。若在指定划转日日常结算户中的余额不足以支付当期本息，监管银行应通知发行人进行偿付本息的差额补足；若发行人无法补足差额，则由担保人代发行人偿付应付本息。

（2）资金的使用与划转。

账户监管银行将严格审核发行人提出的资金使用申请以及支付材料，合规办理募集资金的划拨支付手续，保障募集资金使用专户资金专项用于募投项目的建设。

7.现金流对项目收益票据兑付的支持安排

发行人应依据时间进度妥善安排偿债资金逐步到位，确保到期兑付本息，确保在此期票据当年还本付息日前20个自然日，偿债资金账户余额不小于当年应付本息额的40%；在此期票据当年还本付息日前15个自然日，偿债资金账户余额不小于当年应付本息额的70%，在此期票据当年还本付息日前10个自然日，偿债资金账户余额不小于当年应付本息额的100%。

8. 信用增进安排

南京紫金投资集团有限责任公司为此期项目收益票据提供全额无条件不可撤销连带责任保证担保，并出具担保函。在此期项目收益票据存续期的每个计息年度，如果发行人无法按期偿付此期项目收益票据当期应付本息，则由担保人履行担保义务，偿付此期项目收益票据的本金、利息、违约金、损害赔偿金、实现债权的合理费用和其他应付费用。

案例2 湖北交通

2015年11月9日，全国银行间市场首单公募项目收益票据在武汉发行，此期票据发行金额共计13亿元，分为两个品种：品种一发行期限为15+8年期（含权），发行利率5.4%；品种二发行期限为23年，发行利率5.45%。11月9日，经中国银行间市场交易商协会注册，由渤海银行主承销的湖北省交通投资集团有限公司2015年度第一期项目收益票据成功完成簿记建档，此次总注册规模26亿元，首期发行规模13亿元，期限23年。这是全国首次以公募方式注册发行项目收益票据，也是全国首次以发行项目收益票据为融资方式支持高速公路建设，由于设定的期限为23年，因此这也是全国债券市场（含银行间债券市场以及交易所市场）首单期限最长非金融企业债券，开创了债券市场长期限债券发行的先河。这期项目收益票据的发行突破了传统以银团贷款解决大型基础设施项目建设的模式，为大型、长周期项目的融资提供了更多市场渠道。

湖北省交通投资集团有限公司是湖北省最大基础设施投资运营商，拥有省内绝大部分高速公路路段的经营权。此期项目收益票据所投项目“仙洪高速洪湖段”起于荆州市洪湖市东荆河五湖南侧，止于洪湖市燕窝镇，线路全长 19.8 千米。该项目作为武汉城市圈环线高速公路的一部分，它的建设有助于优化长江过江通道布局，并有效缓解沪渝高速、京港澳高速公路路段交通压力。

融资项目总体情况：

1. 发行人基本情况

湖北省交通投资集团有限公司，注册资本 100 亿元，为国有独资公司。经营范围：全省公路、铁路、港航、航空等交通基础项目、客货运输业、现代物流业等相关产业及其他政策性建设项目的投资；公路、桥梁等交通基础设施的科研、设计、施工、监理及运营管理；智能交通开发与应用；项目评估、咨询；资产经营及管理；股权投资及企业并购；项目代建代管；土地收购储备及开发；房地产开发；风险投资；国际经济及技术合作（需审批方可经营）。

2. 发行主要条款

项目收益票据名称：湖北省交通投资集团有限公司 2015 年度第一期项目收益票据。

发行人：湖北省交通投资集团有限公司。

接受注册通知书文号：中市协注 [2015]PRN4 号。

注册金额：26 亿元。

此期发行金额：13 亿元，其中品种一初始发行规模为 6.5 亿元，品种二初始发行规模为 6.5 亿元。发行人与主承销商有权根据簿记建档情况，对此期项目收益票据各品种最终发行规模进行回拨调整，即减少其中一个品种发行规模，同时将另一品种发行规模增加相同金额；两个品种间可以进行双向回拨，回拨比例不受限制，两个品种的最终发行规模合计为 13 亿元。

期限：此期项目收益票据分为两个品种，品种一期限为 23 年（15+8）；品种二期限为 23 年。在此期项目收益票据品种一存续期第 15 年末，发行人对此期项目收益票据有赎回权和调整票面利率选择权，调整以发行时票面利率为基准；在此期项目收益票据品种一第 15 年末兑付日的 50 个自然日之前，发行人在上海清算所网站、中国货币网向投资人披露发行人对此期项目收益票据是否行使赎回权、票面利率调整幅度情况以及回售实施办法（含回售登记期限等）。在此期项目收益票据品种一存续期第15年末，投资人对此期项目收益票据有回售权；投资人在投资人回售登记期内，有权按回售实施办法的要求进行登记，将持有的此期项目收益票据按面值全部或部分回售给发行人，或选择继续持有此期项目收益票据，并接受发行人对票面利率的调整。

主承销商：渤海银行股份有限公司。

发行价格/面值：100元/百元面值。

票面利率：采用面值发行，发行利率通过集中簿记建档结果最终确定。

发行对象：全国银行间债券市场机构投资者（国家法律、法规禁止的投资者除外）

承销方式：主承销商余额包销。

发行方式：此期项目收益票据由主承销商组建承销团，通过集中簿记建档、集中配售的方式在银行间市场公开发行。

担保情况：项目建成后以其高速公路收费权提供质押担保。

债项信用级别：AAA。

簿记管理人：渤海银行股份有限公司。

发行日期：2015年11月6日至2015年11月9日。

起息日期：2015年11月10日。

还本付息方式：

①此期项目收益票据每年付息一次，分次还本。

②此期项目收益票据品种一：从第11年度开始偿还本金，第11至第15年度的付息日分别按该品种发行金额的3.5%、5%、5%、5%、5%的比例偿还本金，本金与利息一起支付。第15年末按发行人赎回金额或投资人回售金额，在付息日偿付本金。第16至第23年度的付息日分别按存续本金金额的12.5%的比例偿还本金，本金与利息一起支付。本金偿还后，自偿还之日起，其偿还本金部分不再另计利息。前15年期间，每年在付息日按发行时票面利率计算付息一次，第16年度开始，每年在付息日按第15年末调整后的票面利率和存

续本金金额计算付息一次。

③此期项目收益票据品种二：每年在付息日按发行时票面利率计算付息一次。从第 11 年度开始偿还本金，第 11 至第 23 年度的付息日分别按该品种发行总额的 3.5%、5%、5%、5%、5%、10%、10%、10%、10%、10%、10%、10%、6.5% 的比例偿还本金，本金随利息一起支付。本金偿还后，自偿还之日起，其偿还本金部分不再另计利息。

④此期项目收益票据存续期限内兑付日前 5 个工作日，由发行人按有关规定在主管部门指定的信息媒体上刊登“兑付公告”。

⑤此期项目收益票据的兑付，按照中国人民银行的规定，由上海清算所代理完成兑付工作，相关事宜将在“兑付公告”中详细披露。

还本付息日期：

①此期项目收益票据品种一，2015—2030 年每年的 11 月 10 日为上一计息年度的付息日（遇中国法定节假日顺延至下一个工作日）。

②此期项目收益票据品种一，第 15 年末发行人赎回或投资人回售债券兑付日为 2030 年 11 月 10 日。

③此期项目收益票据品种二，每年的 11 月 10 日为上一计息年度的付息日（遇中国法定节假日顺延至下一个工作日）。

④此期项目收益票据到期兑付日为 2038 年 11 月 10 日。

计息天数：平年 365 天，闰年 366 天。

信用评级机构及信用评级结果：大公国际资信评估有限公司评定的此期项目收益票据信用级别为 AAA，此次不对发行人主体进行信用评级。

担保情况：项目建成后以其高速公路收费权提供质押担保。

登记托管：安排上海清算所采用实名记账方式登记托管。

3. 发行安排

（1）集中簿记建档安排。

①此期项目收益票据簿记管理人为渤海银行股份有限公司，此期项目收益票据承销团成员需在 2015 年 11 月 6 日 9:00 至 2015 年 11 月 9 日 15:00，通

过集中簿记建档系统向簿记管理人提交《湖北省交通投资集团有限公司2015年度第一期项目收益票据申购要约》(以下简称“《申购要约》”),申购时间以在集中簿记建档系统中将《申购要约》提交至簿记管理人的时间为准。

②每一承销团成员申购金额的下限为1000万元(含1000万元),申购金额超过1000万元的必须是1000万元的整数倍。

(2)分销安排。

①认购此期项目收益票据的投资者为境内合格机构投资者(国家法律、法规及部门规章等另有规定的除外)。

②上述投资者应在上海清算所开立A类或B类托管账户,或通过全国银行间债券市场中的债券结算代理人,开立C类持有人账户;其他机构投资者可通过债券承销商或全国银行间债券市场中的债券结算代理人,在上海清算所开立C类持有人账户。

(3)缴款和结算安排。

①缴款时间:2015年11月10日12:00前。

②簿记管理人将在2015年11月10日通过集中簿记建档系统发送《湖北省交通投资集团有限公司2015年度第一期项目收益票据配售确认及缴款通知书》(以下简称“《缴款通知书》”),通知每个承销团成员的获配项目收益票据面额和需缴纳的认购金额、付款日期、划款账户等。

③合格的承销商应于缴款日12:00前,将按簿记管理人的《缴款通知书》中明确的承销额对应的募集款项划至渤海银行股份有限公司指定账户。如合格的承销商不能按期足额缴款,则按照中国银行间市场交易商协会的有关规定和《承销协议》及《承销团协议》的有关条款办理。

④此期项目收益票据发行结束后,项目收益票据认购人可按照有关主管机构的规定进行项目收益票据的转让、质押。

(4)登记托管安排。

此期项目收益票据以实名记账方式发行,在上海清算所进行登记托管。上海清算所为本期项目收益票据的法定债权登记人,在发行结束后负责对此期项目收益票据进行债权管理、权益监护和代理兑付，并负责向投资者提供有关信息服务。

（5）上市流通安排。

此期项目收益票据在债权登记日的下一个工作日（2015 年 11 月 11 日），即可在全国银行间债券市场流通转让。按照全国银行间同业拆借中心颁布的相关规定进行。

4. 募集资金用途

此期项目收益票据募集资金 13 亿元将用于武汉城市圈环线高速公路洪湖段项目建设。该条高速公路为经营性高速公路，其运营年限为 30 年。根据《武汉城市圈“两型”社会建设综合配套改革试验区综合交通规划》，湖北省按照“完善七通道、构筑三圈、打造六枢纽、建设一系统”的思路构建一体化的武汉城市圈综合交通体系。根据城市圈圈层轴向式发展的空间结构特征，从促进区域产业转移、优化、升级的角度，以效率为中心，以环形放射状交通网络为骨架，构筑三大交通圈。一是构筑武汉主城区核心交通圈；二是构筑连接武汉市新城的紧密交通圈；三是构筑连接城市圈内其他八城市的辐射交通圈。武汉城市圈环线高速公路即指规划的八城市之间的互联环线，总里程约 560 千米。其中东环为“大广”高速公路麻城至黄石段（其中麻城至黄冈段及鄂东长江大桥已建，黄石境内段目前在建），南环为黄石至咸宁高速公路（目前在建），西环为孝感—仙桃—咸宁高速公路（目前正报批待建），北环为麻竹高速公路麻城至大悟段（其中麻城至宋埠段已建，宋埠至红安段已批待建、大悟境段已报待批），洪湖段工程（即本项目）为武汉城市圈环线高速公路西环的重要组成部分，属于西环南段。

此项目起于洪湖市与仙桃市交界处的五湖南侧，接武汉城市圈环线高速公路仙桃段，跨东荆河，与武汉至监利高速公路洪湖至监利段相交，经荻障口、宋家沟，止于洪湖市燕窝镇团结村，接嘉鱼长江公路大桥北岸接线，全长 19.816 千米。全线采用设计速度 100 千米 / 小时的高速公路标准建设，起点至西岸枢纽互通段路基宽 26 米，双向四车道，西岸枢纽互通至终点段路基宽

33.5 米、双向六车道。全线设置西岸、燕窝 2 处互通式立交（西岸为枢纽互通）、服务区 1 处、养护工区 1 处、匝道收费站 1 处。

根据《省发展改革委关于武汉城市圈环线高速公路洪湖段初步设计的批复》（鄂发改审批 [2012]570 号），项目初步设计总概算核定为 34.727 亿元，其中项目资本金比例为 25%，约 8.68 亿元，由湖北省交通投资集团有限公司出资，剩余 26.047 亿元，占项目总投资的 75%，需通过外部融资解决。

该项目于 2013 年 10 月 10 日开工建设，根据发行人项目建设进度安排，2015 年计划项目投资金额 14.06 亿元。截至 2015 年 3 月 31 日，该项目发行人已累计完成投资 24.74 亿元，完成项目概算 34.73 亿元的 71.24%。截至 2015 年 3 月底，路基土石方已全部完成；涵洞通道已全部完成，桥梁基础、下构全部完成；梁板预制 2015 年度完成 926 片，累计完成 5654 片，占总量的 99.5%；梁板安装 2015 年度完成 1534 片，累计完成 4,837 片，占总量的 94.2%；现浇箱梁 2015 年度完成 97 孔，累计完成 272 孔，占总量的 88%，现浇节段 2015 年度完成 78 节，累计完成 220 节，占总量的 93%。项目规划完工时间为 2015 年 11 月 28 日。

截至 2015 年 10 月，项目已获得《省发展改革委关于武汉城市圈环线高速公路洪湖段初步设计的批复》（鄂发改审批 [2012]570 号）、《省国土资源厅关于武汉市城市圈环线高速公路洪湖段建设用地预审备案意见的函》（鄂土资预审函 [2012]282 号）、《关于武汉城市圈环线高速公路荆州市洪湖境段环境影响报告书的批复》（鄂环函 [2011]163 号），项目审批手续已完备。

5. 信用增进措施及偿债安排

此期项目收益票据偿债资金主要来源于项目建成后稳步增长的高速公路收费收入、发行人稳步增长的主营业务收入、充沛的经营活动现金流、充足的货币资金、可变现上市公司股权，具体如下：

（1）项目建成后稳步增长的高速公路收费收入。

此期项目收益票据募投项目建成后，将获得稳定的高速公路收费收入，根据信永中和会计师事务所（特殊普通合伙）出具的《项目盈利预测情况》，在此期项目收益票据存续期内，累计可获得高速公路收费收入 113.09 亿元，可获得利润总额 39.56 亿元，对此期项目收益票据本息偿付具有较强的保障。

（2）发行人稳定增长的主营业务收入。

发行人目前形成了以高速公路经营为核心业务的主营业务结构，公司凭借自身优势，各业务板块稳步发展，为公司稳步增长提供了较好的保障。2012—2014 年，公司主营业务收入分别为 82.15 亿元、107.02 亿元和 129.09 亿元，呈增长态势，三年平均增长率为 22.12%。

（3）充沛的经营活动现金流净额。

在经营活动方面，2012—2014 年公司通过销售商品、提供劳务收到的现金流呈现增长态势，分别为 72.73 亿元、94.10 亿元和 124.48 亿元，三年平均增长率为 26.65%，公司具有良好的经营运营能力。

（4）自有货币资金比较充足。

发行人货币资金较充足，截至 2015 年一季度货币资金余额达到 293.90 亿元。发行人充足的货币资金将是按时偿付此次债券的重要还款来源。

（5）可变现上市公司股权。

公司持有上市公司楚天高速 37606.693 万股股权，持股比例为 40.37%。楚天高速因资产重组自 2014 年 12 月 22 日开市起停牌，按楚天高速停牌前 20 日均价 4.49 元 / 股计算，其持有的上市公司股票市值达 16.89 亿元，可作为偿债的有力保障。

6. 交易结构

①此期项目收益票据募集资金在主承销商扣除相关承销手续费后，划入由发行人湖北省交投集团设立的募集资金专户，募集资金需按约定用途使用。项目建成后的高速公路通行费收入，全部划入湖北省交投集团在财务公司开立的项目收入归集专户。

②在此期项目收益票据付息以及兑付前，发行人需将项目收入归集专户中的资金划入由发行人在监测银行开立的偿债资金专户，不足部分，需发行人用自有资金进行补充，以保障债券的利息以及本金兑付。

③在此期项目收益票据约定的付息以及到期兑付日，发行人需将偿债资金专户用于偿还此期项目收益票据的付息、本金兑付资金划入上海清算所，用于向投资人支付此期债券收益。

7. 现金流归集与管理安排

此期项目收益票据还本付息首要资金来源是武汉环线高速公路洪湖段通行费收入。项目通行费的收取和使用采取“收支两条线”的管理模式。发行人湖北省交通投资集团有限公司与省内其他高速公路投资主体共同设立湖北省高速公路联网中心，专职负责湖北省内高速公路通行费收入的汇缴、清分。项目建成后所设收费站每日将所征收通行费收入统一缴入联网中心收入专户，通行费收入清分后，首先划入发行人账户，发行人于每月末后5个工作日内将归属募投项目的通行费收入全额划入发行人在其财务公司开立的项目收入归集专户，并按季披露划付金额及联网中心发送给公司的募投项目通行费收入报表。

每个计息年度计息日或债券兑付日前10个工作日，监测银行核实偿债资金专户内的资金情况，若偿债资金专户内的资金余额不足以支付此期票据当年应付本息，监测银行应通知发行人，若监测银行未尽通知义务，应给予发行人2个工作日筹集偿债资金。发行人承诺，在每个计息年度计息日或票据兑付日前5个工作日，将兑付差额部分划入偿债资金专户，以保障此期项目收益票据能按时还本付息。

此期项目收益票据募集资金将划入发行人开立的募集资金使用专户，该账户由监管银行监管，资金划出必须依照募集约定用途进行划转。

8. 现金流对票据兑付的支持安排

（1）项目建成后高速公路收费收入。

此期项目收益票据本息偿付主要来源于项目建成后高速公路收费收入产生的现金流。此项目收入由两部分构成，一部分为项目建成通车后的高速公路收费收入，另一部分为与高速公路有关联的服务、开发等经营性设施（如服务区服务、广告等）产生的间接收入。

（2）发行人的综合偿债能力。

截至 2015 年一季度，发行人总资产 2867.56 亿元，总负债 1977.47 亿元，所有者权益 890.09 亿元，实现主营业务收入 32.08 亿元，利润总额 4.04 亿元，净利润 4.31 亿元，具有较强的偿债能力，发行人主体信用级别为 AAA 级水平，为此期项目收益票据的本息偿付提供了较强的保障。此期项目收益票据以项目产生的经营性现金流为主要偿债来源，不存在任何直接、间接形式的地方政府担保。

第十七章

CN融资管理方法

CN 融资管理方法又称为发行可转换公司债券方法，英文名称为 Convertible Note，简称 CN。主要就是指债券持有人可按照发行时发行人约定的价格，在约定的时间内将债券转换成公司股票的债券。如果债券持有人不想转换，则可以继续持有债券，直到偿还期满时收取本金和利息，或者在流通市场出售变现。可转换公司债券利率一般低于普通公司的债券利率，企业发行可转换公司债券可以降低筹资成本。可转换债券持有人享有在一定条件下将债券回售给发行人的权利，发行人在一定条件下拥有强制赎回债券的权利。

CN 融资管理方法的主要特点：

1. 债权特征

可转换公司债券与其他债券一样，也有规定的利率和期限，通常投资者可以选择持有债券到期，收取本息。

2. 股权特征

可转换公司债券在转换成股票之前只是单纯的债券，但转换成公司股票之后，原债券持有人就由债权人变成了公司的股东，可以有限度地参与企业的经营决策和红利分配，通常这也在一定程度上会影响公司的股本结构。

3. 转换特征

可转换特征是可转换公司债券的重要标志，可转换公司债券在发行时就明确约定，债券持有人可按照发行时约定的价格，在约定的时间内，将债券转换成公司的普通股票。如果债券持有人不想转换，则可以继续持有债券，直到偿还期满时收取本金和利息，或者在流通市场出售变现。正因为该债权具有可转换特征，所以可转换公司债券利率一般低于普通公司债券利率，企业发行可转换债券，可以降低筹资成本。

4. 双重特征

（1）可转换公司债券同时具有债券和股票双重特征。这对企业和投资者均具有比较强的吸引力，1997 年国家颁布了《可转换公司债券管理暂行办法》，2001 年 4 月中国证监会发布了《上市公司发行可转换公司债券实施办法》，规范、促进了可转换债券的发展。

（2）可转换债券具有双重选择权利的特征。一方面，投资者可自行选择是否转股，并为此承担转债利率较低的成本；另一方面，转债发行人拥有是否实施赎回条款的选择权，并为此要支付比没有赎回条款的转债更高的利率。双重选择权是可转换公司债券最主要的金融特征，有利于使投资者和发行人的风险、收益限定在一定的范围以内，获得比较确定的收益。

5. 债券要素

（1）期限条款。可转换公司债券有效期限与一般债券相同，指债券从发行之日起至偿清本息之日止的存续期间。转换期限是指可转换公司债券转换为普通股票的起始日至结束日的期间。通常发行人都规定一个特定的转换期限，在该期限内，允许可转换公司债券的持有人按转换比例或转换价格，转换成发行人的公司股票。中国《上市公司证券发行管理办法》规定，可转换公司债券的期限最短为 1 年，最长为 6 年，自发行结束之日起 6 个月方可转换为公司股票。

（2）利率条款。可转换公司债券的票面利率是指可转换公司债券作为一种债券时的票面利率，发行人根据当前市场利率水平、公司债券资信等级和发行条款确定，一般低于相同条件的不可转换债券。可转换公司债券应半年或 1 年付息 1 次，到期后 5 个工作日内应偿还未转股债券的本金及最后 1 期利息。

（3）转换条款。转换比例是指一定面额可转换公司债券可转换成普通股票的股数，用公式表示为：转换比例 = 可转换公司债券面值 / 转换价格；转换价格是指可转换公司债券转换为每股普通股份所支付的价格，用公式表示为：转换价格 = 可转换债券面值 / 转换比例。

（4）赎回条款。赎回是指发行人在发行一段时间后，可以提前赎回未到期的发行在外的可转换公司债券。赎回条件一般是当公司股票在一段时间内连续高于转换价格达到一定幅度时，公司可按照事先约定的赎回价格买回发行在外尚未转股的可转换公司债券。

（5）回售条款。回售是指公司股票在一段时间内连续低于转换价格达到某一幅度时，可转换公司债券持有人按事先约定的价格将所持可转换债券卖给发行人的行为。

（6）修正条款。转换价格修正是指发行人在发行可转换公司债券后，由于公司尚未送股、配股、增发股票、分立、合并及其他原因导致发行人股份发生变动，引起公司股票名义价格下降时，而对转换价格所做的必要调整。

6. 优化结构

对于股份公司发行可转换公司债券，可以在股票市场低迷时筹集到所需的资金，还可以通过债券与股票的转换优化资本结构，甚至可获取转换的溢价收入。

7. 选择宽松

投资者购买可转换公司债券，投资的选择余地相对较为宽松，例如，投资者既可持有该债券，获取债息，也可在债市上转手；既可以在一定条件下换成股票，获取股息、红利，也可以在股市上买卖赚取差价。因此，该债券对投资者相对具有较大的吸引力。

案例1　鼎信通讯

青岛鼎信通讯股份有限公司（简称“鼎信通讯”）于2018年5月10日发布公告称，经中国证监会证监许可[2018]185号文核准，公司于2018年4月16日公开发行了600万张可转换公司债券（简称“鼎信转债”），每张面值100元，发行总额6亿元。此次发行的鼎信转债向公司原股东实行优先配售，原股东优先配售后余额部分（含原股东放弃优先配售部分）通过上交所交易系统，在网上向社会公众投资者发行。认购金额不足6亿元的部分，由保荐机构（主承销商）组织承销团余额包销。经上交所[2018]63号文同意，6亿元可转换公司债券将于2018年5月14日起在上交所上市交易。

鼎信通讯是上海证券交易所上市公司，成立于2008年3月，2016年10月上市，截至2018年6月20日总市值75.35亿元。鼎信通讯自成立以来，一直致力于载波通信技术在国家智能电网领域的应用推广以及其他领域的应用拓展，公司的主营业务为电力线载波通信产品的研发、生产、销售及服务，在扩频通信、信号处理、通信技术、自动控制、计算机应用及机电一体化等领域形成了较强的科研、生产能力，是电力线载波通信领域拥有自主知识产权的专业技术公司，在电力线通信介质特性研究方面处于国内领先水平。公司的主要产品包括低压电力线载波通信模块（含芯片）类产品、采集终端设备和电能表等，主要应用于国家智能电网的用电信息采集系统。此外，依托自主研发载波通信技术，公司还进一步开发电能表、专变终端等产品线，积极拓展技术应用领域，培育新的利润增长点。其主要核心竞争优势分析如下：

1. 技术研发

鼎信通讯拥有全国领先的电力线载波通信技术，截至2017年12月31日，公司已拥有专利47项，软件著作权105项，集成电路布图设计5项，另有29项专利正在申请中。在公司成立以前，公司的核心技术人员在载波通信技术行业已钻研多年，积累了丰富的行业与技术经验，通过短短几年的快速发展，公司自主研发了三相过零扩频调制电力线载波通信技术、鼎信通讯低压电力线载波路由算法、鼎信通讯嵌入式软件实时操作系统和面向任务的嵌入式软件设计等技术，均处于国内先进水平。

2. 人才队伍

公司一直坚持以技术为核心，注重人才的培养和积累。为积极有效推进研发工作，公司根据技术和产品的重点研发方向，陆续设立研发本部下的多个研发部门如微操作系统及开发平台部、芯片及基础研究组、载波总线及相关基础技术研发部，兼顾公司现有经营性生产需求的同时，长远布局技术储备和前瞻性研发。自成立以来，公司的技术人员在人事结构中始终维持着较高比重，截至2017年12月31日，公司及下属子公司参与研发的技术人员（含研发管理人员）多达826人，其中博士19人（包括博士后3人）。公司十分注重人才的任用与培养，吸引了许多具有丰富的载波通信行业经验的研发人才。如今公司的发展已具规模，但多名资深核心技术研发人员在把握公司整体研发方向的同时，依然亲自参与一线研发设计工作。优秀的人才队伍为公司建立并保持技术优势奠定了坚实基础。

3. 营销服务

经过不懈的开拓与实践，公司在用配电市场和消防产业都实现了高、中、低端应用领域全覆盖，以“产品线＋服务线”为出发点，与研发相互支持配合，市场引导技术，技术驱动市场，凭借公司稳定可靠的技术优势，为客户提供全方位支持服务。鼎信通讯在产品销售的同时本着技术、服务、市场三位一体的服务理念，实现服务管理制度化、正规化，服务执行人性化、效率化。在销售服务中不断完善服务模式，逐步实现“从被动服务向主动服务转变，从零散记录到信息化数据库转变，从维修更换向失效分析转变”，推动服务模式持续完善。运用 CRM 系统（客户服务系统），建立产品档案、客户服务档案、现场问题档案、现场问题追踪档案和服务培训档案等信息化数据库，建立公司各类对外技术文件的发布、共享平台，让大数据为服务的快速响应提供有力支持。公司目前已经与国网、南网的省级、地市级、县级各供电公司建立垂直式服务衔接，并与近 70 家直接参与国网、南网公司招投标的知名电能表、终端生产厂商保持稳固的合作关系。公司通过贯彻实行并不断完善创新性营销服务方式，减少销售及服务的工作量和人力消耗，提升营销服务效率，并将更多服务工作和资源投入到对电能表及终端生产厂商及网省电力公司的操作应用培训中，有效地巩固了客户关系，树立了良好的企业形象，得到了客户的广泛认可。

4. 内控体系

公司自成立以来不断完善内部控制制度，通过设计并且制定严谨而简明的管理流程和规范，培养员工的质量管理意识和良好的工作习惯，从研发、采购、生产、销售到售后服务各环节实行严格的质量把关，有效提升了企业内部运作效率。公司共制定了多项用于研发设计环节的流程或规范性文件，包括《项目管理和控制程序》《设计变更流程》和《软件发布流程》等；采购环节的指引性流程和规范文件，包括《供应商寻源流程》《第二供应商引入程序》和《采购部采购及付款流程》等；针对制造工厂和生产环节的规程与制度，以及贯穿研发、采购、生产和销售服务环节的质量检验和品质保证的相关制度。通过将具体责任落到实处，从源头避免生产质量事故，确保了企业有序高效的运转，同时通过各环节严谨的质量控制，降低了企业因产品质量问题而导致的人力成本和经济损失。公司还制定了《财务制度》，对公司的资金营运、物资购销等活动进行严格规范的管理，建立了会计管理体系，设立了专门的会计机构——财务中心，负责公司资金管理、会计核算、税务筹划、公司财务预决算、成本控制等财务管理工作，组织实施与财务相关的内部控制制度，建立健全公司内部审计、监督机制，规避财务风险，提高经营管理水平。

项目主要情况：

1. 发行核准情况

此次发行已经鼎信通讯于2017年4月21日召开的第二届董事会第十三次会议审议通过，并经公司于2017年5月26日召开的2016年年度股东大会审议通过。中国证监会于2018年1月24日印发了《关于核准青岛鼎信通讯股份有限公司公开发行可转换公司债券的批复》（证监许可[2018]185号），核准鼎信通讯向社会公开发行面值总额6亿元的可转换公司债券，债券期限6年，自核准发行之日起6个月内有效。

2. 主要发行条款

（1）发行债券概要。

债券简称：鼎信转债。

发行人：青岛鼎信通讯股份有限公司。

分销商：中国中投证券有限责任公司。

发行债券种类：为可转换为公司股票的可转换公司债券，此次可转债及未来经此次可转债转换的公司股票将在上海证券交易所上市。

债券上市时间：2018年5月14日。

债券登记机构：中国证券登记结算有限责任公司上海分公司。

承销方式及承销期：此次发行由保荐机构（主承销商）中国国际金融股份有限公司组建承销团承销，承销期自2018年4月12日至2018年4月20日。

债券评级情况：此次可转换公司债券信用评级为AA，评级机构为中诚信证券评估有限公司。

发行规模和发行数量：此次可转债发行规模为6亿元，发行数量为60万手（600万张）。

票面金额和发行价格：此次可转债每张面值 100 元，按面值发行。

债券利率：第一年 0.3%、第二年 0.5%、第三年 1.0%、第四年 1.3%、第五年 1.5%、第六年 2.0%。

债券期限：此次可转债期限为发行之日起六年，即自 2018 年 4 月 16 日至 2024 年 4 月 15 日。

募集资金存放专户：公司已经制定《青岛鼎信通讯股份有限公司募集资金管理和使用制度》，此次发行的募集资金将存放于公司董事会决定的专项账户中。

（2）付息条款。

①付息方式。采用每年付息一次的付息方式，计息起始日为此次可转债发行首日，即 2018 年 4 月 16 日。到期归还所有未转股的可转债本金和最后一年利息。

②付息日。每年的付息日为自此次可转债发行首日起每满一年的当日，即每年的 4 月 16 日。如该日为法定节假日或休息日，则顺延至下一个交易日，顺延期间不另付息。每相邻的两个付息日之间为一个计息年度。

③计息年度的利息计算。计息年度的利息指此次可转债持有人按持有的此次可转债票面总金额自此次可转债发行首日起每满一年可享受的当期利息，其计算公式为：$I=B\times i$，其中，I 指年利息额，B 指此次可转债持有人在计息年度付息债权登记日持有的此次可转债票面总金额，i 指本次可转债当年票面利率。

④付息债权登记日。每年的付息债权登记日为每年付息日的前一交易日，公司将在每年付息日之后的五个交易日内支付当年利息。在付息债权登记日前（包括付息债权登记日）申请转换成公司股票的此次可转债，公司不再向其持有人支付本计息年度及以后计息年度的利息。

⑤此次可转债持有人所获得利息收入的应付税项由持有人承担。

（3）发行条款。

①发行费用。此次发行费用预计总额为 1620.9 万元，具体包括：承销及

保荐费1500万元，审计验资费5万元，律师费50万元，资信评级费25万元，信息披露费30万元，摇号费及摇号公证费4.9万元，登记存管及其他费用6万元，上述费用可能根据此次发行的实际情况而发生增减。

②发行对象。一是公司原股东，即发行公告公布的股权登记日（2018年4月13日）收市后中国结算上海分公司登记在册的发行人所有股东；二是社会公众投资者，即在上交所开立证券账户的境内自然人、法人、证券投资基金以及符合法律法规规定的其他投资者（国家法律、法规禁止购买者除外）。此次发行的承销团成员的自营账户不得参与此次申购。

③发行方式。此次发行的可转债向发行人在股权登记日收市后，中国结算上海分公司登记在册的原股东优先配售，原股东优先配售后的余额（含原股东放弃优先配售部分）通过上交所交易系统，网上向社会公众投资者发行。认购金额不足6亿元的部分（含中签投资者放弃缴款认购部分）由保荐机构（主承销商）包销。保荐机构（主承销商）根据实际资金到账情况，确定最终配售结果和包销金额，包销比例不超过此次发行总额的30%，即1.8亿元。

（4）转股条款。

此次可转债转股期自此次可转债发行结束满六个月后的第一个交易日起至此次可转债到期日止，即从2018年10月20日至2024年4月15日。因此次可转债转股而增加的公司股票享有与原股票同等的权益，在股利分配股权登记日当日登记在册的所有股东（含因此次可转债转股形成的股东）均享受当期股利。

①初始转股价格的确定依据。此次可转债的初始转股价格为21.86元/股，不低于募集说明书公告日前20个交易日公司股票交易均价（若在该20个交易日内发生过因除权、除息引起股价调整的情形，则对调整前交易日的交易价格按经过相应除权、除息调整后的价格计算）和前一个交易日公司股票交易均价。同时，初始转股价格不低于最近一期经审计的每股净资产和股票面值。前20个交易日公司股票交易均价＝前20个交易日公司股票交易总额/该20个交易日公司股票交易总量；前一交易日公司股票交易均价＝前一交易日公

司股票交易总额／该日公司股票交易总量。

②转股价格的调整方式及计算公式。在此次可转债发行之后，当公司因派送股票股利、转增股本、增发新股（不包括因此次可转债转股而增加的股本）、配股、派送现金股利等情况使公司股份发生变化时，将按下述公式进行转股价格的调整（保留小数点后两位，最后一位四舍五入）。派送股票股利或转增股本：$P_1=P_0/(1+n)$；增发新股或配股：$P_1=(P_0+A\times k)/(1+k)$；上述两项同时进行：$P_1=(P_0+A\times k)/(1+n+k)$；派送现金股利：$P_1=P_0-D$；上述三项同时进行：$P_1=(P_0-D+A\times k)/(1+n+k)$。其中：$P_0$ 为调整前转股价，n 为送股或转增股本率，k 为增发新股或配股率，A 为增发新股价或配股价，D 为每股派送现金股利，P_1 为调整后转股价。当公司出现上述股份和／或股东权益变化情况时，将依次进行转股价格调整，并在中国证监会指定的上市公司信息披露媒体上刊登董事会决议公告，并于公告中载明转股价格调整日、调整办法及暂停转股期间。当转股价格调整日为此次可转债持有人转股申请日或之后、转换股票登记日之前，则该持有人的转股申请按公司调整后的转股价格执行。当公司可能发生股份回购、合并、分立，或任何其他情形使公司股份类别、数量和／或股东权益发生变化，从而可能影响此次可转债持有人的债权利益或转股衍生权益时，公司将视具体情况按照公平、公正、公允的原则，以及充分保护此次可转债持有人权益的原则调整转股价格。有关转股价格调整内容及操作办法，将依据当时国家有关法律法规及证券监管部门的相关规定来制订。

（5）赎回条款。

①到期赎回条款。在此次可转债期满后五个交易日内，公司将以此次可转债面值的 106%（含最后一期利息）的价格向此次可转债持有人赎回全部未转股的可转换公司债券。

②有条件赎回条款。在此次可转债转股期内，如果公司股票连续 30 个交易日中至少有 15 个交易日的收盘价格不低于当期转股价格的 130%（含 130%），公司有权按照此次可转债面值加当期应计利息的价格赎回全部或部分未转股的此次可转债。此次可转债的赎回期与转股期相同，即发行结束之日满

六个月后的第一个交易日起至此次可转债到期日止。当期应计利息的计算公式为：$IA=B\times i\times t/365$，IA 指当期应计利息；B 指此次可转债持有人持有的将赎回的此次可转债票面总金额；i 指本次可转债当年票面利率；t 指计息天数，即从上一个计息日起至此计息年度赎回日止的实际日历天数（算头不算尾）。若在前述 30 个交易日内发生过转股价格调整的情形，则在调整日前的交易日按调整前的转股价格和收盘价格计算，调整日及之后的交易日按调整后的转股价格和收盘价格计算。此外，当此次可转债未转股余额不足 3000 万元时，公司董事会（或由董事会授权的人士）有权决定以面值加当期应计利息的价格赎回全部未转股的此次可转债。

（6）回售条款。

①附加回售条款。若此次可转债募集资金运用的实施情况与公司在募集说明书中的承诺相比出现重大变化，且该变化被中国证监会认定为改变募集资金用途的，此次可转债持有人享有一次以面值加上当期应计利息的价格，向公司回售其持有的部分或者全部此次可转债的权利。在上述情形下，此次可转债持有人可以在公司公告后的回售申报期内进行回售，此次回售申报期内不实施回售的，自动丧失该回售权。

②有条件回售条款。在此次可转债最后两个计息年度内，如果公司股票收盘价在任何连续 30 个交易日低于当期转股价格的 70% 时，此次可转债持有人有权将其持有的此次可转债全部或部分，以面值加上当期应计利息回售给公司。若在上述交易日内发生过转股价格因发生派送股票股利、转增股本、增发新股（不包括因此次发行的可转换公司债券转股而增加的股本）、配股以及派发现金股利等情况而调整的情形，则在调整日前的交易日按调整前的转股价格和收盘价格计算，在调整日及之后的交易日按调整后的转股价格和收盘价格计算。如果出现转股价格向下修正的情况，则上述“连续 30 个交易日”须从转股价格调整之后的第一个交易日起按修正后的转股价格重新计算。最后两个计息年度可转债持有人在每年回售条件首次满足后，可按上述约定条件行使回售权一次，若在首次满足回售条件而可转债持有人未在公司届时公告的回售申报

期内申报并实施回售的，该计息年度不能再行使回售权。可转债持有人不能多次行使部分回售权。

3. 发行债券对上市公司的影响

此次发行债券拟募集资金 6 亿元，扣除发行费用后，拟全部用于青岛鼎信通讯科技产业园建设项目。该投资项目实施后，有利于公司延长产品链，挖掘新的盈利增长点，同时拓展经营规模，加强自动化生产建设，持续增强研发实力，进而保持行业地位、提高核心竞争力。

4. 与此次发行可转债相关的风险

（1）可转债到期未能转股的风险。

此次可转债在转股期内是否转股取决于转股价格、公司股票价格、投资者偏好等因素。如果此次可转债未能在转股期内转股，公司则需对未转股的可转债偿付本金和利息，从而增加公司的公司财务费用负担和资金压力。此外，在此次可转债存续期间，如果发生可转债赎回、回售等情况，公司将面临较大的资金压力。

（2）可转债转股的相关风险。

进入可转债转股期后，可转债投资者将主要面临以下与转股相关的风险：

①公司股票的交易价格可能因为多方面因素发生变化而出现波动。转股期内，如果因各方面因素导致公司 A 股股票价格不能达到或超过此次可转债的当期转股价格，则此次可转债投资者的投资收益可能会受到影响。

②此次可转债设有有条件赎回条款，如果公司在获得相关监管部门批准后，行使上述有条件赎回的条款，可能促使可转债投资者提前转股，从而导致投资者面临可转债存续期缩短、未来利息收入减少的风险。

③此次发行募集资金投资项目需要一定的时间产生收益，另外，如果此次可转债募集资金投入所带来的收益不能覆盖利息成本，那么可转债利息支付将降低公司的利润水平。如可转债持有人在转股期开始后的较短期间内将大部分或全部可转债转换为公司股票，公司净资产将大幅增加，总股本亦相应增加，公司将面临当期每股收益和净资产收益率被摊薄的风险。

④公司股价走势取决于公司业绩、宏观经济形势、股票市场总体状况等多种因素影响。此次可转债发行后，公司股价可能持续低于此次可转债的转股价格，因此可转债的转换价值可能降低，可转债持有人的利益可能受到不利影响。此次发行设置了公司转股价格向下修正条款。如果公司未能及时向下修正转股价格，或者即使公司向下修正转股价格，但公司股票价格仍低于转股价格，仍可能导致此次发行的可转债转换价值降低，可转债持有人的利益可能受到不利影响。

⑤在此次可转债存续期间，若出现任何影响公司主体信用评级或此次可转债信用评级的事项，评级机构有可能调低公司的主体信用等级或此次可转债的信用级别，从而对此次可转债投资者的利益产生不利影响。

⑥根据《上市公司证券发行管理办法》第二十条的规定“公开发行可转换公司债券，应当提供担保，但最近一期末经审计的净资产不低于人民币 15 亿元的公司除外”，截至 2017 年 6 月 30 日，公司经审计的净资产为 19.03 亿元，不低于 15 亿元，因此此次可转债未提供担保。如果公司受经营环境等因素的影响，经营业绩和财务状况发生不利变化，此次可转债投资者将可能面临因此次发行的可转债无担保而无法获得对应担保物补偿的风险。

案例2 格力地产

格力地产股份有限公司（简称“格力地产”）于 2015 年 1 月 10 日发布公告称，经中国证券监督管理委员会证监许可 [2014]1317 号文核准，公司于 2014 年 12 月 25 日公开发行了 980 万张可转换公司债券，发行总额 9.8 亿元。经上海证券交易所自律监管决定书 [2015]1 号文同意，公司发行的 9.8 亿元可转换公司债券将于 2015 年 1 月 13 日起在上海证券交易所上市交易。该可转换公司债券上市后可进行质押式回购。

格力地产是上海证券交易所主板上市公司，是一家集房地产业、口岸经济产业、海洋经济产业以及现代服务业、现代金融业于一体的集团化企业。自

2009 年成功上市以来，格力地产逐步从房地产业向相关产业经济延伸，从珠海本土市场向国内外重点市场拓展，目前，格力地产在国内外已拥有 60 余家成员企业，80 余项已建、在建项目，业务涵盖房产、口岸、海洋、旅游、金融、教育、农业、酒店等多个领域。其主要核心竞争优势分析如下：

1. 品牌荣誉

格力地产于 2013 年荣登“中国房地产开发企业品牌价值 50 强”，2015 年在第十五届中国房地产发展年会上获“2014 年度中国责任品牌地产”殊荣，2016 年获“2016 中国最佳绿色低碳地产品牌”、第 11 届亚洲品牌“2016 中国上市公司创新品牌 100 强”称号，2017 年荣获“中国地产风尚大奖——2017 中国社会责任特别大奖”，格力地产香炉湾沙滩修复项目于 2017 年获住房和城乡建设部颁发的“2017 年中国人居环境范例奖”，在全国范围内树立了很好的美誉度。

2. 管理体系

格力地产建立了严格的质量管理体系，形成了精细化、标准化、流程化的管理系统，以过硬的产品质量获得消费者的认同。公司格力广场项目以其先进的规划设计、高端的楼盘品质，获得了中国土木工程学会的最高奖项“中国土木工程詹天佑奖”，成为 2010 年第十届“詹天佑奖”住宅小区领域唯一获奖项目。

3. 开发经验

格力地产在 20 多年的城市开发建设历程中，取得了比较好的经营成果，也积累了比较丰富的技术、管理和开发经验，凝聚了比较多的专业人才和精英，为公司的快速发展打下了坚实的基础。

4. 布局优势

格力地产稳步推进房地产业、口岸经济产业、海洋经济产业、现代服务业、现代金融业的“3+2”产业格局，注重资源整合，以互联网、金融为手段，让“健康生活”串联五大产业板块，进一步扩大了企业竞争力。

融资项目总体情况：

1. 项目概况

债券简称：格力转债。

债券发行量：9.8亿元。

上市地点：上海证券交易所。

票面金额和发行价格：此次可转债每张面值100元，按面值发行。

债券利率：第一年为0.60%、第二年为0.80%、第三年为1.00%、第四年为1.50%、第五年为2.00%。

债券期限：2014年12月25日至2019年12月24日。

债券登记机构：中国证券登记结算有限责任公司上海分公司。

保荐机构（主承销商）：新时代证券有限责任公司。

信用级别及资信评估机构：此次可转债信用级别为AA，评级机构为联合信用评级有限公司。

募集资金用途：此次募集资金在扣除发行费用后，将投入格力地产位于珠海的格力海岸S3及格力海岸S4房地产开发项目，以加快格力地产项目的开发。

2. 主要发行条款

（1）付息条款。

①付息方式。此次可转债采用每年付息一次的付息方式，计息起始日为可转债发行首日。可转债持有人所获利息收入的应付税项由可转债持有人负担。

②付息日。每年的付息日，为此次可转债发行首日起每满一年的当日。如该日为法定节假日或休息日，则顺延至下一个工作日，顺延期间不另付息。每相邻的两个付息日之间为一个计息年度。转股年度有关利息和股利的归属等事项，由公司董事会根据相关法律法规及上海证券交易所的规定确定。

③计息年度的利息计算。计息年度的利息指此次可转债持有人按持有的此次可转债票面总金额自此次可转债发行首日起每满一年可享受的当期利息，其计算公式为：$I=B\times i$，其中，I指年利息额，B指此次可转债持有人在计息年度付息债权登记日持有的此次可转债票面总金额，i指本次可转债当年票面

利率。

④付息债权登记日：每年的付息债权登记日，为每年付息日的前一交易日。公司将在每年付息日之后的5个交易日内支付当年利息。在付息债权登记日前（包括付息债权登记日）转换成公司股票的可转债，不享受当年度及以后计息年度利息。

（2）转股条款。

①转股期限。此次发行的可转债转股期，自可转债发行结束满6个月后的第一个交易日起至可转债到期日止，即2015年6月25日至2019年12月24日。

②转股后的股利分配。因此次发行的可转债转股而增加的公司股票，享有与原股票同等的权益，在股利分配的股权登记日当日登记在册的所有股东（含因可转债转股形成的股东）均参与当期股利分配。

③转股时不足一股金额的处理方法。可转债持有人申请转换成的股份须是整数股，此可转债持有人经申请转股后，对所剩可转债不足转换为1股股票的余额，公司将按照上海证券交易所等部门的有关规定，在此可转债持有人转股后的5个交易日内，以现金兑付该部分可转债的票面金额以及利息。

④初始转股价格的确定依据：此次可转债的初始转股价格为20.90元/股，不低于募集说明书公告日前20个交易日公司股票交易均价（若在该20个交易日内发生过因除权、除息引起股价调整的情形，则对调整前交易日的收盘价按经过相应除权、除息调整后的价格计算）和前一个交易日公司股票交易均价。前20个交易日公司股票交易均价＝前20个交易日公司股票交易总额/该20个交易日公司股票交易总量；前一交易日公司股票交易均价＝前一交易日公司股票交易总额/该日公司股票交易总量。

⑤转股价格的调整方式及计算公式。在此次发行之后，当公司发生送红股、转增股本、增发新股（不包括因此次发行的可转债转股而增加的股本）、配股以及派发现金股利等情况时，公司将按上述条件出现的先后顺序，依次对转股价格进行累积调整。送红股或转增股本：$P_1=P_0/(1+n)$；增发新股或配

股：$P_1=(P_0+A\times k)/(1+k)$；上述两项同时进行：$P_1=(P_0+A\times k)/(1+n+k)$；派发现金股利：$P_1=P_0-D$；上述三项同时进行：$P_1=(P_0-D+A\times k)/(1+n+k)$。其中：$P_0$ 为调整前有效的转股价，n 为该次送股率或转增股本率，k 为该次增发新股率或配股率，A 为该次增发新股价或配股价，D 为该次每股派送现金股利，P_1 为调整后有效的转股价。公司如出现上述股份和/或股东权益变化时，将依次进行转股价格调整，并在中国证监会指定的上市公司信息披露媒体上刊登董事会决议公告，并于公告中载明转股价格调整日、调整办法等。当转股价格调整日为此次发行的可转债持有人转股申请日或之后，转换股份登记日之前，则该持有人的转股申请按公司调整后的转股价格执行。当公司可能发生股份回购、公司合并、分立或任何其他情形使公司股份类别、数量和/或股东权益发生变化从而可能影响此次发行的可转债持有人的债权利益或转股衍生权益时，公司将视具体情况按照公平、公正、公允的原则，以及充分保护可转债持有人权益的原则调整转股价格。有关转股价格调整内容及操作办法将依据当时国家有关法律法规及证券监管部门的相关规定来制订。

⑥转股价格向下修正条款。在此次发行的可转债存续期间，当公司股票在任意 20 个连续交易日中，至少 10 个交易日的收盘价格低于当期转股价格的 90% 时，公司董事会有权提出转股价格向下修正方案，并提交公司股东大会表决，该方案须经出席会议的股东所持表决权的三分之二以上通过方可实施。股东大会进行表决时，持有此可转债的股东应当回避；修正后的转股价格，应不低于该次股东大会召开日前 20 个交易日公司股票交易均价，以及前一交易日的公司股票交易均价，同时修正后的转股价格不低于最近一期经审计的每股净资产值和股票面值。若在前述 20 个交易日内发生过转股价格调整的情形，则在调整前的交易日，按调整前的转股价格和收盘价格计算，调整后的交易日按调整后的转股价格和收盘价格计算。公司向下修正转股价格时，须在中国证监会指定的上市公司信息披露媒体上刊登股东大会决议公告，公告修正幅度、股权登记日及暂停转股期间。从股权登记日后的第一个交易日（即转股价格修正日），开始恢复转股申请，并执行修正后的转股价格。若转股价格修正日为转股申请日或之

后，转换股份登记日之前，该类转股申请应按修正后的转股价格执行。

（3）赎回条款。

①到期赎回条款。在此次发行的可转债期满后五个交易日内，公司将以此次发行可转债的票面面值的106%，并且包含最后一期利息，向投资者赎回全部未转股的可转债。

②有条件赎回条款。在转股期内，当下述情形的任意一种出现时，公司有权决定按照以面值加当期应计利息的价格，赎回全部或部分未转股的可转债：在转股期内，如果公司股票在任何连续30个交易日中，至少15个交易日的收盘价格不低于当期转股价格的130%（含130%）；当此次发行的可转债未转股余额不足3000万元时。当期应计利息的计算公式为：$IA=B\times i\times t/365$，其中IA指当期应计利息，B指此次发行的可转债持有人持有的将赎回的可转债票面总金额，i指可转债当年票面利率，t指计息天数，即从上一个付息日起至本计息年度赎回日止的实际日历天数。若在前述30个交易日内发生过转股价格调整的情形，则在调整前的交易日，按调整前的转股价格和收盘价格计算，调整后的交易日按调整后的转股价格和收盘价格计算。

（4）回售条款。

①有条件回售条款。自此次可转债第三个计息年度起，如果公司股票在任何连续30个交易日的收盘价格低于当期转股价格的70%，可转债持有人有权将全部或部分其持有的可转债，按照103元（含当期应计利息）的价格回售给公司。若在上述交易日内发生过转股价格因发生送红股、转增股本、增发新股（不包括因此次发行的可转债转股而增加的股本）、配股以及派发现金股利等情况而调整的情形，则在调整前的交易日按调整前的转股价格和收盘价格计算，在调整后的交易日按调整后的转股价格和收盘价格计算。如果出现转股价格向下修正的情况，则上述“连续30个交易日”须从转股价格调整之后的第一个交易日起重新计算。自此次可转债第三个计息年度起，可转债持有人在每年回售条件首次满足后，可按上述约定条件行使回售权一次，若在首次满足回售条件，但可转债持有人未在公司届时公告的回售申报期内申报并实施回售

的，该计息年度不应再行使回售权。可转债持有人不能多次行使部分回售权。

②附加回售条款。若公司此次发行的可转债募集资金投资项目的实施情况与公司在募集说明书中的承诺情况相比出现重大变化，根据中国证监会的相关规定被视作改变募集资金用途，或被中国证监会认定为改变募集资金用途的，则可转债持有人享有一次回售的权利。可转债持有人有权将其持有的可转债全部或部分按照103元（含当期应计利息）的价格回售给公司。持有人在附加回售条件满足后，可以在公司公告后的附加回售申报期内进行回售，此次附加回售申报期内不实施回售的，不应再行使附加回售权。

3. 发行情况

（1）发行方式。

此次发行采取向公司原A股股东优先配售，原A股股东优先配售后余额（含原A股股东放弃优先配售部分）在网下对机构投资者配售，以及通过上海证券交易所交易系统网上定价发行相结合的方式进行，认购不足9.8亿元的部分由主承销商包销。

（2）前十名可转换公司债券持有人及持有量（计11298.2万元、11.53%）。

序号	持有人名称	持有数量（万元）	持转债比例（%）
1	中国工商银行－南方绩优成长股票型证券投资基金	1638.7	1.67
2	中国工商银行－诺安价值增长股票证券投资基金	1585.1	1.62
3	中国工商银行－诺安股票证券投资基金	1329.5	1.36
4	中国工商银行－华安中小盘成长股票型证券投资基金	1130.7	1.15
5	中国工商银行－广发策略优选混合型证券投资基金	1017.6	1.04
6	中国石油天然气集团公司企业年金计划－中国工商银行	985.8	1.01
7	中国工商银行股份有限公司－诺安灵活配置混合型证券投资基金	937.6	0.96
8	景顺长城基金－建设银行－中国人寿－中国人寿委托景顺长城基金公司股票型组合资产	898.3	0.92
9	国信证券股份有限公司	896.5	0.91
10	中国农业银行股份有限公司－景顺长城资源垄断股票型证券投资基金	878.4	0.90

（3）发行费用项目及金额（计 2557.7 万元）。

序号	费用名称	金额（万元）
1	保荐及承销费	2310
2	审计及验资费用	21
3	资信评级费用	30
4	律师费用	70
5	推介及媒体宣传费	112
6	发行手续费	14.7

4. 承销情况

此次可转换公司债券发行总额为 9.8 亿元，原 A 股股东优先配售 212250 手，占本次发行总量的 21.6582%。网上向一般社会公众投资者发售的格力转债 9611 手，占此次发行总量的 0.9807%。此次网上一般社会公众投资者的有效申购数量为 3375424 手，中签率约为 0.28%。此次网下发行有效申购数量为 26627900 万元（266279000 手），最终网下向机构投资者配售的格力转债总计为 75813.9 万元（758139 手），约占此次发行总量的 77.36%，配售比例约为 0.28%。主承销商未包销此次发行的可转换公司债券。

5. 资金到位情况

此次发行可转换公司债券募集资金，扣除保荐承销费后的余额已由主承销商于 2014 年 12 月 31 日汇入格力地产指定的募集资金专项存储账户。瑞华会计师事务所已进行验资并出具了瑞华核字 [2014]40040029 号《验证报告》。

案例3 内蒙华电

内蒙古蒙电华能热电股份有限公司（简称“内蒙华电”）于 2018 年 1 月 5 日发布公告称，经中国证券监督管理委员会证监许可 [2017]2316 号文核准，内蒙华电于 2017 年 12 月 22 日公开发行了 18752200 张可转换公司债券，发行总额 187522.00 万元。经上海证券交易所自律监管决定书 [2018]5 号文件同意，公司发行的187522.00万元可转换公司债券将于2018年1月9日起在上海证券交易所挂牌交易。

内蒙华电是上海证券交易所主板上市公司，成立于1994年5月，经过20多年的发展，内蒙华电由上市之初装机容量仅42.5万千瓦、资产规模10亿元的单体发电厂，截至2017年年底已发展成为发电装机容量突破千万千瓦、煤炭产能600万吨、资产规模约400亿元的大型综合能源集团企业。公司直属及全资单位10家，控股单位6家，参股单位13家。公司主营业务：第一，发电业务。内蒙华电全部发电资产均位于内蒙古自治区境内，公司直属、控股电厂均为独立的发电主体，公司所属蒙西区域电厂所发电量通过内蒙古西部电网主要以直调、大用户交易等方式销售给终端客户。“点对网”的西电东送电厂（上都发电厂）所发电量，通过华北电网主要以直调方式销售给终端客户。所属蒙东地区风力发电，通过内蒙古东部电网销售给终端客户。公司电源类型主要分为火力发电及风力发电，其中火电装机容量居于主导地位，装机容量占比超过98%。第二，供热业务。公司供热业务包括民用供热及工业供热，其中，民用供热直接销售给热力用户、通过协议以趸售方式销售给热力公司或由电厂管理的热网销售给用户；工业供热以协议方式直售给客户。第三，煤炭业务。公司全资控股的魏家峁公司为煤电一体化公司，魏家峁露天煤矿一期年产能600万吨，是魏家峁公司煤炭供应的保障。其主要核心竞争优势分析如下：

1. 煤电优势

随着装机规模的不断扩大，内蒙华电适时调整发展战略，积极向上下游产业发展，加大煤炭资源的开发和控制力度，发展煤电一体化产业。公司参与煤炭资源投资，既可以减轻煤炭价格上涨对公司发电成本的影响，也为公司火力发电用煤提供保障和支持，有利于公司未来建设和发展煤电一体化项目，成为煤电一体化的综合性发电平台。

2. 分布优势

内蒙古是中国重要的能源和发电基地，资源储备丰富，煤炭供应有保障，运输成本低，具有较明显的发电区域优势。其背靠华北经济发达地区，受益于

“特高压”工程建设的加速，是中国电力输出大省，公司的全部发电资产均位于内蒙古区域内，凭借良好的区位优势，公司的发电业务在燃料能源供应、所发电量上网输出等方面均能获得良好的保障。

3. 规模优势

截至 2017 年 9 月底，公司可控发电装机容量达到 1022.84 万千瓦，在内蒙古电力市场保持了较高的份额，规模优势进一步凸显。

4. 通道优势

2014 年全国能源工作会议上提出规划建设蒙西－天津南、锡盟－山东、宁东－浙江、准东－华东等 12 条电力外输通道，提高跨省区电力输送能力。其中涉及内蒙古的电力外送通道建设，将有效缓解内蒙古电力外送问题，加快内蒙古重点煤电基地建设，为公司进一步发展提供了新的机遇。已投产运营的魏家峁公司为蒙西－天津南特高压线路主要支撑电源，在建的和林电厂为蒙西－潍坊 100 万伏交流网支撑电源。

5. 上网优势

内蒙华电参股的托克托发电 6×600MW、托克托二电 2×600MW 和岱海发电 4×600MW 机组均为大容量、高参数机组，所发电量全部直供华北电网，上网电价高于蒙西电网，对公司净利润贡献较大。

6. 融资优势

内蒙华电为 A 股上市公司，2016 年中诚信国际信用评级有限责任公司评定公司主体信用评级为 AAA，除银行贷款及直接债务融资等多种债务融资方式外，公司还可以通过多种股权融资方式筹集建设资金，满足扩张需求，为公司的发展提供稳定的资金支持。

7. 团队优势

内蒙华电拥有高素质的管理人员、工程师和技术人员队伍，其中大部分高级管理层均拥有多年丰富的发电经营管理经验；同时公司的高级管理团队始终保持稳定，已经紧密合作了多年。管理层的经验及能力，有利于公司有效地控制成本，提高持续盈利能力。

融资项目总体情况：

1.项目概况

债券简称：蒙电转债。

债券发行量：187522.00万元。

上市地点：上海证券交易所

上市时间：2018年1月9日

票面金额和发行价格：此次可转债每张面值100元，按面值发行。

债券利率：第一年为0.60%、第二年为0.80%、第三年为1.00%、第四年为1.50%、第五年为2.00%。

债券存续的起止日期：自2017年12月22日至2023年12月21日。

债券转股的起止日期：自2018年6月28日至2023年12月21日。

债券登记机构：中国证券登记结算有限责任公司上海分公司。

托管方式：账户托管。

保荐机构（联席主承销商）：招商证券股份有限公司。

联席主承销商：长城证券股份有限公司。

债券信用级别：公司聘请中诚信证券评估有限公司为此次发行的可转换公司债券进行了信用评级，公司的主体信用等级为AAA，此次可转换公司债券信用等级为AAA，评级展望稳定。

募集资金用途：此次公开发行募集的资金，扣除发行及相关费用后的净额，全部用于收购北方龙源风电81.25%股权。

2.主要发行条款

（1）付息条款。

①付息方式。此次可转债采用每年付息一次的付息方式，计息起始日为可转债发行首日。到期归还本金和最后一年利息。可转换公司债券持有人所获得利息收入的应付税项由可转换公司债券持有人承担。

②付息日。每年的付息日为此次发行的可转换公司债券发行首日起每满一年的当日。如该日为法定节假日或休息日，则顺延至下一个工作日，顺延期间

不另付息。每相邻的两个付息日之间为一个计息年度。

③计息年度的利息计算。计息年度的利息指此次可转债持有人按持有的此次可转债票面总金额自此次可转债发行首日起每满一年可享受的当期利息，其计算公式为：$I=B\times i$，其中，I 指年利息额，B 指此次可转债持有人在计息年度付息债权登记日持有的此次可转债票面总金额，i 指本次可转债当年票面利率。

④付息债权登记日：每年的付息债权登记日为每年付息日的前一交易日，公司将在每年付息日之后的5个交易日内支付当年利息。在付息债权登记日前（包括付息债权登记日）申请转换成公司股票的可转换公司债券，公司不再向其持有人支付本计息年度及以后计息年度的利息。

（2）转股条款。

①转股期限。此次发行的可转换公司债券转股期，自可转换公司债券发行结束满6个月后的第一个交易日起，至可转换公司债券到期日止。

②转股后的股利分配。因此次发行的可转换公司债券转股而增加的公司股票，享有与原股票同等的权益，在利润分配股权登记日下午收市后登记在册的所有股东均参与当期利润分配，享有同等权益。

③转股股数确定方式。此次发行的可转换公司债券持有人在转股期内申请转股时，转股数量的计算方式为：$Q=V/P$，并以去尾法取一股的整数倍。其中：V 指可转换公司债券持有人申请转股的可转换公司债券票面总金额，P 指申请转股当日有效的转股价。转股时不足转换为一股的可转换公司债券余额，公司将按照上海证券交易所等部门的有关规定，在可转换公司债券持有人转股当日后的五个交易日内，以现金兑付该可转换公司债券余额及该余额所对应的当期应计利息。

④初始转股价格的确定依据。此次发行可转换公司债券的初始转股价格为2.95元/股，不低于《募集说明书》公告日前20个交易日公司股票交易均价（若在该20个交易日内发生过因除权、除息引起股价调整的情形，则对调整前交易日的交易价，按经过相应除权、除息调整后的价格计算）和前一个交易日均价。同时，初始转股价格不得低于最近一期经审计的每股净资产值和股票面值。前20个交易日公司股票交易均价＝前20个交易日公司股票交易总额/该

20个交易日公司股票交易总量。前一个交易日公司股票交易均价＝前一个交易日公司股票交易总额/该日公司股票交易总量。

⑤转股价格的调整方式及计算公式。在此次发行之后，当公司发生送红股、转增股本、增发新股（不包括因此次发行的可转债转股而增加的股本）、配股以及派发现金股利等情况时，公司将按上述条件出现的先后顺序，依次对转股价格进行累积调整。送红股或转增股本：$P_1=P_0/(1+n)$；增发新股或配股：$P_1=(P_0+A\times k)/(1+k)$；上述两项同时进行：$P_1=(P_0+A\times k)/(1+n+k)$；派发现金股利：$P1=P0-D$；上述三项同时进行：$P_1=(P_0-D+A\times k)/(1+n+k)$。其中：$P_0$为调整前有效的转股价，$n$为该次送股率或转增股本率，$k$为该次增发新股率或配股率，$A$为该次增发新股价或配股价，$D$为该次每股派送现金股利，$P_1$为调整后有效的转股价。公司如出现上述股份和/或股东权益变化时，将依次进行转股价格调整，并在中国证监会指定的上市公司信息披露媒体上刊登董事会决议公告，并于公告中载明转股价格调整日、调整办法等。当转股价格调整日为此次发行的可转债持有人转股申请日或之后，转换股份登记日之前，则该持有人的转股申请按公司调整后的转股价格执行。当公司可能发生股份回购、公司合并、分立或任何其他情形使公司股份类别、数量和/或股东权益发生变化从而可能影响此次发行的可转债持有人的债权利益或转股衍生权益时，公司将视具体情况按照公平、公正、公允的原则，以及充分保护可转债持有人权益的原则调整转股价格。有关转股价格调整内容及操作办法将依据当时国家有关法律法规及证券监管部门的相关规定来制订。同时，调整后的转股价格，不得低于最近一期经审计的每股净资产值和股票面值。

⑥转股价格向下修正条款。在此次发行的可转换公司债券存续期间，当公司股票在任意连续30个交易日中，至少有15个交易日的收盘价低于当期转股价格的90%时，公司董事会有权提出转股价格向下修正方案，并提交公司股东大会表决。上述方案须经出席会议的股东所持表决权的三分之二以上通过方可实施。股东大会进行表决时，持有此次发行的可转换公司债券的股东应当回避。修正后的转股价格，应不低于此次股东大会召开日前20个交易日公司股票交易均价，以及

前一交易日均价之间的较高者，同时，修正后的转股价格不得低于最近一期经审计的每股净资产值和股票面值。若在前述 20 个交易日内发生过转股价格调整的情形，则在转股价格调整日前的交易日按调整前的转股价格和收盘价计算，在转股价格调整日及之后的交易日按调整后的转股价格和收盘价计算。如公司决定向下修正转股价格，公司将在中国证监会指定的上市公司信息披露媒体上刊登相关公告，公告修正幅度和暂停转股期间等有关信息。从转股价格修正日起，开始恢复转股申请，并执行修正后的转股价格。若转股价格修正日为转股申请日或之后，转换股份登记日之前，该类转股申请应按修正后的转股价格执行。

（3）赎回条款。

①到期赎回条款。在此次发行的可转换公司债券期满后五个交易日内，公司将按债券面值的 106%（含最后一期利息）的价格，赎回未转股的可转换公司债券。

②有条件赎回条款。在转股期内，当下述情形的任意一种出现时，公司有权决定按照以面值加当期应计利息的价格，赎回全部或部分未转股的可转债：在转股期内，如果公司股票在任何连续 30 个交易日中，至少 15 个交易日的收盘价格不低于当期转股价格的 130%（含 130%）；当此次发行的可转债未转股余额不足 3000 万元时。当期应计利息的计算公式为：$IA=B\times i\times t/365$，其中 IA 指当期应计利息，B 指此次发行的可转债持有人持有的将赎回的可转债票面总金额，i 指可转债当年票面利率，t 指计息天数，即从上一个付息日起至本计息年度赎回日止的实际日历天数。若在前述 30 个交易日内发生过转股价格调整的情形，则在调整前的交易日，按调整前的转股价格和收盘价格计算，调整后的交易日按调整后的转股价格和收盘价格计算。

（4）回售条款。

在此次发行的可转换公司债券最后两个计息年度，如果公司股票在任何连续 30 个交易日的收盘价格低于当期转股价的 70% 时，可转换公司债券持有人有权将其持有的可转换公司债券全部或部分按面值加上当期应计利息的价格回售给公司。若在上述交易日内发生过转股价格因发生送红股、转增股本、增发新股（不包括因此次发行的可转换公司债券转股而增加的股本）、配股以及派发现金股利等情况而调整的情形，则在调整前的交易日按调整前的转股价格和收盘价格计算，在调整后的交易日按调整后的转股价格和收盘价格计算。如果出现转股价格向下修正的情况，则上述“连续30个交易日”须从转股价格调整之后的第一个交易日起重新计算。最后两个计息年度可转换公司债券持有人在每年回售条件首次满足后，可按上述约定条件行使回售权一次，若在首次满足回售条件而可转换公司债券持有人未在公司届时公告的回售申报期内申报并实施回售的，该计息年度不能再行使回售权，可转换公司债券持有人不能多次行使部分回售权。

3.发行方式及发行对象

此次发行的可转换公司债券，向公司在股权登记日收市后登记在册的原A股股东实行优先配售，原A股股东优先配售后余额部分（含原A股股东放弃优先配售部分）采用网下对机构投资者配售，以及通过上交所交易系统网上定价发行相结合的方式进行，认购不足的部分由联席主承销商包销。向原A股股东优先配售后余额部分，网下和网上发行预设的发行数量比例为50% ：50%。根据实际申购结果，最终按照网下配售比例和网上中签率趋于一致的原则，确定最终网上和网下发行数量。此次可转换公司债券的发行对象为持有中国证券登记结算有限责任公司上海分公司证券账户的自然人、法人、证券投资基金、符合法律规定的其他投资者等（国家法律、法规禁止者除外）。

4.发行费用

承销费用：1762.75万元。

保荐费用：300.00万元。

会计师费用：95.00万元。

律师费用：98.00万元。

评估师费用：122.00万元。

资信评级费用：25.00万元。

信息披露及发行手续等其他费用：173.65万元。

合计：2576.40 万元。

5. 承销情况

此次可转换公司债券发行总额为 187522.00 万元，向原股东优先配售 69760 手，即 6976 万元，占本次发行总量的 3.72%。网上社会公众投资者实际认购 1501968 手，即 150196.8 万元，占此次发行总量的 80.10%。网下机构投资者实际认购 93281 手，即 9328.1 万元，占此次发行总量的 4.97%。主承销商包销可转换公司债券的数量为 210211 手，即 21021.1 万元，占本次发行总量的 11.21%。

6. 资金到位情况

此次发行可转换公司债券募集资金已由保荐机构（联席主承销商）于 2017 年 12 月 28 日汇入公司指定的募集资金专项存储账户。中证天通会计师事务所已对此次发行的募集资金到位情况进行审验，并出具了中证天通 [2017] 证验字第 0202001 号《验资报告》。

第十八章

BC融资管理方法

BC 融资管理方法又称发行公司债券方法，英文名称为 CORPORATE BOND，简称 BC。公司债券是指公司依照法定程序发行并约定在一定期限内还本付息的有价证券，公司债券的持有人是公司的债权人，而不是公司的所有者，这是与股票持有者最大的不同点，债券持有人可以按约定条件向公司取得利息和到期收回本金，而且取得的利息应优先于股东分红，公司破产清算时，也优于股东而收回本金，但债券持有者不能参与公司的经营、管理等各项活动。这是公司进行融资管理的重要方法之一。

BC 融资管理方法的主要特点：

1. 收益较高

收益与风险是成正比的关系，通常相对较高风险的公司债券需提供给债券持有人较高的投资收益。

2. 选择权限

发行人与持有人之间可以相互给予一定的选择权限。

3. 经营权限

公司债券反映的是债权关系，债券持有人不拥有对公司的经营管理权限，但是可以比股东优先享有索取利息，优先要求补偿的权利。

4. 风险较大

公司债券的还款来源是公司的经营利润，但是任何一家公司的未来经营都存在很大的不确定性，因此公司债券持有人潜在承担着损失利息甚至本金的较大的相对风险。

5. 交易属性

公司债券是有价证券，它代表了一定的经济价值，通常能够转让，并且可以作为流通的金融性工具，是一种所有权凭证，通常都需要标明票面金额，证明持券人有权按期取得一定收入，并可自由转让和买卖，它代表着一定量的财产权利，持有者可凭其直接取得一定量的商品、货币或是利息、股息等收入，由于这类证券可以在证券市场上买卖和流通，客观上具有了交易价格。

6. 发行主体

债券发行主体又称债券发行人、发行公司债券的企业必须是公司制企业，但不是所有的公司都能发行公司债券，从理论上讲，发行公司债券的公司必须是承担有限责任的，比如有限责任公司或者股份有限公司等。通常情况下，其他类型的企业，如合伙制企业、合作制企业等均不具备发行公司债券的产权基础，都不能发行公司债券。

7. 还本付息

公司债券反映的是发行人和投资人之间的债权债务关系，因此，公司债券到期是要偿还的，而且还需在本金之外支付一定的利息，这是发行人对投资人的回报，对于投资人是投资所得，对于发行人是资金成本。利息确定方式有固定利息和浮动利息两种，付息方式有到期一次付息和间隔付息两种，比如每年付息一次或每6个月付息一次等。

8. 期限属性

因为公司债券反映的是债权债务关系，所以要确定经过多长时间偿还。通常公司债券作为一种资本市场工具，这种期限包括公司债券的存续期限，也包括公司债券付息期限，虽然期限是一定的，但也是可以有变化的，比如在发行时，可在发行公司债券说明书中规定提前赎回条款、延迟兑付条款等，这些都是在一定期限的基础上事先确定的变化情况。

9. 法定程序

发行公司债券对于发行公司债券的公司以及政府监管部门，都是一件比较重要的事情。对于发行人来说，发行公司债券属于向投资人出售信用，进行融资引资，通常需要公司决策机构如董事会、股东大会等批准，公司经营管理层不得擅自决定发行公司债券。对于政府监管机构来说，由于发行公司债券涉及社会重大信用，对稳定社会经济秩序、维护投资者权益都有重大影响，因此发行公司债券必须报经政府有关监管机构批准或核准，或者到政府监管机构登记、注册，否则，就属于违法行为。因此，通常发行公司债券的法定程序主要包括：（1）需经公司决策层如董事会、股东大会等批准；（2）需经政府监管部门同意。

10. 方法重要

发行公司债券是公司融资管理的一种比较重要的方法，公司应根据自身不同时期的实际情况，权衡比较予以采用。

案例1 国电电力

国电电力发展股份有限公司（简称“国电电力”）于 2018 年 5 月 10 日发布公告称，经中国证监会证监许可 [2017]2018 文件核准，公司获准向合格投资者公开发行面值总额不超过 80 亿元（含 80 亿元）的公司债券，公司将综合市场等各方面情况，确定各期债券的发行时间、发行规模及发行条款。国电电力现拟发行 2018 年第一期公司债券，基础发行规模为 10 亿元。

国电电力是国家能源集团控股的上市公司，成立于 1992 年 12 月，1997 年 3 月在上海证券交易所上市，截至 2017 年底，公司股本总额 196.5 亿股，其中国家能源集团持股 46.09%。公司总资产达 2741.3 亿元，净资产为 726.59 亿元，截至 2018 年 6 月 27 日总市值 507 亿元。国电电力目前拥有直属及控股企业 82 家，参股企业 21 家，筹建处 4 家。公司资产结构优良，所属企业分布在全国 24 个省区市。截至 2017 年年底，公司控股装机容量 5222.49 万千瓦，其中新能源和清洁可再生能源装机占总装机容量的 37.54%。公司控制煤矿总资源储量 31 亿吨，煤矿设计（核定）生产能力 1500 万吨 / 年。公司近年来先后入选上证 50 指数、上证 180 指数、沪深 300 指数和《福布斯》首批世界最受信赖公司榜单，保持着国内 A 股绩优蓝筹股地位，先后荣获中国上市公司百强、金牛上市公司百强、上市公司信息披露奖、上市公司董事会提名奖、典型并购重组案例奖、上海证券交易所年度董事会奖、全景投资者关系金奖、最受投资者尊重的上市公司等资本市场重要奖项，荣获全国五一劳动奖状、全国文明单位、全国电力行业优秀企业、企业信用评价 AAA 级信用企业、中国电力信息化标杆企业、中国电力信息化推进示范单位等荣誉称号。其主要核心竞争优势分析如下：

1. 区位与成本优势

公司目前的电厂主要分布于东北、华中、华东、华北、西南及西北地区，发电资产布局合理。电厂基本上分布在坑口或负荷中心，或属资源丰富地区，或属经济发达地区，具有较明显的区域优势，且合理分散的资产布局有利于降低经营风险。公司主力火电企业一部分位于山西省大同市、宁夏回族自治区石嘴山市、内蒙古自治区鄂尔多斯市等的坑口地区，煤炭供应能够得到保证，运输成本低；一部分位于长三角的负荷中心，电力需求旺盛，社会用电增长迅速，燃料主要依靠秦皇岛等国家重大煤炭集散基地，并通过海上运输，煤炭供应有保障，运输成本相对较低。公司水电项目主要位于四川大渡河流域，水能资源丰富，流域梯级开发、统一调度，发电成本低。

2. 产业结构优势

近年来，公司大力发展清洁可再生能源，火电机组在公司电源结构中虽然仍占主导，但占比逐年下降，截至2017年年底，火电机组占总装机比例为62.46%。近年来，国家不断加大环境治理力度并大力发展清洁能源，公司响应国家政策指导，加快推进发展方式转变和布局结构优化升级，积极推进高效火电和清洁能源项目开发，公司60万千瓦及以上火电容量占火电装机比例达到61.5%，清洁可再生能源装机占总装机比例达到37.54%，保持可比上市公司领先。

3. 市场营销优势

公司强化市场营销管理，加强区域市场和交易规则研究，深化利用小时对标，千方百计保基数、争市场、增效益，稳步推进区域售电公司组建，成立新疆、宁夏售电公司，参股辽宁、河北、云南售电公司，积极开拓电力市场。2017年，公司发电量完成2022.02亿千瓦时，同比增长2.71%；获得大用户直供电量590亿千瓦时，同比增42.17%；发电利用小时完成3962小时，高于全国平均利用小时176小时。

4. 产业技术优势

公司重视自身产业创新技术队伍培养，以及产学研技术创新体系建设，建立“首席师”制度，评聘专家人才362名，选聘各级首席师55名，培养全国技术能手13名，为建设23个管理创新和7个技术创新分平台提供了人才支撑；同时加强与清华大学、中国科学院等20多所高等院校、科研院所的合作，提升创新工作和技术研究的水平。“燃煤电站多污染物协同控制与资源化技术及装备”项目被科技部列为国家级重点研发项目，“特强震区大岗山高拱坝关键技术研究与应用”获水力发电科学技术一等奖，“超临界燃煤机组深度调峰技术研究与应用示范”获中国电力创新奖，“HG- 1125/25.4-HM2 型锅炉侧墙水冷壁出口集箱改进”“国电电力云南 UP1500 风电机组增功优化”获集团公司科技进步奖，在实际应用中取得良好效益。《可更换的预应力锚杆基础+反向平衡法兰技术在风电场中的应用》获中国电力企业联合会 2017 年度中国电力创新奖三等奖。近年来，承担集团公司、地方等各层级科技项目共计 43 个，获得科技省部级以上科技进步奖 54 个，其中国家级科技进步奖 15 个；拥有国家专利 161 项，其中发明专利 33 项，软件著作权 14 项。

5. 人力资源优势

公司致力于培养高素质专业化干部人才队伍，大力实施人才强企工程，目前公司拥有中国国电首席师 7 名，国电电力首席师 10 名，国电电力高级技术专家 17 名，国电电力高级管理专家 2 名，涵盖集控运行、汽机、化学、环保、风电电气、水工等十余个专业，为公司发展提供强有力的智力支持和人才保障。

6. 成本管控优势

燃料成本方面：公司强化研判市场保供控价，坚持“日跟踪、周统计、月分析”市场与政策动态跟踪机制，密切关注公司电厂所在省区的市场变化，主动走访煤矿，强化战略合作，用好“阳光竞价”与“合同谈判”两种模式，用好预付款和结算政策，增加优质供应商，提升对矿直购，实现现货 100% 阳光采购。

资金成本方面：2017 年央行实行稳健中性的货币政策，大力推进金融去杠杆，公开市场和银行间市场流动性收紧，公司资金链安全面临挑战。全年公司兑付到期债券 293 亿元，为了全力确保资金链安全，在银行间市场筹措资金 250 亿元，平均票面利率 4.15%，较同期基准利率下浮 0.2 个百分点。

融资项目总体情况：

1. 主要发行条款

（1）发行主体：国电电力发展股份有限公司。

（2）债券名称：国电电力发展股份有限公司2018年公开发行公司债券（面向合格投资者）（第一期）。

（3）发行规模：此期债券基础发行规模为10亿元，并设有超额配售选择权，其中超额配售额度不超过10亿元（含10亿元）。

（4）债券发行的有关机构。

①牵头主承销商、受托管理人：华泰联合证券有限责任公司。

②联席主承销商：高盛高华证券有限责任公司、摩根士丹利华鑫证券有限责任公司。

③资信评级机构：东方金诚国际信用评估有限公司。

④证券交易场所：上海证券交易所。

⑤登记机构：中国证券登记结算有限责任公司上海分公司。

（5）承销方式：此期债券由主承销商负责组建承销团，以余额包销的方式承销。

（6）债券期限：此期发行的公司债券的期限为3年。

（7）票面金额及发行价格：此期债券面值100元，按面值平价发行。

（8）债券形式：实名制记账式公司债券。投资者认购的此期债券在债券登记机构开立的托管账户登记托管。此期债券发行结束后，债券持有人可按照有关主管机构的规定进行债券的转让、质押等操作。

（9）债券利率及确定方式：此期发行的公司债券采用固定利率形式，票面利率将以公开方式向具备相应风险识别和承担能力的合格投资者进行询价后，由发行人与主承销商确定此期债券的票面利率簿记建档区间。最终票面利率由董事会获授权人士，根据市场情况及国家有关规定与主承销商协商确定。

（10）发行对象：此期债券发行对象为符合《管理办法》规定并在债券登记机构开立合格证券账户的合格投资者（法律、法规禁止购买者除外）。合格投资者应当具备相应的风险识别和承担能力，知悉并自行承担公司债券的投资风险，并符合下列资质条件：

①经有关金融监管部门批准设立的金融机构，包括证券公司、期货公司、

基金管理公司及其子公司、商业银行、保险公司、信托公司、财务公司等；经行业协会备案或者登记的证券公司子公司、期货公司子公司、私募基金管理人。

②上述机构面向投资者发行的理财产品，包括但不限于证券公司资产管理产品、基金管理公司及其子公司产品、期货公司资产管理产品、银行理财产品、保险产品、信托产品、经行业协会备案的私募基金。

③社会保障基金、企业年金等养老基金，慈善基金等社会公益基金，合格境外机构投资者、人民币合格境外机构投资者。

④同时符合下列条件的法人或者其他组织：最近 1 年末净资产不低于 2000 万元；最近 1 年末金融资产不低于 1000 万元；具有 2 年以上证券、基金、期货、黄金、外汇等投资经历。

⑤同时符合下列条件的个人：申请资格认定前 20 个交易日名下金融资产日均不低于 500 万元，或者最近 3 年个人年均收入不低于 50 万元；具有 2 年以上证券、基金、期货、黄金、外汇等投资经历，或者具有 2 年以上金融产品设计、投资、风险管理及相关工作经历，或者属于第一项规定的合格投资者的高级管理人员、获得职业资格认证的从事金融相关业务的注册会计师和律师。

⑥中国证监会和上交所认可的其他投资者。

（11）网下配售原则：主承销商根据网下询价结果对所有有效申购进行配售，投资者的获配售金额不会超过其有效申购中相应的最大申购金额。公司将按照投资者的申购利率从低到高进行簿记建档，按照申购利率从低到高对申购金额进行累计，当累计金额超过或等于此期债券发行总额时所对应的最高申购利率确认为发行利率。申购利率在最终发行利率以下（含发行利率）的投资者原则上按照价格优先的原则配售；在价格相同的情况下，按照时间优先的原则进行配售，同时适当考虑长期合作的投资者优先。此期发行的公司债券不向公司股东优先配售。

（12）还本付息方式：此期债券采用单利按年计息，不计复利。利息每年支付一次，到期一次还本，最后一期利息随本金的兑付一起支付。

（13）发行日和起息日：此期债券发行日为 2018 年 5 月 14 日至 2018 年

5月15日，起息日为2018年5月15日。

（14）利息登记日：此期债券的利息登记日按债券登记机构相关规定处理。在利息登记日当日收市后登记在册的此期债券持有人，均有权就所持此期债券获得该利息登记日所在计息年度的利息（最后一个计息年度的利息随本金一起支付）。

（15）付息、兑付方式：此期债券本息支付将按照上交所和债券登记机构的有关规定来统计债券持有人名单，本息支付方式及其他具体安排按照上交所和债券登记机构的相关规定办理。

（16）付息日：2019年至2021年每年的5月15日为上一个计息年度的付息日（如遇法定节假日或休息日，则顺延至其后的第一个交易日；顺延期间付息款项不另计息）。

（17）本金支付日（兑付日）：此期债券的兑付日为2021年5月15日（如遇法定节假日或休息日，则顺延至其后的第一个交易日，顺延期间兑付款项不另计利息）。

（18）支付金额：此期债券于每年的付息日向投资者支付的利息金额，为投资者截至利息登记日收市时，所持有的此期债券票面总额与对应的票面年利率的乘积；于兑付日向投资者支付的本息金额，为投资者截至兑付债券登记日收市时，所持有的此期债券最后一期利息及所持有的债券票面总额的本金。

（19）信用级别：经东方金诚国际信用评估有限公司综合评定，国电电力的主体信用等级为AAA，此期债券的信用等级为AAA。

（20）募集资金用途：此期债券募集资金扣除发行费用后，拟全部用于偿还对外有息债务。

（21）新质押式回购安排：公司的主体信用等级为AAA，此期债券的信用等级为AAA，符合进行新质押式回购交易的基本条件。公司拟向上交所及债券登记机构申请新质押式回购安排。如获批准，具体折算率等事宜将按上交所及债券登记机构的相关规定执行。

（22）税务承担：根据国家有关税收法律、法规的规定，投资者投资此期债券所应缴纳的税款由投资者承担。

2. 投资风险

（1）债券利率风险。

因为受国民经济总体运行状况、国家宏观经济、金融政策、资金供求关系以及国际经济环境变化等多种因素的影响，在此期债券存续期内可能跨越多个利率调整周期，市场利率存在波动的可能性，投资者持有债券的实际收益具有不确定性。

（2）流动性风险。

此期债券发行结束后，公司将积极申请此期债券在上交所上市流通。由于具体上市审批事宜需要在此期债券发行结束后方能进行，并依赖于有关主管部门的审批及核准，公司目前无法保证此期债券一定能够按照预期在交易所交易流通，且具体上市进程在时间上存在不确定性，此外证券交易市场的交易活跃程度受到宏观经济环境、投资者分布和投资者交易意愿等因素的影响，此期债券仅限于合格投资者范围内转让，公司亦无法保证此期债券在交易所上市后债券持有人能够随时并足额交易其所持有的债券，因此，投资者在购买此期债券后，可能面临由于债券不能及时上市流通而无法立即出售，或者由于债券上市流通后交易不活跃出现无法持续成交的情况，而不能以某一价格足额出售其希望出售的此期债券所带来的流动性风险。

（3）偿付风险。

在债券存续期内，公司所处的宏观经济环境、行业发展状况、国家相关政策、资本市场状况等外部环境，以及公司的生产经营存在一定的不确定性，这些因素的变化可能导致公司无法如期从预期的还款来源获得足够的资金按期支付债券本息，进而使得投资者面临不能获得偿付足额本息的风险。

（4）此期债券安排所特有的风险。

此期债券不提供担保，亦没有采取抵押、质押等其他增信措施。尽管公司已根据实际情况安排了多项偿债保障措施来保障此期债券按时还本付息，但是在此期债券存续期间，可能由于不可控的市场、政策、法律法规变化等因素导致目前拟定的偿债保障措施无法得到有效履行，进而影响此期债券持有人的利益。

（5）资信风险。

公司目前资信状况良好，能够按约定偿付银行贷款本息，不存在银行贷款延期偿付以及债券本息偿付违约的状况。公司过去与主要客户发生业务往来时，未曾发生严重违约行为；在未来的业务经营中，公司亦将秉承诚信经营的原则，严格履行所签订的合同、协议或其他承诺。但是，在债券存续期内，如果公司的资信状况发生不利变化，可能影响此期债券到期本息兑付。

（6）信用评级变化的风险。

经评级机构评定，公司的主体信用等级为AAA，此期债券的信用等级为AAA。在债券的存续期内，资信评级机构每年将对公司主体信用和此期债券进行一次跟踪评级。公司无法保证其主体信用评级和此期债券的信用评级在债券存续期间不会发生任何负面变化。在债券存续期间，若出现任何影响公司信用级别或债券信用级别的事项，资信评级机构可能调低公司信用级别或此期债券信用级别，此期债券的市场价格将可能随之发生波动，进而会对投资者利益产生不利影响。

3. 债券募集资金运用计划对公司财务状况的影响

（1）对发行人资产负债结构的影响。

募集资金中的70亿元用于偿还对外有息债务，10亿元用于补充公司营运资金，公司合并财务报表资产负债率，将由发行前的73.47%增至发行后的73.56%，有利于公司中长期资金的统筹安排和战略目标的稳步实施。

（2）对发行人财务成本的影响。

与银行贷款这种间接融资方式相比，公司债券作为资本市场直接融资品种，具有一定的成本优势。通过合理安排，灵活掌握发行时机，公司债券的市场化发行有助于公司募集到低成本资金，有利于提升公司整体收益水平，锁定公司财务成本，避免贷款利率波动风险。同时，将使公司获得长期稳定的经营资金，减轻短期偿债压力，使公司获得持续稳定的发展。

（3）对于发行人短期偿债能力的影响。

债券募集资金的运用，将使公司的营运资金得到充实，公司的流动比率将有所提高，流动资产对于流动负债的覆盖能力将得到提升，短期偿债能力进一步增强。综上，债券的发行将进一步优化公司的财务结构，增强公司短期偿债能力，拓宽公司资金来源，同时为公司的未来业务发展提供稳定的中长期资金支持，提高公司盈利能力和核心竞争能力。

4. 工作进展

根据上海证券交易所债券上市的有关规定，国电电力发行的国电电力发展股份有限公司 2018 年公开发行公司债券（面向合格投资者）（第一期）符合上海证券交易所公司债券上市条件，将于 2018 年 5 月 31 日起在上海证券交易所交易市场集中竞价系统和固定收益证券综合电子平台上市，并面向合格投资者交易。债券相关要素如下：

债券名称	国电电力发展股份有限公司 2018 年公开发行公司债券（面向合格投资者）（第一期）
债券简称	18 国电 01
债券代码	143642
信用评级	主体评级 AAA
债项评级	AAA
是否可参与质押式回购	是
质押券代码（如可质押）	144642
发行总额	18 亿元
债券期限	3 年
票面年利率	4.74%
利息种类	固定利率
发行日	2018.5.14—2018.5.15
起息日	2018 年 5 月 15 日
上市日	2018 年 5 月 31 日
到期日	2021 年 5 月 15 日
发行价格	100 元

2018年6月1日，国电电力开始公开发行2018年公司债券（第二期）的工作，第二期基础发行规模为10亿元，并设有超额配售选择权，其中超额配售额度不超过15亿元（含15亿元）。公司和主承销商将根据网下申购情况，决定是否行使超额配售选择权，即在基础发行规模的基础上，由公司和主承销商追加不超过15亿元（含15亿元）的发行额度。

案例2 招商蛇口

招商局蛇口工业区控股股份有限公司（简称“招商蛇口”）于2018年4月12日发布公告称，招商蛇口拟发行公司债券进行融资偿还债务，此期债券分为两个品种，品种一基础发行规模为2.5亿元，品种二基础发行规模为2.5亿元，合计基础发行规模为5亿元，可超额配售合计不超过25亿元（含25亿元）。

招商蛇口是招商局集团旗下城市综合开发运营板块的旗舰企业，成立于1979年2月，2015年12月在深圳证券交易所上市，截至2018年6月28日总市值1507亿元。公司30多年前建设开发运营的深圳蛇口片区是中国改革开放的发源地，为中国经济发展做出了重要的历史贡献，孵化并培育了以招商银行、平安保险、中集集团、招商地产等为代表的知名企业。2015年12月30日，招商蛇口吸收合并招商地产实现无先例重组上市，打造了国企改革的典范和中国资本市场创新标杆。招商蛇口聚合了原招商地产和蛇口工业区两大平台的独特优势，成为中国领先的城市和园区综合开发运营服务商，聚焦园区开发与运营、社区开发与运营、邮轮产业建设与运营三大业务板块，以”前港－中区－后城”独特的发展经营模式，参与中国以及“一带一路”重要节点的城市化建设。截至2017年年底，招商蛇口总资产规模达到3326.21亿元，净资产达到927.83亿元，营收754.55亿元，公司业务覆盖全球近50个城市和地区，开发精品项目超300个，服务百万客户。其主要核心竞争优势分析如下：

1. 协同优势

招商局集团作为招商蛇口的控股股东和实际控制人，旗下拥有一批横跨实业和金融两大领域的优秀企业，如招商局港口、招商轮船、招商公路、招商银行、招商证券、招商局资本、仁和保险、中外运长航以及漳州开发区等。近年来，集团进行资源整合，产融互动协同有效，促进了招商蛇口对内的资源互补，对外构建了独特的竞争优势。招商局集团 145 年的稳健经营，一定程度上为招商蛇口多渠道、低成本地获取资源和资金起到良好的背书作用，促进招商蛇口实现跨越式发展。此外，综合实力强大的招商局集团在全国乃至世界范围有较大的影响力和号召力，其拥有的外部协同资源也将给招商蛇口带来巨大的商业机会。

2. 资源优势

园区的开发建设、系统的大规模的产业集聚，需要充裕的土地储备以及政策和区位优势。发展大湾区经济已是世界经济强国的“标配”，粤港澳大湾区承载着中国塑造区域发展新格局的重要使命。招商蛇口在大湾区的核心城市深圳的核心位置——蛇口、太子湾、前海、宝安国际会展中心区域拥有大量待开发的优质资源，随着湾区经济的不断发展，招商蛇口享受的独特优势将日益凸显。

3. 经验模式

经过长期的对蛇口工业区的建设运营，招商蛇口已经具备了各项资源的综合整合能力，培养了一定数量的既有专业业务能力又有丰富实践经验的管理团队，形成了完整的城区和产业园区综合开发的体系和服务理念。公司邮轮、园区和社区三大板块业务相互协同、互为促进，发挥不同阶段的经济效应。短期看，社区板块的开发销售是公司利润的重要来源，园区板块的物业服务、出租管理是贡献稳定现金流的重要部分，邮轮板块则是需要大量前期投入的新业务；中期看，园区的有效拓展将为社区板块提供充足的更有竞争力的土地储备，园区产业的聚集和基础设施的完善，也将有效提高住宅产品的价值，公司提前布局的邮轮业务，将助力公司打造特色的邮轮母港，并增强获取城市综合体的能力，为社区板块储备优质的土地资源；长期看，三大板块的协作发展，交叉运营，形成了招商蛇口特有的发展路径和竞争优势。

4. 开拓创新

“敢为天下先”的创新精神是招商蛇口品牌的重要内涵。从1979年一路走来，招商局蛇口工业区一直是一面旗帜，被誉为中国改革开放的先行者。从员工持股到项目跟投，从体制创新到机制改革，从业务转型到管理变革，创新贯穿着招商蛇口上市以来发展的主要环节。

融资项目总体情况：

1. 主要发行条款

（1）发行主体：招商局蛇口工业区控股股份有限公司。

（2）债券名称：招商局蛇口工业区控股股份有限公司2018年面向合格投资者公开发行公司债券（第一期）。

（3）发行规模：此次债券的发行总规模不超过150亿元，采用分期发行方式，此期债券品种一基础发行规模为2.5亿元，品种二基础发行规模为2.5亿元，合计基础发行规模为5亿元，可超额配售合计不超过25亿元（含25亿元）。

（4）债券发行的有关机构。

①主承销商/簿记管理人：招商证券股份有限公司。

②资信评级机构：中诚信证券评估有限公司。

③债券受托管理人：中信证券股份有限公司。

④证券交易场所：深圳证券交易所。

⑤登记机构：中国证券登记结算有限责任公司深圳分公司。

（5）承销方式：此期债券由主承销商招商证券负责组建承销团，以主承销商余额包销的方式承销。

（6）票面金额及发行价格：此次债券票面金额为100元，按面值平价发行。

（7）债券期限：此期债券期限不超过5年（含5年），分为两个品种，品种一为 5 年期固定利率品种，品种二为 3 年期固定利率品种。两个品种间可以进行相互回拨，回拨比例不受限制。由发行人与主承销商协商一致，决定是否行使品种间回拨权。

（8）债券形式：实名制记账式公司债券。投资者认购的此次债券在证券登记机构开立的托管账户托管记载。此次债券发行结束后，债券持有人可按照有关主管机构的规定进行债券的转让、质押等操作。

（9）债券利率及确定方式：此期债券采用固定利率形式，票面利率将根据网下询价簿记的结果，由发行人与主承销商按照市场情况确定。

（10）还本付息的期限和方式：此期债券采用单利按年计息，不计复利。每年付息一次，到期一次还本，最后一期利息随本金的兑付一起支付。

（11）发行首日与起息日：此期债券的发行首日为 2018 年 4 月 16 日，起息日为 2018 年 4 月 17 日。

（12）利息登记日：此期公司债券付息的债权登记日为每年付息日的前 1 个交易日，在该登记日当日收市后登记在册的此次公司债券持有人，均有权获得上一计息年度的债券利息（最后一期含本金）。

（13）付息日：此期公司债券品种一付息日为 2019 年至 2023 年每年的 4 月 17 日（如遇非交易日，则顺延至其后的第一个交易日，顺延期间付息款项不另计利息）。品种二付息日为 2019 年至 2021 年每年的 4 月 17 日（如遇非交易日，则顺延至其后的第一个交易日，顺延期间付息款项不另计利息）。

（14）兑付日：此期公司债券品种一兑付日为 2023 年 4 月 17 日（如遇非交易日，则顺延至其后的第一个交易日，顺延期间付息款项不另计利息）。品种二兑付日为 2021 年 4 月 17 日（如遇非交易日，则顺延至其后的第一个交易日，顺延期间付息款项不另计利息）。

（15）付息、兑付方式：此期债券付息、兑付方式按照深圳证券交易所和登记机构的规定执行。

（16）支付金额：此期债券于每年的付息日向投资者支付的利息，为投资者截至利息登记日收市时，所持有的此期债券票面总额与票面利率的乘积；于兑付日向投资者支付的本息，为投资者截至兑付登记日收市时，投资者持有的此期债券最后一期利息及等于票面总额的本金。

（17）募集资金专项账户：发行人将在监管银行开设此期债券募集资金专项账户，用于此期债券募集资金的接收、存储、划转及本息偿付。

（18）信用级别：根据中诚信证券评估有限公司出具的《招商局蛇口工业区控股股份有限公司2018年面向合格投资者公开发行公司债券信用评级报告》，发行人的主体信用等级为AAA，此期债券信用等级为AAA。在此期债券的存续期内，资信评级机构每年将对公司主体信用等级和此期债券信用等级进行一次跟踪评级。

（19）发行对象：此期债券发行对象为在中国证券登记结算有限责任公司深圳分公司开立A股证券账户的合格投资者（法律、法规禁止购买者除外）。合格投资者应当具备相应的风险识别和承担能力，知悉并自行承担公司债券的投资风险，并符合下列资质条件：

①经有关金融监管部门批准设立的金融机构，包括证券公司、基金管理公司及其子公司、期货公司、商业银行、保险公司和信托公司、财务公司等，经行业协会备案或者登记的证券公司子公司、期货公司子公司、私募基金管理人。

②上述金融机构面向投资者发行的理财产品，包括但不限于证券公司资产管理产品、基金及基金子公司产品、期货公司资产管理产品、银行理财产品、保险产品、信托产品、经行业协会备案的私募基金。

③合格境外机构投资者、人民币合格境外机构投资者。

④社会保障基金、企业年金等养老基金，慈善基金等社会公益基金。

⑤同时符合以下条件的法人或者其他组织：最近1年末净资产不低于2000万元；最近1年末金融资产不低于1000万元；具有2年以上证券、基金、期货、黄金、外汇等投资经历。

⑥同时满足以下条件的个人：申请资格认定前20个交易日名下金融资产日均不低于500万元，或者最近3年个人年均收入不低于50万元；具有2年

以上证券、基金、期货、黄金、外汇等投资经历，或者具有2年以上金融产品设计、投资、风险管理及相关工作经历，或者属于上述第一项规定的合格投资者的高级管理人员、获得职业资格认证的从事金融相关业务的注册会计师和律师。

⑦中国证监会和适用的交易所认可的其他合格投资者。

（20）发行方式和网下配售原则：此期债券发行采取面向网下合格投资者询价、根据簿记建档情况进行配售的发行方式。簿记管理人根据网下询价结果，对所有有效申购进行配售，投资者的获配售金额不会超过其有效申购中相应的最大申购金额。公司将按照投资者的申购利率从低到高进行簿记建档，按照申购利率从低到高对申购金额进行累计，当累计金额超过或等于此期债券发行总额时，所对应的最高申购利率确认为发行利率。申购利率在最终发行利率以下（含发行利率）的投资者，原则上按照价格优先的原则配售；申购利率相同且在该利率上的所有申购不能获得足额配售的情况下，原则上按照比例进行配售，同时适当考虑长期合作的投资者优先。发行人和簿记管理人有权自主决定此期债券的最终配售结果。此期债券不向公司原股东优先配售。

（21）募集资金用途：此期债券募集资金扣除发行费用后，拟用于偿还存量债务。

（22）质押式回购安排：发行人主体长期信用等级为AAA级，此期债券的信用等级为AAA级，此期债券符合进行质押式回购交易的基本条件，具体折算率等事宜按中国证券登记结算有限责任公司的相关规定执行。

（23）税务承担：根据国家有关税收法律、法规的规定，投资者投资此期债券所应缴纳的税款由投资者自行承担。

2. 投资风险

（1）利率风险。

受国家宏观经济运行状况、货币政策、国际环境变化等因素的影响，市场利率存在波动的可能性。由于此次公司债券采取固定利率形式且期限较长，在债券存续期内，如果未来利率发生变化，会使投资者持有的债券价值具有一定的不确定性。

（2）流动性风险。

此次债券发行结束后，发行人将积极申请债券在深交所上市流通。由于具体上市审批事宜需要在此次债券发行结束后方能进行，并依赖于有关主管部门的审批或核准，发行人目前无法保证此次债券一定能够按照预期在合法的证券交易所交易流通，且具体上市进程在时间上存在不确定性，此外证券交易市场的交易活跃程度受到宏观经济环境、投资者分布、投资者交易意愿等因素的影响，发行人亦无法保证此次债券在交易所上市后，债券持有人能够随时并足额交易其所持有的债券，因此，投资者在购买此期债券后，可能面临由于债券不能及时上市流通而无法立即出售，或者由于债券上市流通后交易不活跃出现无法持续成交的情况，而不能以某一价格足额出售其希望出售的此期债券所带来的流动性风险。

（3）偿付风险。

发行人目前经营和财务状况良好，经中诚信证券评估有限公司综合评定，发行人主体信用等级为AAA，此次债券信用等级为AAA，评级展望稳定。但在此次债券存续期内，宏观经济环境、资本市场状况、国家相关政策等外部因素存在不确定性，这些因素的变化和发行人的经营状况、盈利能力和现金流量的变化，可能导致发行人无法从预期的还款来源获得足够的资金按期支付此次债券本息，从而使投资者面临一定的偿付风险。

（4）此次债券安排所特有的风险。

此次债券为无担保债券。在此次债券发行时，发行人已根据现实情况安排了偿债保障措施来控制和降低债券的还本付息风险。但是，在债券存续期内，可能由于不可控的市场、政策、法律法规变化等因素导致目前拟定的偿债保障措施不能履行或无法完全履行，进而影响债券持有人的利益。

（5）资信风险。

发行人目前资信状况良好，能够按时偿付债务本息，在最近三年与其主要客户发生的重要业务往来中，未曾发生任何严重违约。但在此次债券存续期内，如果因客观原因导致发行人资信状况发生不利变化，将可能使此次债券投资者的利益受到不利影响。

（6）评级风险。

经中诚信证券评估有限公司评定，发行人的主体长期信用等级为AAA，评定此次债券的信用等级为AAA。虽然发行人目前资信状况良好，但在此次债券存续期内，发行人无法保证主体信用评级和此次债券的信用评级不会发生负面变化。若资信评级机构调低发行人的主体信用评级或此次债券的信用评级，则可能对债券持有人的利益造成不利影响。

3. 募集资金运用对发行人财务状况的影响

（1）对发行人资产负债结构的影响。

此期债券如能成功发行且发行人将全部募集资金用于偿还存量债务，以2017年9月30日合并报表口径为基准，则发行人的资产负债率水平保持不变；若发行人将部分募集资金用于补充营运资金，则发行人的资产负债率将小幅上升，财务杠杆使用将更加合理，并有利于公司中长期资金的统筹安排和战略目标的稳步实施。

（2）对发行人财务成本的影响。

与银行贷款这种间接融资方式相比，公司债券作为资本市场直接融资品种，具有一定的成本优势，发行人通过此次发行固定利率的公司债券，有利于锁定公司财务成本，避免贷款利率波动风险。同时，将使公司获得长期稳定的经营资金，减轻短期偿债压力，使公司获得持续稳定的发展。

（3）对于发行人短期偿债能力的影响。

此期债券如能成功发行且按上述计划运用募集资金，以2017年9月30日合并报表口径计算，发行人的流动比率将从发行前的1.61 提高到1.624，速动比率将从发行前的0.71提升到0.72。发行人的流动比率和速动比率明显提高，流动资产对于流动负债的覆盖能力将得到提升，短期偿债能力进一步增强。综上所述，此期债券的发行将进一步优化发行人的财务结构，大大增强发行人短期偿债能力，同时为公司的未来业务发展提供稳定的中长期资金支持，使公司更有能力面对市场的各种挑战，保持主营业务持续稳定增长，并进一步提高公司盈利能力和核心竞争能力。

4. 工作进展

2018 年 5 月 3 日债券发行完成，此期债券以公开方式向具备相应风险识别和承担能力的合格投资者发行，全部采取网下发行方式。实际发行规模为 30 亿元，其中 5 年期品种的实际发行规模为 20 亿元，3 年期品种的实际发行规模为 10 亿元。此期债券采用固定利率形式，票面利率以公开方式向具备相应风险识别和承担能力的合格投资者进行询价后，由发行人与簿记管理人确定此期债券的票面利率簿记建档区间，投资者直接向簿记管理人发出申购订单，簿记管理人负责记录申购订单，最终由发行人与簿记管理人根据申购情况，确定此期债券的最终发行利率。此期债券品种一票面利率为 5.00%，品种二票面利率为 4.83%。

经深圳证券交易所深证上 [2018]185 号文同意，自 2018 年 5 月 7 日起，此期债券将在深交所集中竞价系统和综合协议交易平台双边挂牌交易进行转让，品种一简称“18 蛇口 01”，债券代码 112678；品种二简称“18 蛇口 02”，债券代码 112679。根据中国证券登记结算有限责任公司深圳分公司提供的债券登记证明，此期债券已全部登记托管在登记公司。

2018 年 6 月 6 日，招商蛇口面向合格投资者公开发行公司债券（第二期）工作开始。

案例3 阳光城

阳光城集团股份有限公司（简称“阳光城”）于 2016 年 8 月 25 日发布公告称，阳光城拟公开发行不超过 26 亿元公司债券，已获得中国证券监督管理委员会证监许可 [2016]1796 号文核准，阳光城公司债券采取分期发行的方式，其中阳光城集团股份有限公司 2016 年面向合格投资者公开发行公司债券（第一期），基础发行规模为 13 亿元，可超额配售不超过 13 亿元，通过发行公司债券方式进行融资，解决企业的资金需求，拟全部用于偿还金融机构借款。

阳光城是深圳证券交易所主板上市公司，截至2018年6月29日总市值241.8亿元。公司是以房地产开发为主业的全国化品牌企业，业务涵盖地产开发、商业运营、物业服务三大领域。1995年始创于福州，2012年管理总部迁至上海，凭借快速提升的企业综合实力及品牌价值，位列2017中国房地产开发企业500强第20名。其主要核心竞争优势分析如下：

1.决策优势

精准的投资决策对于成长型的房企极为关键。多年来，公司始终坚定“区域聚焦、深耕发展”的发展战略，在进入城市及区域的选择上，重点布局最具发展潜力的成长性城市，深耕沿海经济带，择机进入战略机遇点，坚持把城市做精做透，把产品线做长做强；同时，公司依托敏锐、专业的战略投资团队，在购买地块前认真分析和关注项目的核心指标，审慎判定，精准投资，实现灵敏、审慎、准确的项目投资决策。

2.管理优势

高效的运营管理是系统化能力的综合体现，在项目开发上，公司在精准定位的前提下，秉承“不囤地、不捂盘”的原则，取得项目后，快速开发，快速去化；在产品结构上，公司已经形成了较为成熟的产品体系，并通过产品线的复制，进一步提高研发工作效率，有效降低研发成本；在工程进度的管控上，公司合理安排项目前期各项工作，快速实现开工，并通过一整套严格有效的生产管理系统和完善的业务流程，严格控制主要生产节点，缩短项目开发周期。

3.研发优势

开发适销产品是房地产实现高速周转的前提条件，在取地的类型以及开发产品的定位上，公司一直坚持顺应地产调控政策的要求，精确细分客户需求，坚持推出服务于客户、契合客户需求的适销产品，重点关注刚性需求和首次改善需求人群，并辅以合理的产品定价和灵活的营销策略，实现公司销售的稳健发展。

4. 经验优势

房地产开发项目的运作实质上是多种资源的整合过程，管理团队的经营水平和核心团队的稳定程度对房地产企业的持续发展至为关键。公司管理团队有着多年的房地产开发经营经验，项目决策、定位、开发、推广和管理经验丰富。

融资项目总体情况：

1. 主要发行条款

（1）发行主体：阳光城集团股份有限公司。

（2）债券名称：阳光城集团股份有限公司2016年面向合格投资者公开发行公司债券（第一期）。

（3）发行规模：此次债券发行规模不超过26亿元，采用分期发行的方式，此期债券基础发行规模为13亿元，可超额配售不超过13亿元。

（4）此期债券发行的有关机构。

①主承销商、簿记管理人、债券受托管理人：中信证券股份有限公司。

②分销商：东海证券股份有限公司。

③资信评级机构：中诚信证券评估有限公司。

④证券交易场所：深圳证券交易所。

⑤债券登记机构：中国证券登记结算有限责任公司深圳分公司。

（5）承销方式：此期债券由主承销商负责组建承销团，以承销团余额包销的方式承销。此期债券发行最终认购不足13亿元部分，全部由主承销商组织承销团余额包销，各承销方应足额划付各自承担的余额包销责任比例所对应的募集款项。

（6）票面金额及发行价格：此期债券票面金额为100元，按面值平价发行。

（7）债券期限：此期债券期限为5年期，附第3年末发行人调整票面利率选择权及投资者回售选择权。

（8）债券形式：实名制记账式公司债券。投资者认购的此期债券在证券登记机构开立的托管账户托管记载，此期债券发行结束后，债券持有人可按照有关主管机构的规定，进行债券的转让、质押等操作。

（9）债券利率及其确定方式：此期债券票面利率将由发行人和簿记管理人根据网下利率询价结果，在预设利率区间内协商确定。此期债券票面利率在存续期内前 3 年固定不变；在存续期的第 3 年末，如发行人行使调整票面利率选择权，未被回售部分的债券票面利率，为存续期内前 3 年票面利率加调整基点，在债券存续期后 2 年固定不变。

（10）还本付息方式及支付金额：此期债券采用单利按年计息，不计复利。每年付息一次，到期一次还本，最后一期利息随本金的兑付一起支付。此期债券于每年的付息日向投资者支付的利息金额，为投资者截至付息债权登记日收市时，所持有的此期债券票面总额与对应的票面利率的乘积；于兑付日向投资者支付的本息金额，为投资者截至兑付债权登记日收市时，所持有的此期债券最后一期利息及所持有的债券票面总额的本金。

（11）起息日：此期债券的起息日为 2016 年 8 月 29 日。

（12）付息、兑付方式：此期债券本息支付将按照证券登记机构的有关规定统计债券持有人名单，本息支付方式及其他具体安排按照证券登记机构的相关规定办理。

（13）付息日：此期债券的付息日期为 2017 年至 2021 年每年的 8 月 29 日，为上一个计息年度的付息日（如遇法定及政府制定的节假日或休息日，则顺延至其后的第一个交易日；顺延期间付息款项不另计利息）。若投资者行使回售选择权，则其回售部分债券的付息日，为 2017 年至 2019 年每年的 8 月 29 日（如遇法定节假日或者休息日，则顺延至其后的第一个交易日；顺延期间付息款项不另计利息）。

（14）兑付日：此期债券的兑付日期为 2021 年 8 月 29 日（如遇法定及政府制定的节假日或休息日，则顺延至其后的第一个交易日；顺延期间付息款项不另计利息）；若投资者行使回售选择权，则其回售部分债券的兑付日为 2019 年 8 月 29 日（如遇法定及政府制定的节假日或休息日，则顺延至其后的第一个交易日；顺延期间付息款项不另计利息）。

（15）发行人调整票面利率选择权：发行人有权决定在存续期的第3年末调整本期债券后2年的票面利率；发行人将于第3个计息年度付息日前的第30个交易日，在中国证监会指定的上市公司信息披露媒体上发布关于是否调整票面利率以及调整幅度的公告。若发行人未行使票面利率调整选择权，则后续期限票面利率仍维持原有票面利率不变。

（16）投资者回售选择权：发行人发出关于是否调整此期债券票面利率及调整幅度的公告后，投资者有权选择在此期债券的第3个计息年度付息日，将持有的此期债券按票面金额全部或部分回售给发行人。发行人将按照深交所和债券登记机构相关业务规则，完成回售支付工作。

（17）回售登记期：自发行人发出关于是否调整此期债券票面利率及调整幅度的公告之日起3个交易日内，债券持有人可通过指定的方式进行回售申报。债券持有人的回售申报经确认后不能撤销，相应的公司债券面值总额将被冻结交易；回售登记期不进行申报的，则视为放弃回售选择权，继续持有此期债券，并接受上述关于是否调整此期债券票面利率及调整幅度的决定。

（18）信用级别：根据中诚信证券评估有限公司出具的《阳光城集团股份有限公司2016年面向合格投资者公开发行公司债券（第一期）信用评级报告》，发行人的主体信用等级为AA+，此期债券的信用等级为AA+。在此期债券的存续期内，资信评级机构每年将对公司主体信用等级和此期债券信用等级进行一次跟踪评级。

（19）发行对象：持有中国证券登记结算有限责任公司深圳分公司A股证券账户的《管理办法》规定的合格投资者（法律、法规禁止购买者除外）。

（20）发行方式及配售规则：采取网下面向合格投资者询价配售的方式，由主承销商根据询价情况进行债券配售。具体发行安排将根据深圳证券交易所的相关规定进行。主承销商/簿记管理人根据网下询价结果，对全部有效申购进行配售，合格投资者的获配金额不会超过其累计有效申购金额。配售依照以下原则进行：按照投资者的申购利率从低到高进行簿记建档，当所有投资者的累计有效申购金额超过或等于此期债券发行总额时，所对应的申购利率确认为发行利率，申购利率在最终发行利率以下（含发行利率）的投资者按照价格优先的原则配售；在价格相同的情况下，按照等比例原则进行配售，同时适当考虑长期合作的投资者优先。此期债券不向公司股东优先配售。

（21）发行费用概算：此次发行费用概算不超过此期债券发行总额的2%，主要包括承销费用、审计师费用、律师费用、资信评级费用、发行推介费用和信息披露费用等。

（22）募集资金用途：此期债券募集资金扣除发行费用后，拟用于偿还金融机构借款。

（23）质押式回购：发行人主体信用等级为AA+，此期债券信用等级为AA+，此期债券符合进行质押式回购交易的基本条件，具体折算率等事宜，按中国证券登记结算有限责任公司的相关规定执行。

（24）上市安排：此次发行结束后，发行人将尽快向深圳证券交易所提出关于此期债券上市交易的申请。此期债券符合在深圳证券交易所集中竞价系统和综合协议交易平台同时交易的上市条件。但此期债券上市前，公司财务状况、经营业绩、现金流和信用评级等情况可能出现重大变化，公司无法保证此期债券双边挂牌的上市申请能够获得深圳证券交易所同意，若届时此期债券无法进行双边挂牌上市，投资者有权选择将此期债券回售予发行人。因公司经营与收益等情况变化引致的投资风险和流动性风险，由债券投资者自行承担，此期债券不能在除深圳证券交易所以外的其他交易场所上市。

（25）税务承担：根据国家有关税收法律、法规的规定，投资者投资此期债券所应缴纳的税款由投资者承担。

2.投资风险

（1）利率风险。

受国民经济总体运行状况、国家宏观经济环境、金融货币政策以及国际经济环境变化等因素的影响，市场利率存在波动的可能性。由于此期债券可能跨越一个以上的利率波动周期，债券的投资价值在其存续期内可能随着市场利率的波动而发生变动，从而使此期债券投资者持有的债券价值具有一定的不确定性。

（2）流动性风险。

此期债券发行结束后，发行人将积极申请在深交所上市。由于具体上市审批或核准事宜需要在此期债券发行结束后方能进行，并依赖于有关主管部门的审批或核准，因此发行人目前无法保证此期债券一定能够按照预期在深交所上市，且具体上市进程在时间上存在不确定性。此外，证券交易市场的交易活跃程度受到宏观经济环境、投资者分布、投资者交易意愿等因素的影响，发行人也无法保证此期债券在深交所上市后，此期债券的持有人能够随时并足额交易其所持有的债券。因此，此期债券的投资者在购买此期债券后，可能面临由于债券不能及时上市，而无法立即出售此期债券的流动性风险，或者由于债券上市后交易不活跃出现无法持续成交的情况，而不能以某一价格足额出售其希望出售的此期债券所带来的流动性风险。

（3）偿付风险。

发行人目前经营和财务状况良好。在此期债券存续期内，宏观经济环境、资本市场状况、国家相关政策等外部因素，以及发行人本身的生产经营存在着一定的不确定性。这些因素的变化会影响到公司的运营状况、盈利能力和现金流量，可能导致公司无法如期从预期的还款来源获得足够的资金按期支付此期债券本息，从而使投资者面临一定的偿付风险。

（4）此期债券安排所特有的风险。

发行人拟依靠自身良好的经营业绩、多元化融资渠道以及良好的银企关系保障此期债券的按期偿付。但是，如果在此期债券存续期限内公司自身的经营业绩出现波动，或者由于金融市场和银企关系的变化导致公司融资能力削弱，则将可能影响此期债券的按期偿付。

（5）资信风险。

发行人目前资信状况良好，能够按时偿付债务本息，在最近三年与其主要客户发生的重要业务往来中，未曾发生任何严重违约，但在此期债券存续期限内，如果因客观原因导致公司资信状况发生不利变化，将可能使此期债券投资者的利益受到不利影响。

3. 工作进展

此期阳光城（第一期）公司债券采取网下面向机构投资者询价配售的方式进行，发行工作于 2016 年 8 月 30 日结束，实际发行规模为 13 亿元，最终票面利率为 4.80%。经深圳证券交易所深证上 [2016]685 号文同意，此期债券将于 2016 年 10 月 13 日起，在深圳证券交易所集中竞价系统和综合协议交易平台挂牌交易。此期债券简称“16 阳城 01”，证券代码 112436。根据中国证券登记结算有限责任公司深圳分公司提供的债券登记证明，此期债券已全部登记托管在登记公司。

2016 年 9 月 22 日，阳光城面向合格投资者公开发行第二期公司债券。

后记

经过多年的研究与写作，终于将书稿完成，感谢父母及相关同志的关心与鼓励。如果没有他们的帮助与支持，恐怕《全球融资管理方法》这一专著也很难顺利地出版发行。感谢父母多年以来在夜晚的家中创造了温馨的写作环境；感谢中国城市招商引资研究院董起峰老师的帮助指导；感谢天津盈泽财务咨询服务有限公司张津宏老师的关心支持；感谢曾经给予笔者支持帮助的相关方面的老师和同学；感谢企业管理出版社将《全球融资管理方法》专著予以出版发行。由于笔者知识面有限，专著中难免有不妥之处，敬请读者予以批评指正，以便再版时修订。

董　冕

2019 年 11 月 18 日